优师领航

周荣荣 杨元魁 / 著

运动让孩子更聪明

促进幼儿脑智发展的体育游戏创新实践

南京师范大学出版社

图书在版编目（CIP）数据

运动让孩子更聪明．促进幼儿脑智发展的体育游戏创新实践 / 周荣荣，杨元魁著．-- 南京：南京师范大学出版社，2025.3. --（优师领航）．-- ISBN 978-7-5651-6871-0

Ⅰ．G613.7

中国国家版本馆 CIP 数据核字第 2025TW3114 号

丛 书 名	优师领航
书 　 名	运动让孩子更聪明——促进幼儿脑智发展的体育游戏创新实践
作 　 者	周荣荣　杨元魁
责任编辑	应璐燕
出版发行	南京师范大学出版社
地 　 址	南京市玄武区后宰门西村 9 号（邮编：210016）
电 　 话	（025）83598919（总编办）　83598412（营销部）　83598009（邮购部）
网 　 址	http://press.njnu.edu.cn
电子信箱	nspzbb@njnu.edu.cn
印 　 刷	苏州市越洋印刷有限公司
开 　 本	787mm×1092mm　1/16
印 　 张	17.75
字 　 数	245 千
版 　 次	2025 年 3 月第 1 版
印 　 次	2025 年 3 月第 1 次印刷
书 　 号	ISBN 978-7-5651-6871-0
定 　 价	85.00 元
出 版 人	张　鹏

南京师大版图书若有印装问题请与销售商调换
版权所有　侵犯必究

前言
运动让孩子更聪明

运动能够有效促进儿童青少年的大脑发育和心智发展已经成为脑科学、心理学、教育学、体育学、医学等多个领域的广泛共识，其相关理论与实验研究已经非常充分。已有的科学研究表明，只要有运动，无论是何种形式的运动及其持续时间长短，几乎都能够对儿童青少年的脑智发展产生积极影响。总的来说，运动对儿童青少年脑智发展的促进作用主要体现在执行功能、注意力、社会情绪能力等方面。此外，融入了数字、空间、语言等元素的"认知参与体育活动"，能够在提升儿童青少年身体素质和运动技能的同时，发展其相应的数字、空间、语言等与学习相关的能力。

儿童早期是人一生中脑发育最快的阶段，运动在幼儿的生长发育过程中占有重要的位置，贯穿了幼儿的整个成长期。幼儿体育游戏应当是以各项基本动作和身体练习为主要内容，以规则要求的游戏为主要形式，使幼儿身心健康发展的一种愉快、自主的活动。随着社会的发展和教育环境的不断变化，幼儿体育游戏本身也要不断地变化和更新，必须根据幼儿的身心特点有针对性地选择和开发更加适合幼儿的体育游戏。然而，当前幼儿体育游戏仍然存在以下问题和不足：一是较多强调"强身健体"，较少关注"强身健脑"；二是较多强调"外在动作"，较少关注"内在思维"；三是较多强调"单一智能"，较少关注"综合心智"。

南京市大厂实验幼儿园的培养目标是"让孩子成为健康快乐的人"，其根本就在于让幼儿在阳光下成长，在运动中健体启智。自 2012 年起，该幼儿园就高度重视并着手晨间锻炼和下午户外体育锻炼内容及形式的优化；2015年，该幼儿园迎来了对体育游戏深入实践的契机，开始了对幼儿足球游戏的深入研究，全面启动并推进了体育游戏园本实践；2019年起，该幼儿园与东南大学儿童发展与学习科学教育部重点实验室建立合作，开展了"运动与幼儿脑智发展的关系"系列实证研究，以幼儿身、脑、智的发展规律为基础，开发了有设计的、基于运动技能及脑智发展的幼儿体育游戏课程体系。六年以来相关实证研究和实践探索的资源积累，不仅让我们更加坚定了"运动让孩子更聪明"的核心教育主张，也完成了课程开发、资源构建、评价迭代等一系列实践工作。成书的契机已经到来，于是，便有了本书以下的主要内容。

绪论部分对南京市大厂实验幼儿园十余年的幼儿体育游戏探索进行了分阶段的介绍、总结与思考。

第一章为"体育游戏促进幼儿脑智发展的理论思考"。本章首先对相关领域国内外研究现状进行了梳理总结，其次对体育游戏促进幼儿脑智发展的脑科学机制进行了详细分析，最后在对"运动让孩子更聪明"的园本思考的基础上，提出了"运动让孩子更聪明"的理论模型。

第二章为"'运动让孩子更聪明'——体育游戏深度开发"。本章首先提出了促进幼儿脑智发展的体育游戏目标与原则，并将《3—6岁儿童学习与发展指南》中的相关目标与人脑的功能网络、体育游戏发展目标和游戏分类结合起来进行细致深入的分析，在理性分析的基础上提出了促进幼儿脑智发展的五类体育游戏。在体育游戏深度开发过程中，逐步凝练出了促进幼儿脑智发展的体育游戏活动实施模型及变式。

第三章为"促进幼儿脑智发展的体育游戏观察量规研发与应用"。本章基于学前教育领域的政策文件，结合脑科学研究的相关理论与实践，构建了便于幼儿教师观察评价的观察指标体系，开发了适用于幼儿体育游戏活动的教师观察评价量规，根据每个游戏活动目标的不同，为每一个游戏活动专门设计与开发了对应的评价量规表。

第四章为"体育游戏促进幼儿脑智发展的成效分析"。本章围绕体育游戏促进幼儿脑智发展展开深入探讨，一方面呈现了丰富多样的体育游戏活动案例，充分展现了体育游戏活动在促进幼儿脑智发展方面的积极作用和独特魅力。另一方面通过具体的儿童个案分析，细致追踪了不同类型体育游戏对幼儿脑智发展的个性化影响，展示了在教师针对性指导和家长积极配合下幼儿所取得的进步，充分体现了体育游戏对于促进幼儿脑智发展的重要价值和实践意义。

第五章为"促进幼儿脑智发展的体育游戏空间及资源建设"。本章提出了强联结的体育游戏资源建设的四项原则，即自然性原则、联通性原则、动作性原则和共享性原则。幼儿园在地实践过程中，对园所场地进行优化与重构，并在此基础上建成了"快乐运动天地""星光运动城""智慧体能园""智动起跑点"等适合开展各项幼儿体育游戏的运动空间。

结语部分对全书内容做了简要的总结，强调了体育游戏在促进幼儿五育并举和领域融合中的深远意义，及在促进幼儿身、脑、智全面发展中的重要作用，也为未来进一步开展体育游戏促进幼儿脑智发展的研究与实践工作揭开了大幕。

本书的完成，得到了诸多专家、领导和幼儿园同事的帮助和支持，在此表示衷心的感谢！

南京市大厂实验幼儿园

周荣荣

教育部儿童发展与学习科学重点实验室（东南大学）

东南大学生物科学与医学工程学院

东南大学学习科学研究中心

杨元魁

目录 contents

前　言	运动让孩子更聪明	001
绪　论	促进幼儿脑智发展的体育游戏实践探索	001
第一章	体育游戏促进幼儿脑智发展的理论思考	009
	第一节　体育游戏促进幼儿脑智发展的国内外研究现状	013
	第二节　体育游戏促进儿童脑智发展的理论基础	028
	第三节　"运动让孩子更聪明"的园本思考	034
第二章	"运动让孩子更聪明"——体育游戏深度开发	041
	第一节　促进幼儿脑智发展的体育游戏目标与原则	043
	第二节　促进幼儿脑智发展的体育游戏类型与内容	082
	第三节　促进幼儿脑智发展的体育游戏模型与变式	096
第三章	促进幼儿脑智发展的体育游戏观察量规研发与应用	101
	第一节　促进幼儿脑智发展的体育游戏观察指标体系	102
	第二节　促进幼儿脑智发展的体育游戏评估工具研发与应用	115
第四章	体育游戏促进幼儿脑智发展的成效分析	149
	第一节　体育游戏促进幼儿脑智发展的活动案例及其成效分析	151
	第二节　体育游戏促进幼儿脑智发展的儿童个案分析	219
第五章	促进幼儿脑智发展的体育游戏空间及资源建设	255
	第一节　强联结的体育课程资源的建设原则及方法	257
	第二节　强联结的体育课程资源在地实践	260
结　语	未来"聪明与健康"伴随孩子一生	272

绪 论
促进幼儿脑智发展的体育游戏实践探索

南京市大厂实验幼儿园始创于1982年，1999年独立建制，是南京江北新区规模最大的教办园，2007年被评为江苏省优质幼儿园，2013年异地新建搬入新园，2016年新建杨庄、兰亭两部，目前一园三址且一体化管理，拥有教职工150余名，幼儿1000余名。其四十多年的办园历程沉淀了丰厚的园所文化，形成了"乐其天性，顺其自然"的核心理念，尊重幼儿天性，顺应成长规律，以运动、阅读为重要抓手，培育身、心、脑全面发展的快乐儿童。十余年的体育游戏探索，不仅使幼儿获得了身、脑、智的全面发展，也使教师在获得体育素养提升的同时拓宽了以幼儿为本的活动设计思路。

图 0–1 南京市大厂实验幼儿园

一、坚持理论指导，整体建构"乐动"体育游戏的基本框架

2012年，为指导幼儿园和家庭实施科学的保育和教育，促进幼儿身心全面发展，教育部颁布了《3—6岁儿童学习与发展指南》（简称《指南》）。《指南》明确指出："发育良好的身体、愉快的情绪、强健的体质、协调的动作、良好的生活习惯和基本生活能力是幼儿身心健康的重要标志，也是其他领域学习与发展的基础。"

南京市大厂实验幼儿园（简称大幼）以《指南》作为行动的灯塔，以培养健康快乐的幼儿为目标，精心规划幼儿的一日活动，保障幼儿在园一日生活中2小时户外活动、1小时体育锻炼的时间。遵循幼儿身心发展规律和学习特点，坚持"以游戏为幼儿基本活动"的原则，逐步开发适宜的幼儿体育游戏活动，进行园本体育特色活动的初步实践。

图 0-2 大幼的晨间锻炼

自2012年起，大幼重视并着手晨间锻炼和下午户外体育锻炼内容及形式的优化，通过多样化的活动，如跳房子、走平衡木、钻山洞等，锻炼幼儿身体的协调、力量与耐力等能力。初期，大幼倡导自制玩具，虽具创意，但耐用性与美观度均不足，于是逐渐转向购买成品器材，以让教师有更多

时间来开发幼儿游戏与运动。

我国著名学者梁从诫先生推荐《与孩子共享自然》一书时说："让孩子们……重新亲近大地，带领他们在自然里做游戏，去体验人与人，人与自然，以及自然本身原来应有的和谐与平衡，这不仅是为了环境教育，也是对稚嫩心灵的抚爱与陶冶。"大幼深刻认识到，自然就是幼儿的大课堂，是幼儿的天然运动场。为此，大幼致力于打造生态、交往功能兼具的运动环境，让幼儿在阳光下茁壮成长，在运动中启智健体。

大幼的培养目标是"让孩子成为健康快乐的人"，其根本就在于让幼儿在阳光下成长，在运动中启智健体。基于核心理念，大幼遵循幼儿身心发展规律、满足幼儿生长需要，打造适宜的运动环境。一是打造运动生态环境。幼儿园充分挖掘环境资源，改造生态环境，用草地代替塑胶，用木板代替石板，以使幼儿在开放、自然、自主的环境下自由奔跑、释放天性，享受运动带来的快乐。二是打造运动交往环境。幼儿对话自然、对话同伴、对话自我，缘于幼儿园在混龄体验式运动活动、混班集体活动中创设了自然宽松的社会交往环境，这有利于促进幼儿社会性及情感发展。三是打造运动功能环境。幼儿园突破单个功能区的界限，建设综合运动场域，形成集运动、生活、拓展、探索等为一体的综合运动游戏场。

第一阶段的探索虽未形成完整体系，但大幼已深刻认识到体育活动对幼儿终身发展的巨大价值。经过实践探索，大幼初步建构了"乐动"体育游戏基本框架，确立了"基本运动""民间游戏""特色运动""拓展运动"四个活动模块，以体育游戏唤醒幼儿基本动作技能、提升运动素养、激发主观能动性。

二、落实五育并举，丰富拓展幼儿体育游戏的系列进阶内容

2015年，大幼迎来对体育游戏深入实践的契机。推进体育游戏的园本实践，始于对幼儿足球的研究。在推广校园足球的大潮中，大幼成为首批南京市校园足球特色学校，开始了幼儿足球的探究之路。

起初，足球活动如同一颗种子，播撒在幼儿心中，激发了他们对运动的无限向往。然而，随着课程的深入，大幼意识到，仅凭教练的单一指导，难以持续点燃幼儿的热情。

面对挑战，大幼积极寻求专家的引领。南京市教研室资深体育教研员陆伟老师走进了试点园，带着教练和教师一起研讨、学习，带来具有国际幼儿足球教学经验的国米教练。陆伟老师将先进的幼儿足球教学理念融入课堂，让教练学会了蹲下身来，用幼儿的语言和游戏化的方式，引领他们探索足球运动的乐趣。从"奥特曼打怪兽"的射门游戏，到"打气筒"踩球游戏等，每个设计都紧贴幼儿天性，让足球活动课变得生动有趣。

这一变革，不仅激发了幼儿对足球的热爱，更引领大幼走向了"快乐足球"的深层探索。大幼意识到，足球不仅仅是一项运动，更是一种文化的传承，一种氛围的营造，一种促进幼儿全面发展的途径。因此，大幼致力于构建一个全方位的足球教育体系，让足球文化、环境氛围、活动方案等相互融合，共同促进幼儿的健康成长。

随着"快乐足球"理念的深入人心，大幼的整体面貌焕然一新。教师精神焕发，运动素养显著提升；幼儿在足球的陪伴下，身体协调性、敏捷度、爆发力等素质得到了全面提升，更加健康、阳光、自信、活泼。大幼也因此收获了诸多荣誉。从省级到国家级，每一步都见证了大幼的成长与蜕变。

在此基础上，大幼不断拓宽体育活动的边界，引入了"快乐体操""快乐篮球""跑酷"等多样化项目，进一步丰富了幼儿的体育生活。这些活动以游戏化为核心，注重幼儿身心发展的全面性和协调性，让他们在快乐中运动，在运动中成长。

基于"乐其天性，顺其自然"的办园理念，大幼本着"守护幼儿天性、坚持快乐为先、遵循学习规律"三项原则，落实"幼儿足球""快乐体操""跑酷"等各项体育活动，依据儿童"行为把握、表象把握、符号把握"的规律开展实践。

图 0–3 足球活动课一

图 0–4 足球活动课二

在第二阶段的研究中，大幼着力探索、开发幼儿足球游戏，并由幼儿足球延伸至其他多项体育活动，以动作形式、基本技术、基本能力、情感体验四个方面为基础，从横向和纵向两个方面立体构建"四梁结构"活动体系，形成幼儿体育游戏的系列进阶内容，充分展示了体育活动的有机衔接和发展序列，打造各项特色活动课程。

三、走向科学循证，深度开发可促脑智发展的体育游戏活动

幼儿园阶段，作为落实科教兴国战略、培养拔尖创新人才的初始阶段，要为幼儿埋下创造的种子，因此需要更多关注儿童的思维发展规律。在此背景下，"运动让幼儿更聪明"这一观点逐渐深入人心，成为大幼探索幼儿体育游戏活动的新方向。

卢梭曾说"虚弱的身体，将永远培养不出有活力的灵魂和智慧"。在幼儿园的体育游戏活动实践中，大幼曾面临重"体"轻"智"的困境，即过分强调身体的锻炼而忽视了对幼儿思维与心智的滋养。为突破这一局限，大幼转而追求幼儿身、脑、智的全面发展，将体育游戏活动视为激发幼儿潜能、促进脑智发展的宝贵途径。

2019年起，大幼携手东南大学脑科学研究专家杨元魁博士（本书第二作者），开展了一系列实证研究，旨在科学验证"运动与幼儿脑智发展的关系"。实验发现，长期参与体育游戏的幼儿不仅身体素质强，其大脑神经元网络也较丰富，展现出较强的认知能力、语言表达能力和思维创造力。这一发现不仅印证了大幼的教育理念，也为后续的研究与实践提供了坚实的科学依据。

在脑科学的视角下，2岁至5岁是儿童大脑发育的黄金时期，运动与玩耍成为塑造大脑形态与功能的关键力量。大幼借鉴国际先进的SKIP（Successful Kinesthetic Instruction for Preschoolers，学前儿童成功的运动教学课程）课程理念，结合我国幼儿教育的实际情况，将体育游戏进行科学分类与创编，设计出既能锻炼身体又能启迪心智的多样化活动。这些游戏不仅注重外在动作的协调性，更强调内在思维的激活与拓展，旨在通过

身、脑、智的联合运动，促进幼儿全面发展。

在实践过程中，大幼构建了"运动类型—游戏活动—核心能力"的指标框架体系，将脑智发育的核心能力指标具体化为幼儿在游戏中的行为表现，为教师提供了可观察、可评估的量化工具。这一体系的建立，不仅提高了体育游戏的针对性和实效性，也为教师的专业发展提供了有力支持。

在第三阶段的研究中，大幼开发实践的体育游戏不再是简单的体育动作和技能，而是以身、脑、智联合运动为基础的活动，是一种有设计的，基于运动技能及脑智发育的，能充分发展幼儿体力、脑力和心智的活动。大幼认为，指向幼儿脑智发展的体育游戏能够促进幼儿身、脑、智联合发展，让幼儿发展更全面。

大幼始终深入学习贯彻习近平总书记关于教育的重要论述，坚决落实党中央、国务院关于学前领域教育发展的决策部署，以立德树人、服务需求、提高质量、追求卓越为主线，不断完善幼儿体育游戏活动内容框架，促进幼儿身、脑、智联合发展。

第一章

体育游戏促进幼儿脑智发展的理论思考

"脑智（brain & mind）"是人脑与心智的简称，2017年由教育部、科技部等部门联合提出，其核心宗旨与目标是在基础科学研究上，推动跨学科交叉融合，深入揭示儿童脑发育、心理适应与学习能力的一般发展规律与特殊发展规律，建立、改进儿童脑智发展与各类发育困难的评估技术、诊断工具与标准、分型分类系统及干预促进方案，为基础教育实践、教育政策制定、儿童医疗健康等领域提供基于实证的科学基础。

"脑智发展"主要指人脑与心智两个方面的发展与成长。人类心智（如注意、记忆、情绪、执行功能等心理行为）的成长主要取决于脑发育的水平（包括结构与功能的变化，体现在分子、细胞、组织、网络等各个层次）。人脑的发育过程是一个漫长的过程，不同脑区的发育速度和轨迹有很大不同，总体上呈现出"自下而上""从后往前"的发育特点。也就是说，人脑中与生存直接相关的结构（如脑干）、基本的感知觉和运动相关的脑区（如初级运动皮层、初级感觉皮层、枕叶等）发育最早并最快达到成熟水平，而与控制、推理等高级认知功能有关的脑区（如前额叶等）发育相对较晚且最晚成熟。

人脑的发育受到先天因素和后天因素的共同作用，个体大脑的发育为心智的成长奠定了最为重要的生物基础。总体来看，儿童早期（0—6岁）和青春期是人一生中大脑发育最快的两个重要时期，因此这两个时期又被称为个体发展的"机会窗"，也就是说在这两个阶段个体的脑智发展对后天养育和教育环境非常敏感。

纵观人的一生，营养、睡眠与运动是贯穿始终且极为重要的三件事，对于人生任一阶段的身心健康都具有至关重要的作用。脑科学和认知科学领域的大量研究表明，体育运动是促进儿童脑智发展最有效的方法之一，是绝佳的脑智提升工具，可以塑造儿童的大脑，促进儿童执行功能的发展，改善学习行为。

从功能角度上说，大脑主要分为感觉运动网络、中央执行网络、默认模式网络、突显网络、背侧注意网络、边缘/旁边缘系统、视觉系统七大网络。运动与大脑这七大功能网络之间高度交互，幼儿的运动能力在很大程度上取决于这七大功能网络的发育水平，而提升幼儿的运动能力又能有效地促进这七大功能网络的发育。

体育游戏在幼儿的生长发育过程中占有重要的位置，贯穿了幼儿的整个成长期，是以各项基本动作和身体练习为主要内容，以规则要求的游戏为主要形式，使幼儿身心健康发展的一种愉快、自主的活动。幼儿体育游戏存在着多种多样的分类方法。随着社会的发展和教育环境的不断变化，幼儿体育游戏本身也要不断地更新，必须根据幼儿的身心发育特点，有针对性地选择适合幼儿的体育游戏。

《指南》中明确提出，建议幼儿每天户外活动时间一般不少于2小时，其中体育活动时间不少于1小时，季节交替时要坚持。《学龄前儿童（3～6岁）运动指南》中指出，学龄前儿童每天24小时内的累计运动时间应至少达到180分钟。每天应至少进行120分钟的户外活动，在雾霾、高温或高寒等恶劣天气下可酌情减少户外运动时间，但建议在室内完成每日

180分钟的运动目标。[1] 众所周知，运动尤其是户外运动对幼儿身心健康发展非常重要。学前教育工作者能直观地发现，运动能力强的幼儿往往身体协调性更好，思维更加灵活，行为习惯也更好。然而，很多学前教育工作者并不清楚这些行为表现背后的生理学和心理学机制究竟是什么。本章内容将依据脑科学、心理学和认知科学等领域的研究成果，从运动促进儿童脑智发展的国内外研究现状、脑科学机制这两个方面进行理论分析。

---

[1] 关宏岩，赵星，屈莎，等.学龄前儿童(3～6岁)运动指南 [J].中国儿童保健杂志，2020（6）：714–720.

第一节
体育游戏促进幼儿脑智发展的国内外研究现状

近二十年来,脑科学、心理学与教育学的交叉学科领域对运动与儿童大脑发育、心智发展之间的关系做了大量的研究。在运动促进儿童脑智发展方面,国内外均开展了大量的实证研究。已有的科学研究表明,只要有运动,无论是何种形式的运动及其持续时间长短,几乎都能够对儿童的脑智发展产生积极影响。在畅销书《运动改造大脑》一书中,作者认为运动是天然的健脑丸,运用大量事例表明了运动、大脑、心理健康三者之间的关系。[1]

一、运动对儿童执行功能的影响

1. 执行功能的概念及其脑机制

执行功能(executive function, EF)被认为是人类最为核心的脑智能力之一。所谓执行功能,广义来讲,就是指对个体的意识和行为进行监督和控制的各种操作过程;具体来讲,是指在完成复杂的认知任务时,对各种认知过程进行协调,其本质是对其他认知过程进行控制和调节,执行的根本目的是产生协调有序、具有目的性的行为;通俗来讲,就是一个人要完成某件事情或达成某个目标所需要的全部认知能力的集合。

---

[1] 约翰·瑞迪,埃里克·哈格曼.运动改造大脑[M].浦溶,译.杭州:浙江人民出版社,2013.

执行功能所指向的并非某种单一能力，而是一组复杂的认知能力和认知过程，具体包括以下三个核心成分：抑制控制（inhibitory control）、工作记忆（working memory）、认知灵活性（cognitive flexibility）。这三个核心成分构成了更加复杂的计划、推理和问题解决等高级认知功能的基础。

其中，抑制控制是指个体控制自己的注意、想法、行为和情绪的能力，其核心作用是使个体的行为不受内心倾向和外部诱惑的限制与影响，帮助个体更好地避免分心、抵制诱惑，将有限的认知资源更多地投入当前需要完成的任务中。如果缺乏抑制控制能力，个体就会受到自身已有的知识、习惯、思想和经验的严重影响，表现出冲动、冒险、缺乏自我管理能力、执行力差或拖延等一系列行为问题。有研究表明，幼儿的抑制控制能力发展水平较低，就容易会出现以下行为：做事冲动易怒，表现得咄咄逼人且丝毫不顾后果；遇到困难容易退缩，不愿意坚持尝试，消极沮丧，甚至情绪崩溃；难以抚慰，时常因为一些微不足道的事情而乱发脾气，不愿意花费时间观察和思考，而是直接动手；等等。

工作记忆是指保持和加工信息的能力，能帮助人们将信息保存在脑中并使用这些信息，让人们可以用已有的信息来整合当前的感觉信息，使人们可以有意识、有效地操作记忆（如思考、谈论、背诵等），从而能够将其有效地转化为长时记忆。工作记忆又可以分为存储和加工两个部分。其中存储有一定的容量限制，其加工的过程实际上就是信息协调的过程，形成了抑制、刷新和转换四个功能。

认知灵活性指的是个体能否站在他人的角度考虑问题、能否从不同的角度解决问题以及能否灵活面对各种突发情况的能力。认知灵活性较差的儿童即使知道自己做的是错的，仍然会持续犯错；在规则和要求发生改变时，难以迅速地做出适宜的调整或反应，往往会按照以往的思维方式来处理问题。

脑科学和心理学的研究表明，1岁左右，儿童的执行功能开始萌芽，儿童会慢慢获得保持和使用新信息、集中注意力、控制冲动以及制订计划的能力。重要的变化发生在3—6岁，这一阶段是儿童执行功能的快速发展期，必须加强评估和干预。12岁左右儿童的执行功能达到许多标准执行功能测试的成人水平，但某些指标会持续发展到成年期。

从脑科学的角度来说，执行功能涉及十分复杂的脑结构、功能回路和功能网络。目前脑科学一般认为额叶尤其是前额叶是执行功能的核心脑区，此外前扣带回皮层、纹状体、海马体和小脑也都是执行功能脑网络的重要组成部分。其中，额叶又被称为"人脑的控制中心"，几乎影响了个体所有的高级认知功能，因此，人脑的执行功能往往又被称为人脑中的"交管系统"，其发展水平可以直接反映个体的脑发育水平。

进入幼儿园时，执行功能上的个体差异会对幼儿能否适应幼儿园内和幼儿园外的生活、能否获得成功以及能否与其他同学和睦相处等方面产生重大的影响。控制冲动、集中注意力和在记忆中积极保持信息的能力并不是随着儿童的成长而自然获得的，那些在执行功能上有问题的儿童长大以后问题依然存在。与那些仅仅聚焦字母和数字教育的课程不同，对执行功能的明确干预会对儿童的语言能力、数学能力均有积极的潜移默化的影响。早期养育人员、幼儿园教师和小学教师如果在促进儿童执行功能发展方面受过专业的培训，那么就能更好地理解和应对孩子出现的行为问题和学习挑战。

此外，儿童早期执行功能的发展水平对幼儿的语言、数学、社会等几乎所有能力的发展都影响巨大，所以很多国家把幼儿执行功能的发展水平看作进入小学的"入学准备度（school readiness）"的重要核心内容之一。实际上，执行功能对学前儿童入学准备度的影响要比智商对入学准备度的影响大得多。如果幼儿的执行功能发展水平未能达到进入小学的要求而提前入学，其往往在小学低年级更容易表现出各种各样的挑战。

2. 运动对儿童执行功能各成分的影响

以往关于运动促进儿童脑智发展的研究，大部分集中于运动促进执行功能发展方面。脑科学与心理学研究表明，运动对儿童的执行功能具有非常显著的促进作用，缺乏运动可能会导致执行功能发展受到较大的影响。[1]无论是一次性短时间运动还是长期运动锻炼均能够提高儿童的执行功能水平，且有认知活动参与的低、中强度的运动能够更加有效地促进儿童执行功能的发展。Chaddock-Heyman L.等人对8—9岁的儿童进行了为期9个月的运动干预，在每次放学后2小时内完成，强度为中等到高，周末会鼓励孩子与家长一起进行运动。结果显示，孩子的注意能力和抑制能力有了显著提高，并且运动对儿童大脑白质结构的促进作用，大脑前额皮层的功能也显著增强，有氧体适能表现出色孩子的脑部脑区之间的神经连接性更强。[2]Yu-Kai Chang等人采用执行功能任务比较了不同强度协调性运动对学前儿童执行功能的影响，发现无论是低强度运动还是中等强度运动，均能提高儿童的反应速度和反应准确性。[3]江大雷等人的研究发现，8周中等强度的足球体育游戏可以显著提升学前儿童的抑制控制能力。[4]揭江的研究考察了灵敏性运动和协调性运动对5—6岁学前儿童执行功能的影响，发现不同类型的运动对学前儿童执行功能的影响存在差异，8周的灵敏性运动能够提高幼儿工作记忆的水平，但8周的协调性运动未

---

[1] 杨元魁编译. 肥胖儿童的大脑皮层更薄、执行功能更低 [J]. 中国科技教育，2020(1):5.

[2] Chaddock - Heyman, L., Erickson, K. I., & Holtrop, J. L., etc. Aerobic Fitness is Associated with Greater White Matter Integrity in Children[J]. Frontiers in Human Neuroscience, 2014, 8:584.

[3] Yu-Kai Chang, Y.-J. Tsai, T.-T. Chen, &T.-M. Hung, The Impacts of Coordinative Exercise on Executive Function in Kindergarten Children: Attention and Inhibition.[J]. Research in Developmental Disabilities, 2013,34(5): 2048–2058.

[4] 刘海涛，李海伟，江大雷，等. 影响女子篮球运动员起跳能力生物力学因素的灰色关联分析 [C]// 第六届中国体育博士高层论坛论文摘要集，2016:15.

对幼儿执行功能产生积极效益。[1]李龙凯考察了12周不同频次体育游戏对学前儿童执行功能的影响，发现为期12周，3次/周和1次/周的体育游戏对学前儿童的执行功能的作用不具有统计学差异，仅增加每周体育游戏的次数可能不足以改善学前儿童的执行功能。另有一项研究分析了幼儿执行功能发展与体育游戏之间的相关性，开发了促进5—6岁幼儿执行功能发展体育游戏"森林运动会"，实验结果和教师、家长问卷的调查结果均显示体育游戏活动对促进5—6岁幼儿执行功能发展即抑制控制、工作记忆和认知灵活性三个子功能的发展都具有显著的促进作用。[2]张莹等人的一项研究考察了小蹦床运动课程对幼儿执行功能的影响，结果发现"体育游戏+小蹦床"组合练习的运动课程对改善4—5岁幼儿执行功能具有积极效益，尤其是对抑制控制和工作记忆的提升显著。[3]孟小续考察了12周中高强度跳绳运动对学前儿童执行功能的影响，结果发现12周中高强度跳绳运动能显著改善5—6岁学前儿童反应抑制能力，近红外脑功能成像的结果表明有氧运动干预可能影响5—6岁儿童大脑外侧前额激活模式。[4]盖笑松等人的一项研究考察了体感游戏在促进4—6岁儿童执行功能方面的作用，发现在一次性训练中，体感游戏中的运动强度而不是认知参与显著促进儿童执行功能，尤其是工作记忆；在长期干预中，体感游戏中的运动

---

[1] 揭江.灵敏性运动和协调性运动对5—6岁学前儿童执行功能的影响[D].金华：浙江师范大学，2018.

[2] 李龙凯.12周不同频次体育游戏对学龄前儿童执行功能的影响研究[D].上海：上海体育学院，2020.

[3] 张莹，陈若阳，黄璐璐.提升幼儿执行功能的小蹦床运动课程研究[J].浙江师范大学学报（自然科学版），2020（3）：343–348.

[4] 孟小续.12周中高强度跳绳运动对学龄前儿童执行功能的影响[D].上海：上海体育学院，2021.

强度和认知参与都显著促进儿童执行功能，且认知参与的作用大于运动强度。[1]

赵响等人的一项研究发现粗大动作协调运动对幼儿执行功能有积极影响，粗大动作协调运动有利于幼儿基本动作能力发展，不仅有利于粗大动作发展，并且对精细动作产生良性作用；粗大动作协调运动水平是影响幼儿执行功能的重要因素；粗大动作协调运动对幼儿执行功能具有正向效应，其中对认知灵活性以及工作记忆影响尤为显著。[2]

王俊宇等人的一项综述研究分析了运动结合认知训练对健康儿童执行功能的影响，发现运动结合认知训练能够显著改善健康儿童的工作记忆、抑制控制和认知灵活性。[3]张伟伟的一项实验研究考察了12周亲子武术运动对4—6岁学前儿童执行功能的影响，发现12周的亲子武术运动干预对4—6岁儿童抑制控制和认知灵活性功能有改善作用，对工作记忆功能未产生促进作用；在12周后的随访测试中，亲子武术运动对4—6岁儿童执行功能的改善有一定的随访效果；此外，12周的亲子武术运动干预，对亲子关系有积极的改善作用。[4]宋曦韵等人的一项个案研究发现，8周足球运动游戏对有注意缺陷多动障碍的5岁男童的执行功能有着显著的改善作用。[5]张琪娜等人的一项综述研究发现，虽然长期的运动锻炼促进儿童

---

[1] 盖笑松，许洁，闫艳，等. 体感游戏促进儿童的执行功能：运动强度和认知参与的作用 [J]. 心理学报，2021(5)：505–514.

[2] 赵响，李娜. 幼儿基础灵敏素质评价模型构建研究 [C]// 第十二届全国体育科学大会论文摘要汇编，2022:5442–5443.

[3] 王俊宇，杨永，郭学军，等. 运动结合认知训练对健康儿童执行功能影响的系统综述 [J]. 中国循证儿科杂志，2023(5)：393–398.

[4] 张伟伟. 12周亲子武术运动对4—6岁学龄前儿童执行功能影响的实验研究 [D]. 上海：上海体育学院，2023.

[5] 宋曦韵，张丽娟，周荣荣. 足球运动游戏对5岁注意缺陷多动障碍男童执行功能影响的个案研究 [J]. 早期教育，2023(21)：37–39.

执行功能的成果并不丰富，但是短时间、灵活多变和具有趣味性的单次运动对执行功能的促进作用获得了基本一致的证实。[1]刘胜男等人的一项元分析考察了不同运动强度对我国儿童认知灵活性的影响，发现低强度运动不能够提升和改善儿童的认知灵活性；中强度和高强度体育运动对儿童认知灵活性具有极其显著的影响，当运动时间控制在 30 分钟 左右，运动频次 3 次 / 周，干预周期大于 8 周时，能够对儿童认知灵活性达到良好的改善效果。[2]

张建华等人的研究采用对照研究法，发现干预组与对照组在抑制控制、工作记忆和认知灵活性中的反应时和准确性差异均有统计学意义，表明中等强度体操运动对 5—6 岁幼儿的执行功能产生了小到中等效应的提升作用。[3]丁黎亚等人的一项研究考察了中高强度运动干预对学前儿童执行功能的影响，发现当身体活动量处在平均水平及以上时，增强了运动干预对抑制功能增强的影响，即在干预水平相同的情况下，儿童的身体活动量越高，更能预测执行功能的提高。[4]赵瑞等人的一项元分析考察了有氧运动对超重肥胖儿童执行功能的影响，发现单次有氧运动干预能够有效提高超重肥胖儿童的执行功能，其中单次干预时长大于 30 分钟的有氧运动

---

[1] 张琪娜，魏毅，陈超. 运动改善儿童执行功能的研究进展 [J]. 牡丹江教育学院学报，2023(4):106–111.

[2] 刘胜男，包莹莹，安晶. 体育活动干预对我国幼儿社会技能和心理弹性影响的 Meta 分析 [J]. 体育视野，2023(21):98–100.

[3] 张建华，卢嘉程，刘敏，等. 中等强度体操运动对 5～6 岁幼儿执行功能的影响 [J]. 中国学校卫生，2024(3):326–329,334.

[4] 丁黎亚，孟小续，张斌. 中高强度运动干预对学龄前儿童执行功能的影响：身体运动量的调节 [C]// 第十三届全国体育科学大会论文摘要集，2023：20008–20010.

可改善超重肥胖儿童的抑制功能，长周期固定频次、时间的有氧运动可以改善超重肥胖儿童干扰控制能力。[1]宋庆尧等人的一项元分析考察了单次运动剂量与执行功能之间的关系，发现单次运动对改善抑制功能反应时、刷新功能反应时和正确率均有显著效果。[2]高佳文等人的一项元分析考察了不同运动方式对6—14岁儿童执行功能的干预效果，发现技能主导类同场对抗性运动、高强度运动和技能主导类表现性运动可能是提高儿童抑制功能的最佳干预方式；技能主导类同场对抗性运动、体能主导类耐力性运动和定向运动三种措施可能是提高儿童刷新功能与转换功能的最佳干预方式；在工作记忆方面，体能主导类耐力性运动和组合运动为最佳干预方式。[3]

此外，运动对儿童执行功能的影响在很大程度上依赖于具体运动的类型和相应的背景环境。团体运动（如篮球、足球等）本身就包含了复杂的认知过程和社会互动，与个人运动相比能够给儿童带来更高的适应性。运动的技能和背景环境的复杂性反映了儿童在运动时认知参与的程度，认知参与度越高，对执行功能的影响越大。

二、运动对儿童注意力的影响

1. 注意的概念及其脑机制

注意力是生活中的用词，在心理学中就被称为"注意（attention）"，实际就是指注意的能力。根据注意对象的不同，注意可以分为选择性注意、

---

[1] 赵瑞，陈乐琴，吴依妮，等. 有氧运动对超重肥胖儿童执行功能影响的Meta分析 [J]. 中国全科医学，2024(30):3817–3824，3834.

[2] 宋庆尧，于瀛，樊晓飞，等. 儿童青少年执行功能与单次运动剂量–效应关系的meta分析 [J]. 中国心理卫生杂志，2024(2):122–130.

[3] 高佳文，王舜，王亚，等. 不同运动方式对儿童执行功能干预效果的网状Meta分析 [C]// 第十三届全国体育科学大会论文摘要集，2023：10508–10510.

执行性注意、持续性注意（又被称为"专注力"）；根据认知资源的不同，注意可以分为无意注意（又叫"不随意注意""被动注意"）、有意注意（又叫"随意注意""主动注意"）、随意后注意（注意的一种特殊形式，有自觉目的但不需要意志努力，如沉浸于自己所喜欢的事情时）；根据感觉器官的不同，注意又可以分为听觉注意、视觉注意、触觉注意。因此，本书中可能会出现不同的注意类型，请读者留意这些不同分类之间的区别与联系。人脑中与注意相关的网络包括警觉网络、定向网络和执行控制网络这三个子网络。其中，警觉网络可以使我们产生警觉并保持清醒（如上课时学生昏昏欲睡，可以提醒他们要开始提问了），定向网络可以将注意资源迅速分配到一个目标身上（如从课间游戏迅速转移定位到学习内容上），执行控制网络能够保证在注意分配时不受干扰、避免分心、保持专注甚至进入"心流（mental flow）"状态，即全神贯注于当前任务的忘我状态。

警觉网络与脑干中的网状激活系统密切相关，是人脑中非常重要的信息过滤器。网状激活系统中的蓝斑合成了一种与大脑觉醒程度密切相关的神经递质——去甲肾上腺素（其前体是多巴胺）。人脑中去甲肾上腺素的水平与觉醒程度成呈相关，其含量越高大脑的觉醒程度越高。但觉醒程度越高并不意味着任务表现越好，过高的觉醒水平反而会降低任务表现。

此外，注意的保持还需要平衡的谷氨酸和 γ-氨基丁酸水平。谷氨酸是大脑中数量最多、分布最广的兴奋性氨基酸类神经递质，负责"激活"神经细胞，与注意、记忆、情绪都有密切的关系；γ-氨基丁酸是人脑中最主要、最普遍的抑制性神经递质，使得大脑能够放松和专注。此外，谷氨酸也是影响神经可塑性的关键物质，与记忆的巩固和清除均密切相关。人脑获取谷氨酸的途径有两种，一种是从血液中吸收，这就需要在食物中有丰富的谷氨酸来源；第二种是在人脑神经元中自行合成。脑科学研究表明，有氧运动和晒太阳能够非常有效地促使脑内迅速合成大量的谷氨酸，进而改善情绪、学习和记忆。如果长时间在室内静坐不动或不晒太阳，并且没有及时补充富含谷氨酸的食物，人脑中的谷氨酸水平会迅速降低，从而使得人脑没有足够的神经效能可以控制好自己的注意、情绪、行为等。

然而，大脑内的谷氨酸水平也不能过高，过高的谷氨酸水平会使得已经疲惫不堪的大脑难以快速地稳定和放松，反而无法集中注意。此时，就需要将脑内多余的谷氨酸尽快转化为 γ-氨基丁酸。如果脑内谷氨酸水平长期显著高于 γ-氨基丁酸的水平，会导致个体的焦虑情绪明显加重。因此，在高强度的学习结束或剧烈运动之后，需要采用呼吸调整、放松训练等方式帮助高度兴奋的大脑和身体能够迅速放松下来，以进入睡前准备或再次需要专注的状态。

2. 运动对儿童注意力的影响

脑科学与心理学的研究表明，运动是提升儿童注意力的重要且有效方法。张蕾的一项实验研究发现，不同类型的体育运动项目对被试实验组儿童注意力水平的改变程度与范围有差异性，研究所采用的四项体育运动，其对学前儿童注意力影响程度由大到小排列分别是围棋、体育舞蹈、足球和跆拳道。[1] 孙昌捷等人的一项元分析研究表明，体育运动练习能够有效提高儿童的注意力水平，其机制主要是与脑内的神经内分泌的变化有关，运动干预能够提高任意年龄阶段儿童的注意力水平，但对 7 岁及以下儿童的干预效果更为明显，此外集体项目与个人项目相比更能提高儿童的注意力水平。[2] 杨畅考察了不同累积时间中—高强度篮球运动对 5—6 岁幼儿注意力稳定性的影响，发现中—高强度的篮球运动可以改善 5—6 岁幼儿注意力稳定性水平，中—高的负荷强度是影响幼儿注意力稳定性的重要因

---

[1] 张蕾. 体育运动对学龄前儿童注意力影响的实验研究 [D]. 成都：成都体育学院，2015.

[2] 孙昌捷，张惠红. 体育运动对儿童注意力影响的系统评价 [J]. 吉林体育学院学报，2020(4)：72–79.

素；幼儿的注意力水平的显著提高与运动累积时间有关。[1]刘玮洁考察了小篮球运动对5—6岁幼儿注意力的影响，经过12周小篮球运动训练的幼儿在注意分配、广度、稳定、转移方面都具有显著提升。[2]

三、运动对儿童协调性发展的影响

从幼儿动作发展的角度来说，无论是大肌肉运动还是小肌肉运动，决定幼儿动作发展水平的实际上是这三种协调能力：左右协调、手眼协调和手脚协调。其中，左右协调能力与左脑和右脑能否高效地协同工作密切相关；手眼协调能力（2岁之前则表现为"手—眼—口"的协调能力，也就是幼儿自己能否准确地用手或餐具把吃的东西送到嘴里）与注意力发展水平密切相关；手脚协调能力体现了运动皮层和前额皮层的整体控制和协调水平，与听神经（前庭神经和耳蜗神经）、小脑一起影响着平衡觉，与身体的运动能力密切相关。如果左右协调能力出现问题，幼儿可能表现为左右不分、同手同脚；如果手眼协调能力出现问题，幼儿可能表现为抓握不准、抓握无力、注意力不集中；如果手脚协调能力出现问题，幼儿可能表现为经常自己把自己绊倒、大动作发展迟缓、运动能力低下、容易晕车，以及漫无目的的过度活跃。

谭蕾等人考察了小篮球运动对4—5岁儿童协调能力的影响，发现小篮球运动不仅可以提高幼儿的运动兴趣，而且可以提高幼儿的协调能力、丰富幼儿的体育锻炼内容。[3]李秀娟的案例研究考察了"小沙包"运动对幼儿四肢协调性的促进作用。[4]梁婷考察了12周协调性训练对儿童运

---

[1] 杨畅.不同累积时间中—高强度篮球运动对5~6岁幼儿注意力稳定性的影响[D].成都：四川师范大学，2021.

[2] 刘玮洁.小篮球运动对5~6岁幼儿注意力影响的实践研究[D].大连：辽宁师范大学，2021.

[3] 谭蕾，冯振杰.小篮球运动对4~5岁儿童协调能力的影响[J].学前教育研究，2013(9):43-46.

[4] 李秀娟."小沙包"运动提高幼儿四肢协调性的案例研究[J].吉林教育，2017(33):1.

动技能学习的影响，在儿童运动技能学习时，根据不同的运动技能学习选择与其相关性高的协调性要素开展协调训练，可更有针对性且高效地促进运动技能学习，并建议在开始运动技能学习时可以侧重开展足眼协调能力、手眼协调能力、反应能力等相关的协调性训练，在开展闭式运动技能学习时可以在协调性训练中侧重开展足眼协调平衡、下肢间左右移动等协调性训练。[1] 程小冬考察了马辅助活动对7—8岁儿童身体运动协调性和执行功能的影响，发现对马辅助活动对7—8岁儿童身体运动协调性的发展、执行功能的提高和行为的改善具有一定的作用。[2]

体育科学的研究表明许多运动形式可以显著改善儿童的身体协调性，进而促进大脑的发育。以足球运动游戏为例，足球运动是一种非常重要的以复杂动作为主的高度协调性、目标定向性运动，需要身体的多个部位共同参与，并且要求个体高度集中注意力且能快速变换身体动作以适应不同的状况。幼儿能够在轻松愉快的足球游戏活动中充分发展自己身体的左右协调、手脚协调和手眼协调的能力，进而通过身体协调性的改善和提升促进大脑的发育。

四、运动与其他领域融合的研究

心理学的研究发现，运动能提高儿童识别物体的能力、语言表达的能力和思维想象创造力，还能消除心理压力、调节情绪等。

李英美的一项个案研究利用体育游戏对幼儿的情绪管理能力进行了干预，两名个案幼儿的情绪管理能力均有了明显改善。[3] 蔡淑钰考察了不同体育集体活动对幼儿情绪的影响，发现在不同体育集体活动前后幼

---

[1] 梁婷. 协调性训练对儿童运动技能学习的影响 [D]. 桂林：广西师范大学，2022.

[2] 程小冬. 马辅助活动对7～8岁儿童身体运动协调性和执行功能影响的研究——以西安市西咸新区为例 [D]. 北京：首都体育学院，2023.

[3] 李英美. 利用体育游戏干预幼儿情绪管理能力的个案研究 [D]. 济南：山东师范大学，2020.

儿情绪变化情况不同，其中体育游戏和项目技能活动前后幼儿情绪变化具有显著性差异，体育游戏后幼儿情绪更加积极，项目技能活动后幼儿情绪更加消极。[1]王赞娇考察了规则性体育游戏对大班幼儿情绪调节能力的影响，发现8周的规则性体育游戏方案干预可以有效地提高幼儿在情绪识别、情绪理解方面的能力，并且在情绪调节能力方面，幼儿采用积极情绪调节策略（认知重建、问题解决、替代活动）的意愿明显提高，对消极情绪调节策略（发泄、被动应付、自我安慰）的使用明显减少。[2]梁璐的实验研究将社会情绪教育融入了大班的体育游戏中，发现与对照组相比，在开展融入社会情绪教育的体育游戏实验后，实验组幼儿的情绪理解能力显著提高，并表现出较好的情绪调节和自控能力；同伴交往能力进一步发展，在主动性和言语、非言语交往方面均有提升；社会技能丰富，在自控维度和主动性维度上显著提升，表现出更多的亲社会行为；人际问题解决能力增强，更多使用积极的问题解决策略。[3]孟岩发现混龄体育游戏对幼儿情绪调节策略有着积极的影响，主要表现在认知重建、问题解决、替代活动三个维度及积极调节策略总分上。[4]刘硕考察了体育优胜对幼儿道德情绪中自豪感的唤醒水平，发现体育优胜能够有效地激发3—5岁幼儿的自豪感，并且随着年龄的增长，幼儿的自豪感唤醒水平随之增高。[5]王雨凡等人的一项实验研究考察了团体体育游戏对大班幼儿情绪调节能力

---

[1] 蔡淑钰. 不同体育集体活动对幼儿情绪的影响研究 [D]. 金华：浙江师范大学，2021.

[2] 王赞娇. 规则性体育游戏对大班幼儿情绪调节能力的影响研究 [D]. 石家庄：河北师范大学，2021.

[3] 梁璐. 融入社会情绪教育的体育游戏对大班幼儿社会—情绪能力的实验研究 [D]. 上海：上海师范大学，2023.

[4] 孟岩. 混龄体育游戏对幼儿情绪调节策略的影响 [D]. 大连：辽宁师范大学，2023.

[5] 刘硕. 体育优胜对幼儿道德情绪中自豪感的唤醒水平研究 [C]// 第十二届全国运动心理学学术会议论文摘要汇编，2023：146.

的影响，发现团体体育游戏在实验中能够改善大班幼儿情绪调节能力，实验组大班幼儿情绪调节维度得分提高，不稳定及消极维度得分降低。[1]王雅瑜认为教师应积极引导幼儿之间的合作，鼓励幼儿积极交流，运用多种方式引导幼儿正确地表达自己的情绪，开展丰富多样的户外体育游戏，帮助幼儿掌握正确的沟通技巧。[2]

此外，融入了数字、语言等活动的运动游戏，能够同时显著提升儿童的运动技能以及相应的数字、语言等与学习相关的能力。早在2007年，朱明泉等人的一项综述总结了两类手部运动（伴随言语发生的手势运动和抓握运动）与言语之间关系的行为和脑科学研究成果，发现伴随言语产生的意义手势可促进言语加工，特别是词汇的提取过程；观察手的抓握运动影响言语产生时唇的运动和声音成分。[3]余卿开发了促进4—5岁幼儿语言表达能力发展的体育游戏，实证研究的结果表明体育游戏能促进4—5岁幼儿的语言表达能力发展，对语音、词汇、句子等表达能力的发展都有显著性的改善效果，同时对身体素质也有一定的促进作用，在10米折返跑、双脚连续跳和走平衡木上的表现有显著性的进步。[4]李海涛考察了12周学科融合的体育活动对幼儿数学能力的影响，发现研究设计与数学学科知识相融合的幼儿体育活动具有可实施性，并且学科融合的体育活动能够有效提升3—6岁幼儿的数学能力和身体素质。2021年的一项研究发现，与典型的课堂数学活动相比，将数学融入篮球训练中，学生学习数学的动力

---

[1] 王雨凡，庄文婷，邓力威. 团体体育游戏对大班幼儿情绪调节能力影响的实验研究 [J]. 当代体育科技，2024(9):140–145.

[2] 王雅瑜. 在户外体育游戏中发展幼儿情绪表达与沟通能力 [J]. 福建教育学院学报，2024(2):93–95.

[3] 朱明泉，张智君. 言语与手部运动关系的研究回顾 [J]. 心理科学进展，2007(1):88–93.

[4] 余卿. 促进4—5岁幼儿语言表达能力发展体育游戏开发研究 [D]. 北京：首都体育学院，2020.

增加了 16%，对特定数学技能的掌握程度也提高了 6%。[1] 郭战胜将小学一年级的体育、语文、数学学科进行了融合设计，发现两个月的小学一年级体育与语文、数学学科知识融合教学提高了小学生在 50 米跑、坐姿体前屈和 1 分钟跳绳项目上的成绩，提高了体质健康水平；增强了学生的体育学习兴趣，提升了主观锻炼体验，并提高了小学生语文、数学成绩。[2]

---

[1] 李海涛.学科融合的体育活动对幼儿数学能力的影响[D].大连：辽宁师范大学，2020.

[2] 郭战胜.小学一年级体育与语文、数学学科知识融合教学方案设计与实施研究[D].昆明：云南师范大学，2022.

第二节
体育游戏促进儿童脑智发展的理论基础

当前,运动能够有效促进儿童的大脑发育和心智发展已经成为脑科学、心理学、教育学、体育学、医学等多个领域的广泛共识,其相关理论与实验研究已经非常充分。本节内容首先述评了运动促进儿童脑智发展的研究与应用现状,其次从脑科学的角度阐释了运动促进儿童大脑发育的机制,并在此基础上提出了基于脑科学的幼儿体育游戏分类、建构方案与关键经验,旨在为学前教育领域科学开展幼儿体育活动、高效促进幼儿脑智发展提供基于实证的课程、游戏或活动方案,进一步挖掘体育游戏在促进幼儿身心全面发展中的作用、内涵和意义。

一、运动促进儿童脑智发展的研究现状

已有的科学研究表明,体育运动是促进儿童脑智发展最有效的方法之一,只要有运动,无论是何种形式的运动及其持续时间长短,几乎都能够对儿童的脑智发展产生积极影响。[1]

近年来,脑科学、心理学与教育学的交叉学科领域对运动与儿童大脑发育、心智发展之间的关系做了大量的研究。例如,适当的运动可改善儿童的前额叶皮质功能,从而提高儿童的执行功能发展水平(Yu-Kai Chang

---

[1] 陈爱国,熊轩,朱丽娜,等. 体育运动与儿童青少年脑智提升:证据与理论 [J]. 体育科学,2021(11):43–51.

等，2014[1]；江大雷等，2016[2]；揭江，2018[3]；杨元魁，2020[4]；孟小续，2021[5]；赵响等，2022[6]；王俊宇等，2023[7]；张伟伟，2023[8]；丁黎亚等，2023[9]；Changshuang He，etc.，2024[10]）；缺乏运动可能会导致执行功能发展受到较大的影响（张瑜等，2022[11]）。此外，认知参与的体育运动对儿童执行功能的发展更加有利，无论是一次性短时间运动还是长期运动锻炼均能够提高儿童的执行功能，且有认知活动参与的低、中强度的运动能够更加有效地促进儿童执行功能的发展（姚玉婷，2022[12]）；团体运动（如篮球、足球等）本身就包含了复杂的认知过程和社会互动，

---

[1] Yu-Kai Chang, Y.-J. Tsai, T.-T. Chen, &T.-M. Hung, The Impacts of Coordinative Exercise on Executive Function in Kindergarten Children: Attention and Inhibition.[J]. Research in Developmental Disabilities, 2013,34(5): 2048–2058.

[2] 刘海涛, 李海伟, 江大雷, 等. 影响女子篮球运动员起跳能力生物力学因素的灰色关联分析[C]//第六届中国体育博士高层论坛论文摘要集, 2016: 15.

[3] 揭江. 灵敏性运动和协调性运动对5—6岁学前儿童执行功能的影响[D]. 金华: 浙江师范大学, 2018.

[4] 杨元魁编译. 肥胖儿童的大脑皮层更薄、执行功能更低[J]. 中国科技教育, 2020(1): 5.

[5] 孟小续. 12周中高强度跳绳运动对学龄前儿童执行功能的影响[D]. 上海: 上海体育学院, 2021.

[6] 赵响, 李娜. 幼儿体育素养的双核要素解析及提升策略[J]. 肇庆学院学报, 2022(5): 122–128.

[7] 王俊宇, 杨永, 郭学军, 等. 运动结合认知训练对健康儿童执行功能影响的系统综述[J]. 中国循证儿科杂志, 2023 (5): 393–398.

[8] 张伟伟. 12周亲子武术运动对4—6岁学龄前儿童执行功能影响的实验研究[D]. 上海: 上海体育学院, 2023.

[9] 丁黎亚, 孟小续, 张斌. 中高强度运动干预对学龄前儿童执行功能的影响: 身体运动量的调节[C]//第十三届全国体育科学大会论文摘要集, 2023: 20008–20010.

[10] Changshuang He, Xiaoying Peng, Jinming Zhang, etc.Effects of 12-Week Aerobic Exercise with Different Frequencies on Executive Function in Preschool Children: A Cluster Randomized Controlled Trial[J].Psychology & health,2024(1): 1-16.

[11] 张瑜, 杨元魁, 郭婧, 等. 7～10岁儿童执行功能与运动协调能力相关性分析[J]. 中国优生与遗传杂志, 2022(3): 469–474.

[12] 姚玉婷. 体育运动对儿童执行功能的影响: 认知参与的中介作用[D]. 太原: 山西师范大学, 2022.

与个人运动相比能够给儿童带来更高的适应性；运动技能和背景环境的复杂性反映了儿童在运动时认知参与的程度，认知参与度越高，对执行功能的影响越大。

此外，以往的研究还发现运动对儿童注意力的发展具有显著的促进作用（孙昌捷等，2020[1]；杨畅，2021[2]；刘玮洁，2021[3]）。例如，一项元分析研究表明，体育运动练习能够有效提高儿童的注意力水平，其机制主要是与脑内的神经内分泌的变化有关，运动干预能够提高任意年龄阶段儿童的注意力水平，但对7岁及以下儿童的干预效果更为明显，此外与个人项目相比，集体项目更能提高儿童的注意力水平（孙昌捷等，2020[4]）。

运动心理学的研究还发现，运动能提高幼儿识别物体的能力、语言表达的能力和思维想象创造力，还能促进幼儿情绪调节等能力的发展（李英美，2020[5]；蔡淑钰，2021[6]；王赞娇，2021[7]；梁璐，2023[8]；孟岩，2023[9]；王雨凡等，2024[10]）。

---

[1] 孙昌捷,张惠红.体育运动对儿童注意力影响的系统评价[J].吉林体育学院学报，2020 (4):72–79.

[2] 杨畅.不同累积时间中—高强度篮球运动对5～6岁幼儿注意力稳定性的影响[D].成都：四川师范大学，2021.

[3] 刘玮洁.小篮球运动对5～6岁幼儿注意力影响的实践研究[D].大连：辽宁师范大学，2021.

[4] 孙昌捷,张惠红.体育运动对儿童注意力影响的系统评价[J].吉林体育学院学报，2020 (4):72–79.

[5] 李英美.体育游戏促进幼儿情绪管理能力发展的个案研究[J].教育导刊，2020(16)：83–86.

[6] 蔡淑钰.不同体育集体活动对幼儿情绪的影响研究[D].金华：浙江师范大学，2021.

[7] 王赞娇.规则性体育游戏对大班幼儿情绪调节能力的影响研究[D].石家庄：河北师范大学，2021.

[8] 梁璐.融入社会情绪教育的体育游戏对大班幼儿社会—情绪能力影响的实验研究[D].上海：上海师范大学，2023.

[9] 孟岩.混龄体育游戏对幼儿情绪调节策略的影响[D].大连：辽宁师范大学，2023.

[10] 王雨凡,庄文婷,邓力威.团体体育游戏对大班幼儿情绪调节能力影响的实验研究[J].当代体育科技，2024 (9):140–145.

此外，融入了数字、语言等活动的体育游戏，能够在提升幼儿运动技能的同时提升其数字、空间、语言等与学习相关的能力（朱明泉等，2007[1]；余卿，2020[2]；李海涛，2020[3]）。

越来越多的研究表明，如果希望通过运动更加有效地促进孩子的脑发育，提升孩子的执行功能、注意、记忆等认知能力，或是改善特殊儿童的脑智发展水平，并不只是让孩子多运动就可以轻易做到的，还需要对课程或活动进行更加细致和更有针对性的设计。[4]

然而，在当前的儿童早期发展与教育领域，"运动让孩子更聪明"这句话仅仅停留在理论上。当前的幼儿体育教育往往只认识到了体育活动对幼儿身体发展的积极作用，更多地关注体育游戏对幼儿身体发展的积极影响，而忽略了体育游戏对幼儿脑智发展的促进作用，尤其是没有能够厘清不同类型的体育游戏究竟如何促进幼儿的脑智发展。教师在活动中也只往往只关注幼儿是否掌握了某个动作技能，动作是否标准、到位，而忽视了体育运动蕴含的育人作用和价值。

在世界范围内，目前仅有美国俄亥俄州立大学儿童早期动作学习与发展实验室研发了一套基于研究证据的动作技能干预课程，即 SKIP 课程。国内的陶小娟等人在此基础上也进行了本土化研究工作，但目前仍未正式发布本土化后的课程体系。[5] 此外，国外学前儿童的运动课程体系未必

---

[1] 朱明泉，张智君. 言语与手部运动关系的研究回顾 [J]. 心理科学进展，2007(1):88–93.

[2] 余卿. 促进4—5岁幼儿语言表达能力发展体育游戏开发研究 [D]. 北京：首都体育学院，2020.

[3] 李海涛. 学科融合的体育活动对幼儿数学能力的影响 [D]. 大连：辽宁师范大学，2020.

[4] 陈爱国，熊轩，朱丽娜，等. 体育运动与儿童青少年脑智提升：证据与理论 [J]. 体育科学，2021(11)：43–51.

[5] 陶小娟，汪晓赞，Jacqueline D.Goodway，等.3～6岁儿童早期运动游戏干预课程设计研究——基于SKIP的研究证据 [J]. 北京体育大学学报，2021(2):90–104.

符合我国的文化和教育环境，我国有很多传统的民间体育游戏如踢毽子、滚铁环等也能够很好地促进幼儿的身体健康和脑智发展。

由此可见，当前幼儿体育游戏仍然存在以下问题和不足：一是较多强调"强身健体"，较少关注"强身健脑"；二是较多强调"外在动作"，较少关注"内在思维"；三是较多强调"单一智能"，较少关注"综合心智"。如何将相关的理论研究和实验研究结果应用于一线教学，科学指导运动游戏、活动或课程的开发与实施，这方面的研究依然非常缺乏。

二、运动促进儿童脑智发展的生理机制

众所周知，运动尤其是户外运动对幼儿身心健康发展非常重要。然而，很多学前教育工作者并不清楚其背后的生理机制。

人脑包括物质脑和心智脑。物质脑即以物理状态存在的脑灰质、脑白质、静息态自发活动和功能连接等；心智脑是指在物质脑的基础上产生的认知、情感、学习、思维等心理与行为活动。具体来说，物质脑的发育涉及脑内在物质、生理活动变化，包括结构（如神经新生、血管新生、灰质体积、白质完整性等）和功能（如脑功能连接、神经突触可塑性、神经营养因子等）的发育；心智脑的发展涉及认知能力（如执行功能、注意、记忆等）、学习能力（语言、数字、空间等）、社会情绪能力（情绪理解、情绪表达、情绪调节、社交技能等）等。[1]

运动对儿童脑智发展的积极影响主要体现在以下几个方面：

第一，从脑的新陈代谢角度来看，运动可以促进心血管系统和呼吸系统的发育，进而改善心肺功能并提升有氧体适能，使得儿童的脑发育能够

---

[1] 陈爱国，熊轩，朱丽娜，等.体育运动与儿童青少年脑智提升：证据与理论[J].体育科学，2021(11)：43–51.

获取足量的氧气和养分。

第二，从脑的分子层面来看，个体在运动过程中以及运动之后的一段时间内，脑内的许多化学物质如谷氨酸、多巴胺、血清素、内啡肽、神经营养因子等会发生显著的浓度改变，这能够有效地提升个体的神经兴奋性并使之保持情绪愉悦。

第三，从脑的组织层次来看，运动可以有效地促进个体灰质的发育。脑科学的研究表明，运动可以有效地维持、改善任何年龄阶段人脑的灰质密度和白质完整性，对于儿童来说，尤其是对前额皮层、感觉运动联合皮层、海马、丘脑等结构的改善作用最大。这意味着运动可以有效地提升儿童脑的可塑性，为儿童的认知功能和情绪能力的快速发展奠定生物基础。

第四，从脑的网络层次来看，运动可以使儿童青少年的脑激活模式和脑网络功能连接进一步优化或者重组。脑科学的研究表明，运动可以改善儿童青少年默认网络、执行控制网络、注意网络等脑网络的发育水平，使得人脑的大范围、高动态的信息整合和处理能力得以大幅提升，同时伴随个体认知功能和情绪能力的提升。对于幼儿来说，这些脑网络的发育正处于非常迅速甚至存在突变的阶段，加强运动可以有效地提升幼儿脑的整体发育水平。[1]

---

[1] 周荣荣. 体育运动促进幼儿脑智发育 [J]. 江苏教育，2022(26)：27–29.

第三节
"运动让孩子更聪明"的园本思考

体育游戏不是简单的蹦蹦跳跳,而是以身、脑、智联合运动为基础的活动,是一种有设计的、基于运动技能及脑智发展的、能充分发展幼儿体力、脑力和心智的活动。[1] 体育游戏有改变脑结构、脑区激活水平、脑功能网络的能力,它能够提升幼儿脑的可塑性,促进幼儿执行功能等心智能力的发展。

从人脑功能角度来看,物质脑可以分为感觉运动网络、中央执行网络、默认模式网络、突显网络、背侧注意网络、边缘/旁边缘系统、视觉系统这七大功能网络。这七大功能网络有着各自负责的主要功能,并且高度协同,以执行更加复杂的功能。

从运动角度来说,个体的运动能力与大脑的这七大功能网络之间均有着密切的关系,例如感觉运动网络负责大脑中的感知觉信息的输入、同步处理以及运动控制;中央执行网络通过处理来自其他脑网络的信息来进行决策和执行,其作用体现在体育运动中个体所做出的快速决策和反应;默认模式网络负责创意产生、自我内省等能力,这在体育运动生成和创新中

---

[1] 陈爱国,熊轩,朱丽娜,等.体育运动与儿童青少年脑智提升:证据与理论[J].体育科学,2021(11):43–51.

非常重要；突显网络在大脑中起着重要的动态调节作用，可以让个体在体育运动过程中高度兴奋的同时也能保持冷静；背侧注意网络主要负责大脑的注意资源分配和定向，在体育活动中能够帮助个体保持高度的专注力；边缘／旁边缘系统与情绪、兴趣和动机密切相关，有助于个体保持对体育运动的兴趣和热情并及时地调节情绪；视觉系统主要负责视觉信息的处理与加工，能够帮助个体在体育活动中进行快速的目标定位、视线追踪和路径规划等。儿童青少年的运动能力在很大程度上取决于这七大功能网络的发育水平，而提升儿童青少年的运动能力又能有效地促进这七大功能网络的发育水平。

一、促进幼儿脑智发展的体育游戏分类

幼儿体育游戏的分类目前已经成为相应领域广泛重视的一个问题。当前，幼儿体育游戏存在着多种多样的分类方法。本研究基于脑科学中有关幼儿脑智发展的理论和实践研究成果，从人脑七大功能网络的视角出发，遵循幼儿感知觉和动作发展规律，以幼儿脑智发展中的专注、反应、协调、记忆、创新这五大核心能力为切入点，设计、开发并建构符合幼儿脑智发展规律和特点，能够有效促进幼儿脑智发展的体育游戏，并在实践探索中形成基于脑科学的新的体育游戏分类模式。具体理论模型如图1-1所示。

其中，"身"代表幼儿的身体，可以理解为"体能"，幼儿体能的发展包括基本活动能力、基本动作能力和基本运动技能这三个方面。"脑"代表"物质脑"，可以理解为"大脑的各种基础功能"，具体表现为大脑中的基本功能网络，涉及感觉运动网络等七大脑功能网络。"智"代表"心智脑"，可以理解为"智力"或"心智"，具体表现为认知、思维、情绪、社会这四个方面，并且可以从这四个方面对幼儿"智"的发展水平进行科学评估。

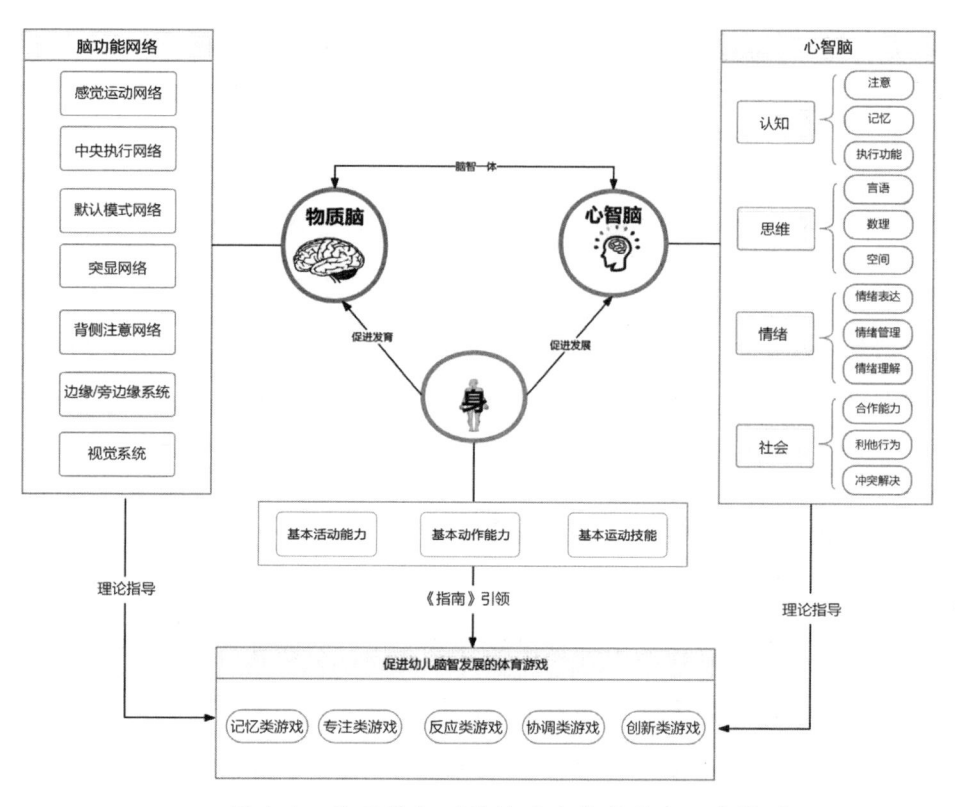

图 1-1 基于脑智理论的幼儿体育游戏开发模型

促进幼儿脑智发展的五类体育游戏，即记忆类体育游戏、专注类体育游戏、反应类体育游戏、协调类体育游戏、创新类体育游戏，这五类体育游戏的提出正是基于对幼儿感知觉、动作技能和脑发育的基本规律而提出的，具体说明如下。

（一）记忆类体育游戏

认知科学将人的记忆分为感觉记忆、工作记忆和长时记忆。其中工作记忆替代了传统心理学中的短时记忆，不仅强调信息在脑中的保持时间，更加强调保持的信息容量、信息加工的速度和效率。具体来说，工作记忆可以分为言语工作记忆（也被称为中央语音环路，包括人脑中的语音网络和语言网络，影响"语感"）、数字工作记忆（脑中精算网络，影响"数感")、空间工作记忆(脑中空间网络、估算网络,影响"空间感")、情绪工作记忆。脑科学的研究表明,3—6岁是个体工作记忆发展的敏感期,对工作记忆的有效训练能够帮助儿童在进入小学后更好地适应语文、数学等学科的学习。

记忆类体育游戏是侧重空间记忆、言语记忆或数字记忆发展的体育游戏活动,让幼儿在游戏中加强记忆空间、数字、路线、命令、规则等信息的意识,从而促进幼儿工作记忆能力的发展。

(二)专注类体育游戏

专注力是个体进行终身学习的重要基础认知能力之一。人脑的注意系统根据感觉器官可以分为听觉注意(涉及脑中听觉系统、警觉系统)、视觉注意(涉及脑中视觉系统、定向网络、执行控制网络)和触觉注意(涉及脑中躯体感觉系统、警觉系统)。视觉专注力使得个体能够进行目标追踪、视觉搜索、阅读等活动;听觉专注力使得个体能够进行理解他人的语言、避免外界声音干扰等活动;视听整合能力使得个体能够灵活运用视觉和听觉信息进行高效学习。脑科学与心理学的研究表明,幼儿期的专注力水平对今后的学习与生活均有着重要的影响,在小学阶段的学习中几乎起着决定性作用。

专注力是脑智发展中的核心能力,在任何学习情境下都非常重要。专注类体育游戏从视觉专注、听觉专注、视听整合三个方面入手,是侧重专注力发展的体育游戏活动。

(三)反应类体育游戏

个体的认知灵活性(如任务切换、规则适应、即兴判断、快速决策、灵活调整的能力)取决于脑中额叶控制系统的发育水平与功能,需要在大量的、需要快速反应与调整的活动中才能得以良好发展。脑科学的研究表明,在良好的成长与教育环境中,幼儿期额叶控制发展经常会发生质的变化，这将促进幼儿的全脑控制能力，帮助幼儿逐渐发展出良好的自我控制、自我调节、自我规划、自我激励等重要的自我管理能力。

脑智发展中认知灵活性的重要表现有判断、决策、灵活等关键能力，我们侧重创设需要即兴判断、快速决策、灵活调整的体育游戏活动，以有效促进幼儿认知灵活性的发展。

（四）协调类体育游戏

人脑中的与身体动作有关的区域主要包括初级运动皮层、次级运动皮层和联合皮层，幼儿期是这些脑区发育的重要敏感期。幼儿这些脑区的发展水平主要体现为对自己身体的灵活掌控，具体表现为三种协调性：1. 左右协调，体现了左、右脑的平衡性和协同性；2. 手脚协调，体现了运动皮层的自主控制水平，与听神经（前庭神经和耳蜗神经）、小脑一起影响着平衡觉；3. 手眼协调，与视觉系统、注意系统发展密切相关，影响个体的视觉追踪能力、视觉持续注意能力的发展。

协调类体育游戏侧重手眼协调、左右协调、手脚协调等三种协调能力的协同发展，是综合性的协调类游戏活动，能促进幼儿身体协调性的全面发展。

（五）创新类体育游戏

脑科学与认知科学的研究表明，创新能力是可以培养的，并且需要从幼儿就开始进行发展与培养。创新能力与脑中的默认模式网络、突显网络与中央执行网络密切相关，并且这三个网络在幼儿期发展十分迅速，为创新能力的终身发展奠定了脑智基础。

随着幼儿运动技能的不断发展和体育游戏经验的不断丰富，进入中、大班阶段的幼儿开始具有自我创新体育游戏的能力。教师为幼儿提供时间、空间、资源等方面的支持，引导幼儿结合某个或某些运动技能，通过设想游戏玩法，计划并表征出自己的想法，思考设计的游戏所需要的场地、器材、同伴、规则等，与同伴共同实践，调整优化游戏计划，为游戏命名等，设计出属于自己的新游戏。

需要说明的是，这五类幼儿体育游戏并不是完全割裂的，只是在游戏活动目标中更加聚焦或侧重于某种脑智能力。在具体活动中，幼儿需要综合运用多种脑智能力，才能更好地完成相应的体育游戏任务。

二、促进幼儿脑智发展的体育游戏关键经验

对标《指南》和幼儿健康领域关键经验，基于记忆、专注、反应、协调、创新五大脑智核心能力，幼儿园提炼在促进脑智发展的体育游戏中幼儿应该发展的关键能力，梳理形成促进幼儿脑智发展的体育游戏关键经验。幼儿园指导教师将关键经验作为观察、描述幼儿行为的工具，推动项目研究的发展，厘清和凸显基于脑智发展的体育游戏规律和方法，促进幼儿内在经验的前后联系和不同领域经验的相互联系，达到体育游戏课程的深入开展。

（一）记忆类体育游戏关键经验

空间记忆具体强化记忆物体属性、物体顺序、物体位置、位置变化、路径规划及视觉追踪的能力；言语记忆具体表现在指令记忆、任务顺序和指令理解；数字记忆具体表现为记住物体数量和（物体）数字关系。

（二）专注类体育游戏关键经验

视觉专注具体表现为对追踪物体、追踪同伴、目标搜索和地图阅读的专注；听觉专注具体表现为理解指令、避免分心、辨别方位、辨别数字和辨别目标；视听整合具体表现为视听一致、视听冲突和视听抑制。

（三）反应类体育游戏关键经验

即兴判断具体表现为数量判断、位置判断、路线判断、大小判断、重量判断、范围判断、时间判断和起止判断；快速决策具体表现为能够快速进行路线决策、人员决策和方案决策；灵活调整具体表现为规则适应、随

规则变化而调整以及突发处置。

（四）协调类体育游戏关键经验

手眼协调具体表现为投准能力、精细动作、摆放能力和抛接能力的发展；左右协调具体表现为左右配合、左右互换、左右交替和平衡能力；手脚协调具体表现在攀爬能力、运球能力、跑跳能力和抛接能力。

（五）创新类体育游戏关键经验

想象能力具体表现为数字想象、空间想象、场景想象、角色想象和故事想象；计划能力具体表现为制订计划、执行计划和调整计划；规则意识具体表现为遵守规则、发展规则和创设规则。

本研究基于脑科学、心理学与教育学的跨学科视角，遵循幼儿身、脑、智发展规律，构建了促进幼儿脑智发展的体育游戏理论模型，在此基础上开发了记忆类、专注类、反应类、协调类、创新类这五类幼儿体育游戏，并在实践过程中采用科学方法对幼儿脑智发展水平进行评估、对体育游戏内容进行优化和迭代，希望能够为我国学前教育领域科学开展幼儿体育活动、高效促进幼儿脑智发展提供基于实证的课程、游戏或活动方案，进一步挖掘体育游戏在促进幼儿身心全面发展中的作用、内涵和意义。

第二章

"运动让孩子更聪明"——体育游戏深度开发

随着社会对儿童全面发展的关注日益增强，幼儿教育的理念和方法也在不断革新。教育者逐渐认识到，幼儿的成长不仅仅依赖于知识的传授，更需要在身体、心理和智力上得到全方位的支持与发展。体育游戏，作为一种兼具趣味性和教育性的活动形式，越来越多地被视为促进幼儿多维发展的重要途径。

在幼儿的成长过程中，身体的发展是不可忽视的基础，而脑智的发育则是未来学习和生活的关键。体育游戏不仅能够促进幼儿的身体发育，还能通过精心设计的活动，激发他们的认知能力、情感表达以及社会互动能力。这种通过身体运动来促进脑智发育的理念，为幼儿教育带来了全新的视角和方法论。

本章将探讨如何通过科学的体育游戏设计，全面促进幼儿的脑智发展。在这一过程中，我们将重点关注体育游戏的目标设定与设计原则，探讨如何通过这些活动有效激活幼儿的大脑功能网络，实现身体与脑智的双向促进发展。通过一系列理论与实践的结合，展示体育游戏在幼儿教育中不可替代的价值，为教师和家长提供有益的指导与启示。

第一节
促进幼儿脑智发展的体育游戏目标与原则

《关于全面深化课程改革落实立德树人根本任务的意见》首次提出"核心素养"概念。核心素养是指学生应具备的适应终身发展和社会需要的必备品质和关键能力，突出强调个人修养、社会关爱和国家情怀，更加注重自主发展、合作参与、创新实践 。联合国教科文组织2012年发布的核心素养指标体系指向了身体健康、社会情绪、学习方式与认知等七个领域。幼儿教育是重要组成部分。体育是促进健康的首要因素，是促进幼儿身体良好发育、体质强健、情绪愉快及动作协调的重要途径。体育游戏能够更好地支持幼儿学习和掌握体育技能，发展基本动作能力。促进幼儿脑智发展的体育游戏不仅关注幼儿基本动作能力的发展，同时通过体育游戏活动促进幼儿脑智和幼儿社会情感的发展，在关注健体的同时，还关注健脑。

一、确立分类目标——融入幼儿脑智发展目标

在原有目标体系中"突出"脑智发展目标，其实是一种"回归"，相关研究指出：运动可以极大地促进幼儿身体的发育，更对脑智的发展有特殊的、不可替代的作用。因此，在研究中，我们致力于制定一个更加完整、全面而具体的幼儿发展目标体系。

依据七大脑功能网络，确定的分类目标如表2-1所示。

表 2–1 体育游戏分类目标

类别名称	关联脑功能网络	发展指向
记忆	感觉运动网络、中央执行网络及背侧注意网络的协同。	幼儿的记忆、注意、行为控制与自我管理。
专注	中央执行网络、背侧注意网络及视觉系统的协同。	幼儿的注意坚持、信息处理、任务执行及视觉感知。
反应	感觉运动网络、突显网络及背侧注意网络的协同。	幼儿的敏捷性、反应速度、决策能力及注意分配。
协调	感觉运动网络、中央执行网络及视觉系统的协同。	幼儿身体协调性、动作精准度、平衡感以及视觉与运动的整合。
创新	默认模式网络、边缘/旁边缘系统以及突显网络的协同。	幼儿的创造力、想象力及社会情感。

精心设计的体育游戏活动，可以有效激活并优化幼儿的七大脑功能网络，实现与《指南》中健康、语言、社会、科学、艺术五大领域目标的深度融合与相互促进。这一目标体系的核心在于，不仅关注幼儿身体机能的提升，更强调通过游戏促进其动作发展、大脑认知、情感及社会性等多维度的全面发展。（见表 2–2 至表 2–6）

表 2–2 记忆类体育游戏发展目标

《指南》相关目标归纳	游戏分类	脑功能网络	发展目标
1. 与感觉运动网络发展相关目标。 （1）空间感知与方位理解：能感知物体基本的空间位置与方位，理解上下、前后、里外等方位词。（小班数学）	记忆类（如"小羊送外卖""西天取经""快乐建造师"等）	感觉运动网络、中央执行网络、背侧注意网络。	

续表

《指南》相关目标归纳	游戏分类	脑功能网络	发展目标
（2）形态结构与几何认知：感知和发现周围物体的形状是多种多样的，对不同的形状感兴趣（小班数学），能感知物体的形体结构特征，画出或拼搭出该物体的造型（中班数学），能感知和发现常见几何图形的基本特征，并能进行分类（中班数学）。 （3）量化感知与比较：能感知和区分物体的大小、多少、高矮长短等量方面的特点，并能用相应的词表示，初步形成量化感知与比较能力。（小班数学） 能感知和区分物体的粗细、厚薄、轻重等量方面的特点，并能用相应的词语描述。（中班数学）	记忆类（如"小羊送外卖""西天取经""快乐建造师"等）	感觉运动网络、中央执行网络、背侧注意网络。	总目标：促进幼儿感觉运动网络、中央执行网络及背侧注意网络的协同发展，强化幼儿的记忆、注意、行为控制与自我管理等能力，以及身体协调与灵敏性。

续表

《指南》相关目标归纳	游戏分类	脑功能网络	发展目标
（4）自然现象与物理性质探索：幼儿能够从多角度探索自然环境，不仅在小班阶段能感知和体验天气对自己生活和活动的影响（小班科学），还能在中班阶段进一步探索动植物的生长变化及其基本条件（中班科学），感知和发现常见材料的溶解、传热等性质或用途（中班科学），并能感知和发现简单物理现象，如物体形态或位置的变化（中班科学），以及不同季节的特点，体验季节变化对动植物和人类生活的影响（中班科学）。 （5）季节感知与生态理解：能感知和体验天气对自己生活和活动的影响（小班科学），进而能够感知和发现不同季节的特点，并亲身体验季节变化对动植物及人类活动的影响（中班科学）。 到了大班，幼儿将能更深入地察觉到动植物的外形特征、习性与生存环境的适应关系，同时感知并了解季节变化的周期性，知道变化的顺序和规律。（大班科学）	记忆类（如"小羊送外卖""西天取经""快乐建造师"等）	感觉运动网络、中央执行网络、背侧注意网络。	具体目标： 1.感觉运动网络的强化： （1）提升幼儿的身体感知与运动协调性，通过记忆游戏与动作指令的结合，锻炼幼儿的空间感知、形态认知及动作反应速度，促进感觉与动作的协调统一。

续表

《指南》相关目标归纳	游戏分类	脑功能网络	发展目标
（6）科技认知与生活应用：幼儿初步感知科技产品与自己生活的关系，知道科技产品有利也有弊（中班科学），通过实践活动，体验科技带来的乐趣，并培养初步的科技创新意识。 （7）动作协调与身体素质：幼儿具备较好的平衡能力、动作协调性和灵敏性，能够在各种活动中自如地移动和操控物体；同时，具备一定的力量和耐力，为日后的体育活动打下基础。（健康领域） （8）手部精细动作发展：小班幼儿能初步掌握手部精细动作，使用笔进行涂画，熟练地使用勺子吃饭，并尝试用剪刀沿直线剪出基本吻合的边线。（小班健康） 进入中班，手部控制力有了显著提升，能够沿边线较直地画出简单图形或能边线基本对齐地折纸，同时会使用筷子吃饭，	记忆类（如"小羊送外卖""西天取经""快乐建造师"等）	感觉动作网络、中央执行网络、背侧注意网络。	（2）培养幼儿对身体信号的敏感捕捉能力，使幼儿在游戏中能够准确识别并快速响应身体各部位的运动需求，增强身体控制力。

续表

《指南》相关目标归纳	游戏分类	脑功能网络	发展目标
能够沿轮廓线剪出由直线构成的简单图形且边线吻合（中班健康）。到了大班，手部精细动作达到了较高的水平，能熟练使用筷子，还能沿轮廓线剪出由曲线构成的简单图形，边线吻合且平滑，同时能够使用简单的劳动工具或用具，并具备根据需求画出线条基本平滑图形的能力，手部控制力较强（大班健康）。 （9）音乐感知与表达：容易被自然界和生活中各种好听的声音，如鸟鸣、风声、雨声，以及简单的音乐旋律和节奏所吸引，初步感受音乐的节奏和旋律，能够随着音乐的节奏做简单的身体动作。（小班音乐） 能够区分不同风格的音乐作品，如欢快的、安静的等，并表现出相应的情感反应。同时，初步感知声音的高低、长短、强弱等变化。（中班音乐） 对音乐作品有更深入的理解和感受，艺术欣赏时常常用表情、动作、语言等方式表达自己的理解。在此基础上，愿意和	记忆类（如"小羊送外卖""西天取经""快乐建造师"等）	感觉动作网络、中央执行网络、背侧注意网络。	2. 中央执行网络的优化： （1）增强幼儿的记忆能力，通过记忆任务的设计，如记住特定序列、图案或位置，锻炼幼儿的工作记忆与长时记忆，提升其信息存储与提取能力。

续表

《指南》相关目标归纳	游戏分类	脑功能网络	发展目标
别人分享、交流自己喜爱的艺术作品和美感体验。（大班音乐） （10）多感官整合与综合感知：能够感知物体基本的空间位置与方位，理解上下、前后、里外等方位词，并对周围物体的形状产生浓厚兴趣，区分物体的大小、多少、高矮长短等特征（小班数学），同时通过触觉感知物体和材料的软硬、光滑与粗糙特性；体验天气对生活的影响（小班科学）；容易被自然界和生活中的各种声音，如鸟鸣、风声等吸引，初步感受音乐的韵律（小班音乐）。 能够更精确地描绘物体的形体结构，区分物体的粗细、厚薄、轻重等特性（中班数学）；能感知和发现动植物的生长变化、材料的性质以及简单物理现象，并感知季节的变化对周围生物和人类的影响（中班科学）；感知声音的高低、长短、强弱等变化，享受音乐带来的乐趣（中班音乐）。	记忆类（如"小羊送外卖""西天取经""快乐建造师"等）	感觉运动网络、中央执行网络、背侧注意网络。	（2）提升幼儿的行为控制与自我管理能力，在游戏中设置规则与目标，鼓励幼儿自我监督、计划并执行任务，培养自律性与责任感。

续表

《指南》相关目标归纳	游戏分类	脑功能网络	发展目标
2. 与中央执行网络发展相关目标。 （1）适应新环境与情绪管理：换新环境时情绪能较快稳定，睡眠、饮食基本正常。（小班健康） （2）声音与节奏控制：能够使用自然的、音量适中的声音唱歌（中班音乐），并随着年龄增长，逐渐达到基本准确的节奏和音调控制（大班音乐）。 （3）探索与记录能力：能够运用多种感官或动作去积极探索物体，关注动作所产生的结果（小班科学），同时在中班和大班阶段，能够使用图画或其他符号进行有效记录，体现出对探索过程和结果的自我管理和组织能力（中班、大班科学）。	记忆类（如"小羊送外卖""西天取经""快乐建造师"等）	感觉运动网络、中央执行网络、背侧注意网络。	（3）激发幼儿的创新思维与问题解决能力，鼓励幼儿在游戏中探索不同策略与方法以完成任务，培养其灵活应变与创造性解决问题的能力。

续表

《指南》相关目标	游戏分类	脑功能网络	发展目标
（4）计划与执行能力：能够在成人的帮助下制订简单的调查计划并执行，展现出初步的规划和执行能力，为未来的学习和生活奠定基础。（大班科学） （5）身体动作控制与协调：具备一定的平衡能力、动作协调性和灵敏度，以及灵活协调的手部动作，这些技能不仅有助于日常生活中的自我照顾，也是执行更复杂任务的基础。（健康领域） （6）生活习惯与自理能力：具有良好的生活与卫生习惯，具备基本的生活自理能力，如自我清洁、整理物品等，这些习惯和能力是自我控制和独立性的重要体现。（健康领域） （7）行为规范与自我管理：能遵守基本的行为规范，如尊重他人、轮流等待、分享合作等，这些行为规范的遵守有助于培养幼儿的责任感和自我管理能力。（社会领域）	记忆类（如"小羊送外卖""西天取经""快乐建造师"等）	感觉运动网络、中央执行网络、背侧注意网络。	3.背侧注意网络的提升： （1）培养幼儿在不同情境下持续、有选择地集中注意力的能力，通过记忆游戏的挑战，如排除干扰信息、专注于特定目标等，锻炼幼儿的注意力稳定性与分配能力。

续表

《指南》相关目标归纳	游戏分类	脑功能网络	发展目标
3. 与背侧注意网络发展相关目标。 （1）增强语言交流中的注意力：能够在与他人的对话中，尤其是当别人对自己说话时，主动注意倾听，理解对方话语中的信息，并适时地给予回应。（小班语言） 能够有意识地筛选并关注与自己相关的信息（中班语言），提高在群体交流中的注意力分配能力。 （2）培养阅读专注力：随着年龄的增长，幼儿应能逐渐延长阅读时间，能够专注地阅读图书，享受阅读的乐趣。（大班语言） （3）提升视觉注意力与描述能力：能注意物体较明显的形状特征，能够运用自己的语言描述这些特征（小班数学）。这不仅有助于数学逻辑思维的发展，还能促进语言表达的准确性和丰富性。	记忆类（如"小羊送外卖""西天取经""快乐建造师"等）	感觉运动网络、中央执行网络、背侧注意网络。	（2）强化幼儿的注意力广度与深度，使幼儿在游戏中能够同时处理多项信息，保持对关键信息的持续关注，并准确作出反应。

续表

《指南》相关目标归纳	游戏分类	脑功能网络	发展目标
（4）发展听觉敏感性与审美感知：容易被自然界中各种美妙的声音所吸引，如鸟鸣、风声、雨声等（小班音乐），这表明他们具有敏锐的听觉注意力和良好的审美感知能力。这些声音可以成为幼儿注意力训练的自然素材，进一步丰富他们的听觉体验。 （5）培养艺术与表演中的专注力：在中班阶段，幼儿应能够专心地观看自己喜欢的文艺演出或艺术品，表现出浓厚的兴趣和模仿参与的愿望（中班音乐）。这一过程旨在锻炼视觉和听觉的注意力，激发创造力和表现力，促进艺术素养的全面发展。	记忆类（如"小羊送外卖""西天取经""快乐建造师"等）	感觉动作网络、中央执行网络、背侧注意网络。	（3）促进幼儿在语言、数学、音乐等多领域的发展，通过记忆游戏与这些领域的融合，如记忆歌词、数学序列等，拓展幼儿的认知领域，提升其学习兴趣。

表 2-3 专注类体育游戏发展目标

《指南》相关目标归纳	游戏分类	脑功能网络	发展目标
1. 与中央执行网络发展相关目标。 （1）适应新环境与情绪管理：换新环境时情绪能较快稳定，睡眠、饮食基本正常。（小班健康）	专注类（如"猫鼠大战"等）	中央执行网络、背侧注意网络、视觉系统。	总目标：促进幼儿中央执行网络、背侧注意网络及视觉系统的协同发展，强

续表

《指南》相关目标归纳	游戏分类	脑功能网络	发展目标
（2）声音与节奏控制：能够使用自然的、音量适中的声音唱歌（中班音乐），并随着年龄增长，逐渐达到基本准确的节奏和音调控制（大班音乐）。 （3）探索与记录能力：能够运用多种感官或动作去积极探索物体，关注动作所产生的结果（小班科学），同时在中班和大班阶段，能够使用图画、符号或其他方式进行有效记录，体现出对探索过程和结果的自我管理和组织能力（中班、大班科学）。 （4）计划与执行能力：能够在成人的帮助下制订简单的调查计划并执行，展现出初步的规划和执行能力，为未来的学习和生活奠定基础。（大班科学）	专注类（如"猫鼠大战"等）	中央执行网络、背侧注意网络、视觉系统。	化幼儿的注意坚持、信息处理、任务执行及视觉感知能力。 具体目标： 1. 中央执行网络的优化： （1）提升幼儿的注意力控制能力，通过游戏挑战要求幼儿保持长时间的专注，减少分心与冲动行为，培养稳定的注意力品质。 （2）增强幼儿的规划与执行能力，在游戏中设置明确的任务目标，鼓励幼儿自主规划行动步骤，有效执行并完成任务，培养自律性与责任感。

续表

《指南》相关目标归纳	游戏分类	脑功能网络	发展目标
2. 与背侧注意网络发展相关目标。 （1）增强语言交流中的注意力：能够在与他人的对话中，尤其是当别人对自己说话时，主动注意倾听，理解对方话语中的信息，并适时地给予回应。（小班语言） 　　能够有意识地筛选并关注与自己相关的信息（中班语言），提高在群体交流中的注意力分配能力。 （2）培养阅读专注力：随着年龄的增长，幼儿应能逐渐延长阅读时间，能够专注地阅读图书，享受阅读的乐趣。（大班语言） （3）提升视觉注意力与描述能力：能注意物体较明显的形状特征，能够运用自己的语言描述这些特征（小班数学）。这不仅有助于数学逻辑思维的发展，还能促进语言表达的准确性和丰富性。	专注类（如"猫鼠大战"等）	中央执行网络、背侧注意网络、视觉系统。	（3）激发幼儿的创新思维与问题解决能力，在专注游戏过程中，鼓励幼儿面对挑战时灵活思考，寻找最佳解决方案，培养创造性与批判性思维。 2. 背侧注意网络的强化： （1）培养幼儿在不同情境下持续、有选择地集中注意力的能力，通过游戏设置复杂多变的背景与干扰因素，锻炼幼儿筛选关键信息、忽略无关干扰的能力。

续表

《指南》相关目标归纳	游戏分类	脑功能网络	发展目标
（4）发展听觉敏感性与审美感知：容易被自然界中各种美妙的声音所吸引，如鸟鸣、风声、雨声等（小班音乐），这表明他们具有敏锐的听觉注意力和良好的审美感知能力。这些声音可以成为幼儿注意力训练的自然素材，进一步丰富他们的听觉体验。 （5）培养艺术与表演中的专注力：在中班阶段，幼儿应能够专心地观看自己喜欢的文艺演出或艺术品，表现出浓厚的兴趣和模仿参与的愿望（中班音乐）。这一过程旨在锻炼视觉和听觉的注意力，激发创造力和表现力，促进艺术素养的全面发展。 3. 与视觉系统发展相关目标。 （1）多感官综合观察：在欣赏自然界和生活环境中美的事物时，关注其色彩、形态等特征（中班美术），能运用多种感官或动作去探索物体，关注动作所产生的结果（小班科学）。	专注类（如"猫鼠大战"等）	中央执行网络、背侧注意网络、视觉系统。	（2）提升幼儿的注意力广度与深度，通过多任务处理的游戏设计，要求幼儿同时关注多个信息源，快速准确地做出反应，增强注意力的分配与切换能力。 （3）强化幼儿的注意力稳定性，通过长时间的游戏挑战，锻炼幼儿在面对长时间任务时保持高度集中的能力，培养持久的专注力。 3. 视觉系统的提升： （1）增强幼儿的视觉感知能力，通过游戏要求幼儿快速准确地识别、追踪与记忆视觉信息，如颜色、形状、位置等，提升视觉敏锐度与识别速度。

续表

《指南》相关目标归纳	游戏分类	脑功能网络	发展目标
（2）细致观察与特征识别：对感兴趣的事物能进行仔细观察，发现其明显的特征（小班科学），并能进一步通过比较与分析，发现并描述不同种类物体的特征或某个事物前后的变化（大班科学），展现出一定的观察能力和逻辑思维能力。 （3）观察比较与异同辨析：能够对事物或现象进行观察比较，发现其相同与不同之处（中班科学），这种能力有助于他们更深入地理解世界，培养批判性思维和问题解决能力。	专注类（如"猫鼠大战"等）	中央执行网络、背侧注意网络、视觉系统。	（2）培养幼儿的视觉空间认知能力，通过游戏设计涉及空间布局、方向判断等任务，锻炼幼儿的空间想象与空间推理能力。 （3）提升幼儿的视觉注意力与观察力，通过细节寻找、模式识别等游戏环节，培养幼儿细致观察、准确判断的能力，为认知与学习活动提供有力支持。

表 2-4　反应类体育游戏发展目标

《指南》相关目标	游戏分类	脑功能网络	发展目标
1. 与感觉运动网络发展相关目标。 （1）空间感知与方位理解：能感知物体基本的空间位置与方位，理解上下、前后、里外等方位词。（小班数学） （2）形态结构与几何认知：感知和发现周围物体的形状是多种多样的，对不同的形状感兴趣（小班数学），能感知物体的形体结构特征，画出或拼搭出该物体的造型（中班数学），能感知和发现常见几何图形的基本特征，并能进行分类（中班数学）。 （3）量化感知与比较：能感知和区分物体的大小、多少、高矮长短等量方面的特点，并能用相应的词表示，初步形成量化感知与比较能力。（小班数学） 能感知和区分物体的粗细、厚薄、轻重等量方面的特点，并能用相应的词语描述。（中班数学）	反应类（如"海洋保卫战""汪汪队出击"等）	感觉运动网络、背侧注意网络、突显网络。	总目标：促进幼儿感觉运动网络、突显网络及背侧注意网络的协同发展，提升幼儿的敏捷性、反应速度、决策能力及注意分配能力。 具体目标： 1. 感觉运动网络的强化： （1）提升幼儿的身体感知与运动反应能力，通过快速反应游戏，锻炼幼儿对空间位置、速度变化及力量控制的敏感度，增强身体协调性与灵活性。

续表

《指南》相关目标归纳	游戏分类	脑功能网络	发展目标
（4）自然现象与物理性质探索：幼儿能够从多角度探索自然环境，不仅在小班阶段能感知和体验天气对自己生活和活动的影响（小班科学），还能在中班阶段进一步探索动植物的生长变化及其基本条件（中班科学），感知和发现常见材料的溶解、传热等性质或用途（中班科学），并能感知和发现简单物理现象，如物体形态或位置的变化（中班科学），以及不同季节的特点，体验季节变化对动植物和人类生活的影响。（中班科学） （5）季节感知与生态理解：能感知和体验天气对自己生活和活动的影响（小班科学），进而能够感知和发现不同季节的特点，并亲身体验季节变化对动植物及人类活动的影响（中班科学）。到了大班，幼儿将能更深入地察觉到动植物的外形特征、习性与生存环境的适应关系，同时感知并了解季节变化的周期性，知道变化的顺序和规律（大班科学）。	反应类（如"海洋保卫战""汪汪队出击"等）	感觉运动网络、背侧注意网络、突显网络。	（2）培养幼儿对外部刺激的快速反应能力，在游戏中设置突发情况或快速变化的指令，要求幼儿迅速做出判断并执行相应动作，提高身体反应速度。 （3）强化幼儿的身体控制力与平衡感，在反应游戏中融入平衡、跳跃、闪避等动作元素，锻炼幼儿在不同情境下的身体控制能力。

续表

《指南》相关目标归纳	游戏分类	脑功能网络	发展目标
（6）科技认知与生活应用：初步感知科技产品与自己生活的关系，知道科技产品有利也有弊，（中班科学），通过实践活动，体验科技带来的乐趣，并培养初步的科技创新意识。 （7）动作协调与身体素质：幼儿具备较好的平衡能力、动作协调性和灵敏性，能够在各种活动中自如地移动和操控物体；同时，具备一定的力量和耐力，为日后的体育活动打下基础。（健康领域） （8）手部精细动作发展：小班幼儿能初步掌握手部精细动作，使用笔进行涂画，熟练地使用勺子吃饭，并尝试用剪刀沿直线剪出基本吻合的边线。（小班健康） 进入中班，手部控制力有了显著提升，能够沿边线较直地画出简单图形或能边线基本对齐地折纸，同时会使用筷子吃饭，能够沿轮廓线剪出由直线构成的简单图形且边线吻合（中班健康）。到了大班，手部精细动作达到了	反应类（如"海洋保卫战""汪汪队出击"等）	感觉运动网络、背侧注意网络、突显网络。	2.背侧注意网络的强化： （1）增强幼儿的视觉追踪与注意力稳定性，在反应游戏中设置移动目标或快速变化的场景，要求幼儿持续关注并准确追踪目标，提升视觉注意力与稳定性。

续表

《指南》相关目标归纳	游戏分类	脑功能网络	发展目标
较高的水平，能熟练使用筷子，还能沿轮廓线剪出由曲线构成的简单图形，边线吻合且平滑，同时能够使用简单的劳动工具或用具，并具备根据需求画出线条基本平滑图形的能力，手部控制力较强（大班健康）。 （9）音乐感知与表达：容易被自然界和生活中各种好听的声音，如鸟鸣、风声、雨声，以及简单的音乐旋律和节奏所吸引，初步感受音乐的节奏和旋律，能够随着音乐的节奏做简单的身体动作。（小班音乐） 能够区分不同风格的音乐作品，如欢快的、安静的等，并表现出相应的情感反应。同时，初步感知声音的高低、长短、强弱等变化。（中班音乐） 对音乐作品有更深入的理解和感受，艺术欣赏时常常用表情、动作、语言等方式表达自己的理解。在此基础上，愿意和别人分享、交流自己喜爱的艺术作品和美感经验。（大班音乐）	反应类（如"海洋保卫战""汪汪队出击"等）	感觉运动网络、背侧注意网络、突显网络	（2）提升幼儿的注意力切换与多任务处理能力，通过设计需要快速切换注意力焦点的游戏环节，锻炼幼儿在不同任务间灵活切换注意力的能力。

续表

《指南》相关目标归纳	游戏分类	脑功能网络	发展目标
（10）多感官整合与综合感知：能够感知物体基本的空间位置与方位，理解上下、前后、里外等方位词，并对周围物体的形状产生浓厚兴趣，区分物体的大小、多少、高矮长短等特征（小班数学），同时通过触觉感知物体和材料的软硬、光滑与粗糙特性；体验天气对生活的影响（小班科学）；容易被自然界和生活中的各种声音，如鸟鸣、风声等吸引，初步感受音乐的韵律（小班音乐）。能够更精确地描绘物体的形体结构，区分物体的粗细、厚薄、轻重等特性（中班数学）；能感知和发现动植物的生长变化、材料的性质以及简单物理现象，并感知季节的变化对周围生物和人类的影响（中班科学）；感知声音的高低、长短、强弱等变化，享受音乐带来的乐趣（中班音乐）。	反应类（如"海洋保卫战""汪汪队出击"等）	感觉运动网络、背侧注意网络、突显网络。	（3）培养幼儿对突发事件的应对能力，在游戏中模拟突发情况，要求幼儿迅速调整状态并做出正确反应，提升应急处理与自我保护能力。

续表

《指南》相关目标归纳	游戏分类	脑功能网络	发展目标
2. 与背侧注意网络发展相关目标。 （1）增强语言交流中的注意力：能够在与他人的对话中，尤其是当别人对自己说话时，主动注意倾听，理解对方话语中的信息，并适时地给予回应。（小班语言） 　　能够有意识地筛选并关注与自己相关的信息（中班语言），提高在群体交流中的注意力分配能力。 （2）培养阅读专注力：随着年龄的增长，幼儿应能逐渐延长阅读时间，能够专注地阅读图书，享受阅读的乐趣。（大班语言） （3）提升视觉注意力与描述能力：能注意物体较明显的形状特征，能够运用自己的语言描述这些特征（小班数学）。这不仅有助于数学逻辑思维的发展，还能促进语言表达的准确性和丰富性。	反应类（如"海洋保卫战""汪汪队出击"等）	感觉运动网络、背侧注意网络、突显网络。	3. 突显网络的优化： （1）提升幼儿的注意力分配与快速决策能力，在反应游戏中要求幼儿同时关注多个信息源，并迅速做出最优决策，培养注意力集中与分散的灵活性。

续表

《指南》相关目标归纳	游戏分类	脑功能网络	发展目标
（4）发展听觉敏感性与审美感知：容易被自然界中各种美妙的声音所吸引，如鸟鸣、风声、雨声等（小班音乐），这表明他们具有敏锐的听觉注意力和良好的审美感知能力。这些声音可以成为幼儿注意力训练的自然素材，进一步丰富他们的听觉体验。 （5）培养艺术与表演中的专注力：在中班阶段，幼儿应能够专心地观看自己喜欢的文艺演出或艺术品，表现出浓厚的兴趣和模仿参与的愿望（中班音乐）。这一过程旨在锻炼视觉和听觉的注意力，激发创造力和表现力，促进艺术素养的全面发展。 3. 与突显网络发展相关目标。 （1）情绪与注意力的灵活转换：能够根据活动的需要，适时地转换情绪和注意力，展现出良好的自我调节能力，以更好地适应环境变化和任务要求。（大班健康）	反应类（如"海洋保卫战""汪汪队出击"等）	感觉运动网络、背侧注意网络、突显网络。	（2）培养幼儿的策略性思维与预判能力，通过游戏设计鼓励幼儿分析对手或环境，预判并做出反应，增强策略规划与执行能力。

续表

《指南》相关目标归纳	游戏分类	脑功能网络	发展目标
（2）环境适应与耐力培养：在较热或较冷的户外环境中，能够保持连续活动半小时左右，体现出对环境的良好适应能力和身体耐力。（中班健康） （3）冲突解决与协商能力：从小班到大班，幼儿在与同伴发生冲突时，能够逐步从听从成人劝解发展到在他人帮助下和平解决（小班、中班社会），最终达到能够自己协商解决冲突的境界。这一过程中，幼儿学会倾听、接受他人的意见，不能接受时会说明理由（大班社会）。 （4）合作与团队精神：在集体活动中，幼儿能够主动与同伴分工合作，遇到困难时能够共同克服，展现出良好的团队精神和协作能力。（大班社会）	反应类（如"海洋保卫战""汪汪队出击"等）	感觉运动网络、背侧注意网络、突显网络。	（3）激发幼儿的竞争意识与团队合作精神，在反应游戏中设置竞争与合作环节，培养幼儿面对挑战时的积极态度与团队协作能力。

续表

《指南》相关目标归纳	游戏分类	脑功能网络	发展目标
（5）理解与尊重差异：能认识到每个人的想法和感受都是独特的，能够倾听和接受别人的意见，当意见不合时，能够尊重并表达自己的看法，体现对多样性的理解和尊重。（大班社会） （6）责任感与坚持性：主动承担任务，面对困难时能够坚持不懈，不轻易放弃或求助，有一定的责任感和解决问题的能力。（大班社会） （7）同情心与助人行为：幼儿能够关注他人的情绪和需要，并在能力范围内给予帮助，展现出同情心和助人为乐的品质。（大班社会）	反应类（如"海洋保卫战""汪汪队出击"等）	感觉运动网络、背侧注意网络、突显网络。	

表 2-5　协调类体育游戏发展目标

《指南》相关目标归纳	游戏分类	脑功能网络	发展目标
1. 与感觉运动网络发展相关目标。 （1）空间感知与方位理解：能感知物体基本的空间位置与方位，理解上下、前后、里外等方位词。（小班数学） （2）形态结构与几何认知：感知和发现周围物体的形状是多种多样的，对不同的形状感兴趣（小班数学），能感知物体的形体结构特征，画出或拼搭出该物体的造型（中班数学），能感知和发现常见几何图形的基本特征，并能进行分类（中班数学）。 （3）量化感知与比较：能感知和区分物体的大小、多少、高矮长短等量方面的特点，并能用相应的词表示，初步形成量化感知与比较能力。（小班数学） 能感知和区分物体的粗细、厚薄、轻重等量方面的特点，并能用相应的词语描述。（中班数学）	协调类（如"我是小小兵""小兔蹦蹦寻宝记"等）	感觉运动网络、中央执行网络、视觉系统。	总目标：促进幼儿感觉运动网络、中央执行网络及视觉系统的协同发展，增强幼儿身体协调性、动作精准度、平衡感以及视觉与运动的整合能力。 具体目标： 1. 感觉运动网络的强化： （1）提升幼儿的身体感知与运动协调能力，通过需要精细控制与平衡的游戏，如跳跃、翻滚、接抛球等，锻炼幼儿对身体各部位的空间感知与协同工作能力。

续表

《指南》相关目标归纳	游戏分类	脑功能网络	发展目标
（4）自然现象与物理性质探索：幼儿能够从多角度探索自然环境，不仅在小班阶段能感知和体验天气对自己生活和活动的影响（小班科学），还能在中班阶段进一步探索动植物的生长变化及其基本条件（中班科学），感知和发现常见材料的溶解、传热等性质或用途（中班科学），并能感知和发现简单物理现象，如物体形态或位置的变化（中班科学），以及不同季节的特点，体验季节变化对动植物和人类生活的影响（中班科学）。 （5）季节感知与生态理解：能感知和体验天气对自己生活和活动的影响（小班科学），进而能够感知和发现不同季节的特点，并亲身体验季节变化对动植物及人类活动的影响（中班科学）。 到了大班，幼儿将能更深入地察觉到动植物的外形特征、习性与生存环境的适应关系，同时感知并了解季节变化的周期性，知道变化的顺序和规律。（大班科学）	协调类（如"我是小小兵""小兔蹦蹦寻宝记"等）	感觉运动网络、中央执行网络、视觉系统。	（2）培养幼儿的身体平衡感与稳定性，在游戏中设置不同难度的平衡挑战，如单脚站立、行走平衡木等，提升幼儿对身体重心的控制与调整的能力。 （3）增强幼儿的身体灵活性与敏捷性，通过快速反应与方向变化的游戏，如追逐、躲避障碍等，锻炼幼儿迅速调整身体姿态与动作的能力。

续表

《指南》相关目标归纳	游戏分类	脑功能网络	发展目标
（6）科技认知与生活应用：幼儿初步感知科技产品与自己生活的关系，知道科技产品有利也有弊（中班科学），通过实践活动，体验科技带来的乐趣，并培养初步的科技创新意识。 （7）动作协调与身体素质：幼儿具备较好的平衡能力、动作协调性和灵敏性，能够在各种活动中自如地移动和操控物体；同时，具备一定的力量和耐力，为日后的体育活动打下基础。（健康领域） （8）手部精细动作发展：小班幼儿能初步掌握手部精细动作，使用笔进行涂画，熟练地使用勺子吃饭，并尝试用剪刀沿直线剪出基本吻合的边线。（小班健康） 进入中班，手部控制力有了显著提升，能够沿边线较直地画出简单图形或能边线基本对齐地折纸，同时会使用筷子吃饭，能够沿轮廓线剪出由直线构成的简单图形且边线吻	协调类（如"我是小小兵""小兔蹦蹦寻宝记"等）	感觉运动网络、中央执行网络、视觉系统。	2.中央执行网络的优化： （1）提升幼儿的计划与执行能力，在协调类游戏中，要求幼儿提前规划动作序列，并在执行过程中保持高度的注意力与自我监控，确保动作的准确性与连贯性。

续表

《指南》相关目标归纳	游戏分类	脑功能网络	发展目标
合（中班健康）。到了大班，手部精细动作达到了较高的水平，能熟练使用筷子，还能沿轮廓线剪出由曲线构成的简单图形，边线吻合且平滑，同时能够使用简单的劳动工具或用具，并具备根据需求画出线条基本平滑图形的能力，手部控制力较强（大班健康）。 （9）音乐感知与表达：容易被自然界和生活中各种好听的声音，如鸟鸣、风声、雨声，以及简单的音乐旋律和节奏所吸引，初步感受音乐的节奏和旋律，能够随着音乐的节奏做简单的身体动作。（小班音乐） 能够区分不同风格的音乐作品，如欢快的、安静的等，并表现出相应的情感反应。同时，初步感知声音中的高低、长短、强弱等变化。（中班音乐） 对音乐作品有更深入的理解和感受，艺术欣赏时常常用表情、动作、语言等方式表达自己的理解。在此基础上，愿意和	协调类（如"我是小小兵""小兔蹦蹦寻宝记"等）	感觉运动网络、中央执行网络、视觉系统。	（2）培养幼儿的自我调整与适应能力，在游戏中设置不同的环境条件与规则变化，鼓励幼儿根据实际情况灵活调整策略与动作，增强应对复杂情境的能力。

续表

《指南》相关目标归纳	游戏分类	脑功能网络	发展目标
别人分享、交流自己喜爱的艺术作品和美感体验。（大班音乐） （10）多感官整合与综合感知：能够感知物体基本的空间位置与方位，理解上下、前后、里外等方位词，并对周围物体的形状产生浓厚兴趣，区分物体的大小、多少、高矮长短等特征（小班数学），同时通过触觉感知物体和材料的软硬、光滑与粗糙特性；体验天气对生活的影响（小班科学）；容易被自然界和生活中的各种声音，如鸟鸣、风声等吸引，初步感受音乐的韵律。（小班音乐） 能够更精确地描绘物体的形体结构，区分物体的粗细、厚薄、轻重等特性（中班数学）；能感知和发现动植物的生长变化、材料的性质以及简单物理现象，并感知季节的变化对周围生物和人类的影响（中班科学）；感知声音的高低、长短、强弱等变化，享受音乐带来的乐趣（中班音乐）。	协调类（如"我是小小兵""小兔蹦蹦寻宝记"等）	感觉运动网络、中央执行网络、视觉系统。	（3）激发幼儿的意志力与坚持精神，通过长时间或高强度的协调训练，培养幼儿在面对挑战时保持专注与坚持的品质，提升任务完成度与成就感。

续表

《指南》相关目标归纳	游戏分类	脑功能网络	发展目标
2. 与中央执行网络发展相关目标。 （1）适应新环境与情绪管理：换环境时情绪能较快稳定，睡眠、饮食基本正常。（小班健康） （2）声音与节奏控制：能够使用自然的、音量适中的声音唱歌（中班音乐），并随着年龄增长，逐渐达到基本准确的节奏和音调控制（大班音乐）。 （3）探索与记录能力：能够运用多种感官或动作去积极探索物体，关注动作所产生的结果（小班科学），同时在中班和大班阶段，能够使用图画、符号或其他方式进行有效记录，体现出对探索过程和结果的自我管理和组织能力（中班、大班科学）。	协调类（如"我是小小兵""小兔蹦蹦寻宝记"等）	感觉运动网络、中央执行网络、视觉系统。	3. 视觉系统的提升： （1）增强幼儿的视觉追踪与定位能力，在协调类游戏中设置移动目标或快速变化的视觉刺激，要求幼儿准确追踪并定位目标，提升视觉与运动的同步性。

续表

《指南》相关目标归纳	游戏分类	脑功能网络	发展目标
（4）计划与执行能力：能够在成人的帮助下制订简单的调查计划并执行，展现出初步的规划和执行能力，为未来的学习和生活奠定基础。（大班科学） （5）身体动作控制与协调：具备一定的平衡能力、动作协调性和灵敏度，以及灵活协调的手部动作，这些技能不仅有助于日常生活中的自我照顾，也是执行更复杂任务的基础。（健康领域） （6）生活习惯与自理能力：具有良好的生活与卫生习惯，具备基本的生活自理能力，如自我清洁、整理物品等，这些习惯和能力是自我控制和独立性的重要体现。（健康领域） （7）行为规范与自我管理：能遵守基本的行为规范，如尊重他人、轮流等待、分享合作等，这些行为规范的遵守有助于培养幼儿的责任感和自我管理能力。（社会领域）	协调类（如"我是小小兵""小兔蹦蹦寻宝记"等）	感觉运动网络、中央执行网络、视觉系统。	（2）培养幼儿的视觉空间认知能力，通过需要空间判断与方位感知的游戏，如穿越迷宫、搭建积木等，锻炼幼儿对空间结构的理解与想象能力。

续表

《指南》相关目标归纳	游戏分类	脑功能网络	发展目标
3. 与视觉系统发展相关目标。 （1）多感官综合观察：在欣赏自然界和生活环境中美的事物时，关注其色彩、形态等特征（中班美术），还能运用多种感官或动作去探索物体，关注动作所产生的结果（小班科学）。 （2）细致观察与特征识别：对感兴趣的事物能进行仔细观察，发现其明显的特征（小班科学），并能进一步通过比较与分析，发现并描述不同种类物体的特征或某个事物前后的变化（大班科学），展现出一定的观察能力和逻辑思维能力。 （3）观察比较与异同辨析：能够对事物或现象进行观察比较，发现其相同与不同之处（中班科学），这种能力有助于他们更深入地理解世界，培养批判性思维和问题解决能力。	协调类（如"我是小小兵""小兔蹦蹦寻宝记"等）	感觉运动网络、中央执行网络、视觉系统。	（3）提升幼儿的视觉注意力与观察力，在游戏中融入细节观察与模式识别的元素，要求幼儿仔细观察游戏环境，发现并利用环境中的线索完成任务，提升视觉信息处理的速度与准确性。

表 2-6 创新类体育游戏发展目标

《指南》相关目标归纳	游戏分类	脑功能网络	发展目标
1. 与默认模式网络发展相关目标。 （1）激发创意表达与构造能力：能够运用常见的几何形体进行创意拼搭或画出物体的造型（大班数学）；在欣赏艺术作品时，不仅会产生联想与情绪反应，还能与同伴或老师积极交流，同时利用绘画、手工制作等多种形式，将观察到的或想象的事物生动展现（中班美术）；此外，还具备使用简单线条和色彩，大体描绘自己想画的人或事物的能力（小班美术）。 （2）培养艺术欣赏与情感共鸣：在欣赏艺术作品时，幼儿能够产生联想，体验并表达个人情感，同时乐于与同伴或老师分享自己的感受与见解。（中班美术） （3）促进多元艺术表现与创造力：在欣赏艺术作品时，幼儿能够产生丰富的联想及情绪反应，并乐于与同伴或老师分享交流自己的感受（中班美术）；他们擅长运用绘画、手工制作等多种艺术形式，将观察到的或想	创新类	默认模式网络、边缘/旁边缘系统、突显网络。	总目标：促进默认模式网络、边缘/旁边缘系统以及突显网络的脑功能发展，激发幼儿创造力、想象力，培养社会情感能力。 具体目标： 1. 默认模式网络的激活与拓展： （1）激发幼儿的内在创造力与想象力，通过游戏提供开放式的任务与挑战，鼓励幼儿自由发挥，创造独特的游戏玩法与策略，促进默认模式网络中的自我反思与创意生成。

续表

《指南》相关目标归纳	游戏分类	脑功能网络	发展目标
象中的世界精彩呈现（中班美术）；此外，无论是在美术领域还是音乐领域，幼儿都展现出初步的艺术表现与创造能力。 （4）鼓励问题提出与探索精神：能根据观察结果提出问题，并大胆猜测答案（中班科学）；能用一定的方法验证自己的猜测，对自己感兴趣的问题展现出刨根问底的执着精神，经常动手动脑，不断探索以寻找问题的答案（大班科学）。 （5）培养内省与自我认知：能够知道自己的一些优点和长处，并对此感到自豪和满意，初步形成积极的自我认知。（中班社会） （6）倡导持续学习与反思：对自己感兴趣的问题展现出刨根问底的态度，经常动手动脑寻找答案，这种持续学习和反思的习惯有助于他们深化对世界的理解和自我成长。（大班科学）	创新类	默认模式网络、边缘/旁边缘系统、突显网络。	（2）培养幼儿的自我学习与探索能力，在游戏中设置探索环节，引导幼儿主动发现新规则、新玩法，增强自主学习与问题解决的能力。 （3）拓展幼儿的知识面与兴趣领域，通过融合不同学科元素的游戏设计，如科学、艺术、数学等，激发幼儿对多元知识的兴趣与好奇心。

续表

《指南》相关目标归纳	游戏分类	脑功能网络	发展目标
2. 与边缘/旁边缘系统发展相关目标。 （1）情绪识别与调节： 经常保持愉快的情绪状态，不高兴时能够较快地自我调节并缓解；在有较强烈的情绪反应时，能在成人的引导下逐渐恢复平静。（中班健康） 随着年龄增长，幼儿不仅经常保持愉快情绪，还能识别引起自己特定情绪的原因，并努力缓解；能随着活动的需要转换情绪和注意（大班健康） （2）适度表达情绪：表达情绪的方式比较适度，不乱发脾气。（大班健康）	创新类	默认模式网络、边缘/旁边缘系统、突显网络。	2. 边缘/旁边缘系统的情感与社交发展： （1）增强幼儿的情感表达能力与同理心，在游戏中设置情感交流环节，鼓励幼儿表达自己的感受与想法，同时学会倾听与理解他人，促进情感共鸣与社交互动。 （2）培养幼儿的情绪管理能力，通过游戏情境模拟，引导幼儿识别、表达与调节自己的情绪，增强情绪稳定性与适应性。

续表

《指南》相关目标归纳	游戏分类	脑功能网络	发展目标
（3）情绪安定与适应：幼儿应具备情绪安定愉快的特点，能够在不同环境和情境中保持稳定的情绪状态，并展现出一定的适应能力，为未来的学习和生活奠定良好的情绪基础。（健康领域） （4）艺术表达与情绪释放：能够通过即兴哼唱、即兴表演或给熟悉的歌曲编词等方式，创造性地表达自己的心情，将艺术活动作为情绪释放和表达的途径，丰富情感体验。（中班音乐） （5）社会情感发展：幼儿应接纳并尊重与自己生活方式或习惯不同的人，展现出开放包容的心态。在群体活动中，能够积极参与、享受快乐，与同伴建立良好的社交关系。同时，对即将到来的小学生活保持好奇和向往，展现出对未来生活的积极态度。（大班社会） 3. 与突显网络发展相关目标。 （1）情绪与注意力的灵活转换：能够根据活动的需要，适时地转换情绪和注意力，展现出良好的自我调节能力，以更好地适应环境变化和任务要求。（大班健康）	创新类	默认模式网络、边缘/旁边缘系统、突显网络。	（3）促进幼儿的社交技能发展，通过团队合作与竞争游戏，培养幼儿的沟通协作能力、领导力与团队精神，为未来的社交生活打下坚实基础。 3. 突显网络的优化与提升： （1）提升幼儿的注意力分配与快速决策能力，在创新类体育游戏中，要求幼儿快速识别游戏变化、分析复杂情境并做出准确判断，锻炼其注意力集中与分散的灵活性。

续表

《指南》相关目标归纳	游戏分类	脑功能网络	发展目标
（2）环境适应与耐力培养：在较热或较冷的户外环境中，能够保持连续活动半小时左右，体现出对环境的良好适应能力和身体耐力。（中班健康） （3）冲突解决与协商能力：从小班到大班，幼儿在与同伴发生冲突时，能够逐步从听从成人劝解发展到在他人帮助下和平解决（小班、中班社会），最终达到能够自己协商解决冲突的境界。这一过程中，幼儿学会倾听、接受他人的意见，不能接受时会说明理由（大班社会）。 （4）合作与团队精神：在集体活动中，幼儿能够主动与同伴分工合作，遇到困难时能够共同克服，展现出良好的团队精神和协作能力。（大班社会） （5）理解与尊重差异：能认识到每个人的想法和感受都是独特的，能够倾听和接受别人的意见，当意见不合时，能够尊重并表达自己的看法，体现对多样性的理解和尊重。（大班社会）	创新类	默认模式网络、边缘/旁边缘系统、突显网络。	（2）培养幼儿的策略性思维与创新能力，在游戏中鼓励幼儿尝试不同的策略与方法，以应对不断变化的挑战，激发其创新思维与解决问题的能力。

续表

《指南》相关目标归纳	游戏分类	脑功能网络	发展目标
（6）责任感与坚持性：主动承担任务，面对困难时能够坚持不懈，不轻易放弃或求助，有一定的责任感和解决问题的能力。（大班社会） （7）同情心与助人行为：幼儿能够关注他人的情绪和需要，并在能力范围内给予帮助，展现出同情心和助人为乐的品质。（大班社会）	创新类	默认模式网络、边缘/旁边缘系统、突显网络。	（3）强化幼儿的适应性与应变能力，通过设计多样化的游戏情境与规则，使幼儿能够在不同环境中灵活调整自己的策略与行为，以适应新的挑战与机遇。

二、建立操作原则——促进幼儿脑智发展的体育游戏设计原则

相关研究充分表明，体育游戏能充分调动和激发脑部各区的活动，提升幼儿脑的可塑性，促进脑的记忆、执行等功能，是发展幼儿脑智的有效手段。促进幼儿脑智发展的体育游戏是以身、脑、智联合运动为基础的活动，设计的基于基本动作技能及脑智发育的，能充分发展幼儿体力、脑力和心智的活动，应遵循以下基本原则：

一是游戏化原则。游戏是幼儿生活、学习的基本形式，游戏化的体育活动更有利于幼儿学习和掌握基本动作能力，发展脑智和社会情感。

二是情境化原则。幼儿是"活在情境中的"，因此在设计体育游戏时必须创设相应的情境，情境设计遵循适宜性、经验性、生活性、多元性、社会性要求，即情境要适合对应年龄段的幼儿，并且是幼儿能够理解的并符合幼儿当下的生活经验。情境尽量与幼儿生活贴近，便于"取之于生活，用之于生活"，情境需结合动物、人物的角色和价值指向，情境要多元且富有叙事性（有情节变化），情境中包含人际交往、沟通协作等社会性元素。

三是生态圈原则。单一活动形式的教育力量是薄弱的,只有汇集多种教学方式才会呈现应有的效果,因此我们设计的体育游戏是从整体干预的角度思考的,将体育集体教学活动的内容与晨间锻炼、下午的体育活动、家庭亲子锻炼活动进行整体设计,形成全时空、全场域的"幼儿体育的生态圈"。

四是结构化原则。幼儿园阶段是幼儿从基本动作能力到基本动作技能并向过渡性运动技能发展的重要阶段,幼儿基本动作发展水平将决定儿童后期甚至青少年时期更高层运动技能的发展水平。

促进幼儿脑智发展的体育游戏开发实践,不仅要注重幼小阶段的衔接,更重视各年龄段间基本动作能力、脑智发展和社会性情感发展的衔接。依照《幼儿园教育指导纲要(试行)》(简称《纲要》)与《指南》中幼儿发展的目标,结合幼儿的年龄特点,体育游戏活动设计要关注内在联系,进行理性思考,细化相应的基本动作能力、脑智发展和社会性情感发展目标,实现各年龄段幼儿发展的相互衔接,实现能力的进阶发展。

五是适性发展原则。坚信适合的才是最好的,确保有所发展,追求更多发展,不迷信无限发展,设计要从幼儿的当下和已有经验出发,内容和操作保持开放性,以连续性和衔接性搭建体育游戏活动的主线,宁可走慢也要走得实,在每个游戏中设置开放性的内容,供教师依据现场的实际情况进行选择。

第二节
促进幼儿脑智发展的体育游戏类型与内容

一、促进幼儿脑智发展体育游戏的类型

结合幼儿园已有的体育游戏类型，将运动技能发展与幼儿脑智发展的五大核心能力相结合，重新开发提升幼儿协调力、记忆力、创新力、专注力、反应力等脑智发展核心能力的体育游戏。

（一）记忆类体育游戏

记忆类体育游戏主要指向幼儿空间记忆、言语记忆和数字记忆的发展。

空间记忆是指对空间信息的保持、加工、刷新等工作记忆能力，涉及脑中的空间网络、估算网络等，影响"空间感"等，主要用于表征外界环境的地理位置或者方向，比如记住某个房间内的家具布局，或是熟悉一条复杂的路线。这种记忆能力在我们的日常生活中起到了至关重要的作用，它帮助我们找到物品、导航、解决问题以及进行空间规划。

言语记忆是指对言语信息的保持、加工、刷新等工作记忆能力，涉及脑中语音网络、语言网络，影响"语感"等，具体表现为对语言材料，如词汇、句子、篇章等的识记、保持和再现。在生活中当我们听到或看到一段文字，并尝试记住它，以便之后能够回忆、复述或使用时，我们就是在运用言语记忆。

数字记忆是指对数字信息的保持、加工、刷新等工作记忆能力，涉及脑中精算网络，影响"数感"等，具体表现为将数字化的图像以及文字进行加工、编辑，最终得到信息，如电话号码、密码、日期、统计数据等，

将数字和具有象征性的图形、字母、单词等联系在一起，帮助我们更加轻松、有效地记忆数字。

1. 空间记忆体育游戏样例

（1）游戏名称：记忆迷宫

玩法：在户外空旷场地设置一个迷宫，并在迷宫的每个转角或重要节点处放置一个明显的标志。教师先带领幼儿走一遍迷宫，请他们记住迷宫的路径和标志的位置，然后让幼儿自己尝试走出迷宫，看看他们是否能记住正确的路径。

（2）游戏名称：动物回家

玩法：在操场的不同角落设置几个"动物的家"，每个家对应一个动物。教师说出动物的名字，幼儿需要快速跑到对应的家中。比如教师说"小猫回家"，幼儿就要跑到小猫的家。通过这个游戏，幼儿可以记住不同动物的家在操场中的位置。

2. 言语记忆体育游戏样例

（1）游戏名称：词语接力跑

玩法：给第一位幼儿一个与运动相关的词语，如"跑步"，他需要跑到指定地点后返回告诉下一位幼儿这个词语，再给一个新的词语，如"跳跃"。最后一位幼儿听到所有词语并跑到指定地点。游戏后，询问幼儿记住了多少词语，以此来检验他们的言语记忆能力。

（2）游戏名称：小小快递员

玩法：设置起点、终点各一个，在途中设置几个障碍物或任务点。幼儿扮演快递员，每人记住一个特定的物品名称或代码。教师告诉幼儿需要送达的物品，幼儿从起点出发，绕过障碍物或完成任务，到达终点并正确说出所送物品的名称或代码。

（3）游戏名称：小小探险家

玩法：在户外设置一个"探险区"，有不同的"宝藏点"，每个宝藏点都有与运动相关的口令。幼儿扮演探险家，需要按照线索找到宝藏点，并记住每个宝藏点的口令。找到所有宝藏后，幼儿回到起点，并依次复述每个宝藏点的口令或词语。

3. 数字记忆体育游戏样例

（1）游戏名称：小勇士大闯关

玩法：设置一条起点和终点线，之间放置若干个标志筒，并贴上数字卡片。第一位幼儿沿着标志桶所示的路线前进，按照顺序记忆每个标志筒上的数字。到达终点时，幼儿要按照记忆的顺序说出每个标志桶上的数字。每说对一个数字，就可以得到一个积分。说完数字后，幼儿返回起点，下一位成员继续。最后，积分最高的小组获胜。

（2）游戏名称：小羊送包裹

玩法：幼儿根据任务单上小动物对应的食物数字，在一定时间内快速进行数字记忆并立刻给小动物送上食物包裹，并通过任务单自检数字记忆的准确性。

（二）专注类体育游戏

专注类体育游戏主要指向幼儿视觉专注、听觉专注和视听整合的发展。

视觉专注指心理活动的指向与视觉集中于某种事物的能力，使得个体能够进行目标追踪、视觉搜索、阅读等活动，涉及脑中视觉系统、定向网络、执行控制网络等。具体表现为能从众多视觉信息中挑选出需要关注的目标或对象，能在一定时间内保持对目标对象的关注且不受干扰，可合理分配自己的视觉注意力。如阅读时专注于文字；在精细操作时，能长时间维持工作。

听觉专注指个体在处理听觉信息时，能够集中注意力于特定的声音或语言上，使得个体能够进行理解他人的语言、避免外界声音干扰，涉及脑中听觉系统、警觉网络等。具体表现为能够从背景嘈杂音中挑选出需要关注的声音，且能在执行多个任务时，能合理分配听觉注意，根据需要迅速将注意力从一个声音转移至另一个声音。如在嘈杂环境中仍能听清某人的讲话声；在紧急情况下，能迅速从背景音乐中转移到警报声。

视听整合指将视觉元素和听觉元素有机结合起来，形成一个统一、协调的感官体验，使得个体能够灵活运动视觉和听觉信息进行高效学习，涉及脑中所有与感知觉相关的网络。具体表现为能将视觉和听觉信息同步处理，结合起来准确识别和理解事物，且当一种感官提供的信息不足时，另一种感官可提供补充信息。如通过图片和听语音更快掌握词汇的意义；在面对面交流时通过观察面部表情、肢体语言，结合听到的话语，更准确理解对方的意思。

1. 视觉专注体育游戏样例

（1）游戏名称：海洋寻宝

玩法：在游戏情境"海边有很多宝贝"中，幼儿一起去赶海，在海边拾取自己需要的宝贝，比一比谁捡得又快又多。幼儿根据自己所选择的海洋球收集篮上的颜色，在教师放出海洋球时及时反应，选取自己所需的海洋球。

（2）游戏名称：乒乓球接力

玩法：参与者需站在乒乓球台的一侧，将球击打到对方的一侧。可以设置多个回合，或者增加难度，如缩小击球区域或增加障碍物。

（3）游戏名称：躲避球

玩法：在一个开阔的场地中，设立一个目标区域，参与者需躲避从各个方向飞来的球，同时尽量保持对目标区域的视觉专注。

2. 听觉专注体育游戏样例

（1）游戏名称：炮兵训练营

玩法：设置一个起点和多个不同的终点，每个终点都有一个特定的指令，如"跑到红色旗帜下"或"跳到蓝色圆圈内"。当听到指令后，参与者需要快速准确地执行，并在最短时间内到达指定的终点。

（2）游戏名称：声音定位器

玩法：在开阔的场地中，使用铃铛、哨子或其他发声物品，一名参与者或教练负责制造声音，而其他参与者则需要通过听觉追踪声音的来源，并尽快找到声音的制造者。

3. 视听整合体育游戏样例

（1）游戏名称：点点大挑战

玩法：设定起点和终点，并沿路设置几个标志点。每个参与者在起点等待，当听到特定的声音信号（如哨声或口令）时起跑。在途中，参与者需要观察并记住标志点的颜色或形状。到达终点后，参与者需要回答与标志点相关的问题，如"第三个标志点是什么颜色？"，回答正确后才能返回起点，下一个参与者开始接力。

（2）游戏名称：找不同

玩法：在场地上设置多个物品或图案，其中一个与其他的有所不同（例如颜色、形状或大小不同）。参与者听到指令后，开始在场地上跑动，并寻找与其他物品不同的那个。找到后，需要大声说出不同之处，并跑到指定区域等待下一轮挑战。

（三）反应类体育游戏

反应类体育游戏主要指向幼儿即兴判断、快速决策和灵活调整的发展。

即兴判断是指在没有预先准备和计划的情况下，根据当前的具体情境和自身的直觉、经验，迅速做出的一种判断，涉及脑中默认模式网络、突显网络、中央执行网络等。具体表现为在计划发生变化时能迅速调整策略，并在短时间和复杂情境中，能依据经验迅速预估形势并做出决定。如，在外遇到的危险或困难时，能迅速制订新的行动计划；在团队遇到意外问题时，能迅速重新安排任务和资源。

快速决策是指在面临压力或时间紧迫的情况下，个体或团队能够迅速分析问题、抓住关键点、评估多个选择，并基于已有信息和经验，迅速做出正确的选择和行动，涉及脑中突显网络、中央执行网络、默认模式网络等。具体表现为在短时间内迅速收集和评估相关信息，忽略不重要的细节，并能在多个选项中权衡利弊，选择最优。如，在紧急任务中，能快速抓住核心问题，推动活动进程。

灵活调整是指一种根据实际情况或条件的变化而做出适应性变动的方法或过程，涉及脑中突显网络、中央执行网络、默认模式网络等。具体表现为能根据实际情况，灵活地做出适应性或修改性的变化，而不是按照固定或预先设定的模式进行操作，以达到更好的效果或结果。如在游戏中，当教师所给出的信息不完整时，幼儿能够迅速作出合理的推测，与团队成员共同商议解决策略；在团队成员发生变化时，能迅速调整策略，完成挑战任务。

1. 即兴判断体育游戏样例

（1）游戏名称：接球小达人

玩法：将幼儿分成几个小组，每组站成一排。每组选出一名幼儿作为"投球手"，站在队伍的一侧；其他幼儿作为"接球手"，站在队伍的另一侧。裁判发出指令，投球手开始将球投向接球手。接球手需要快速判断球的方向和速度，并尽量用双手或其他身体部位接住球。每接住一个球，接球手所在的小组就得一分。3分钟内，得分最高的小组获胜。

（2）游戏名称：谁是卧底

玩法：当成人说一个动作比如"蹲下"，幼儿要立刻做相反的动作"站着"。成人说"向左转"，幼儿要"向右转"。成人说"向上跳3下"，幼儿要"向下蹲3下"。如果幼儿没做对，则被当成卧底淘汰。

2. 快速决策体育游戏样例

（1）游戏名称：取货

玩法：幼儿分成几组，每一组选出一个小组长。小组长要在教师喊口令后立刻查看身后的卡片（卡片上画有不同的物体和数量），小组长看到后要快速安排组员去拿取物品，最快完成任务且物品数量正确的小组获胜。

（2）游戏名称：颜色快跑

玩法：在操场上用粉笔在地上画出几个不同颜色的圆圈。每个圆圈之间保持一定的距离。将幼儿分成几个小组，每组选出一个"领跑员"。领跑员需要快速判断并带领小组成员跑到指定颜色的圆圈中。裁判随机喊出颜色，如各组的领跑员需要迅速判断，并指挥自己的小组成员分开跑到对应颜色圈中。每个颜色圈内都有组员在，则完成任务。

3. 灵活调整体育游戏样例

（1）游戏名称：蚂蚁运粮

玩法：设置不同的运粮障碍物路线，标志筒、攀爬架、跨栏等器械相互组合。幼儿在起点位置拿取粮食，根据要求选择路线，灵活调整自己的动作和步伐以适应不同的障碍物，将粮食运至终点。

（2）游戏名称：穿越障碍接力赛

玩法：幼儿分成几组进行接力赛。当教师发出开始信号后，第一个幼儿迅速穿越障碍物，将接力棒交给下一位幼儿。下一个幼儿接到接力棒后，立即开始穿越障碍物，以此类推，直到最后一个幼儿完成穿越。一轮游戏后，组员调换位置，总计用时最短的队伍获胜。

（四）协调类体育游戏

协调类体育游戏主要指向幼儿手眼协调、左右协调和手脚协调的发展。

手眼协调指大脑和手部肌肉之间的协调，使得人们能够进行精细、准确、高效的手部动作，体现了左、右脑的平衡性和协同性，涉及脑中感觉运动网络中央执行网络等。具体表现为能通过视觉与手部精细动作的配合实现，即眼睛的视线能够引导手部的动作，并确保手部能够准确地执行所需的任务。如在接球游戏中，球员能迅速看到球的方向并伸手接住。

左右协调指的是身体两侧的肌肉和神经系统在执行动作时的协调性和同步性，体现了运动皮层的自主控制水平，与听神经（前庭神经和耳蜗神经）、小脑一起影响着平衡觉，涉及视觉系统、中央执行网络等。具体表现为个体在进行各种活动时，身体的左右两侧能够相互配合，共同完成任务。如在跑步时能协调左右腿进行交替运动；在跳绳时能协调手臂和腿部交叉运动，保持连续跳跃。

手脚协调指个体在执行动作时，手和脚之间能够相互配合、相互支持，形成流畅且高效的运动模式，其影响个体的视觉追踪能力、视觉持续注意能力的发展，涉及脑中视觉系统、背侧注意系统、感觉运动网络等。具体表现为能使用双手开展相同或不同动作，能协调双手和双脚进行交叉运动，如跳舞、编织等。

1. 手眼协调体育游戏样例

（1）游戏名称：接球达人

玩法：使用不同大小和材质的球（如网球、软球等），让参与者站在一定距离外，尝试用双手或单手接住抛来的球。随着练习的深入，可以逐渐改变抛球的速度和抛球的角度，以增加难度。

（2）游戏名称：桌面弹球

玩法：在桌面上设置一个或多个障碍物，让小球从一端滚向另一端。参与者需要用手或工具控制小球的滚动方向，使其绕过障碍物并达到目标区域。这种游戏可以锻炼手部的精细动作能力和手眼协调性。

2. 左右协调体育游戏样例

（1）游戏名称：交替拍手／踢腿大挑战

玩法：幼儿站直，左右手交替快速拍手，开始时速度可以较慢，然后逐渐加快速度；左右脚交替踢腿，站立，双手放在腰间，左脚向前踢出，然后收回，右脚再向前踢出，如此交替进行。

（2）游戏名称：我是蜘蛛侠

玩法：尝试不同的爬行方式，如左手右脚同时向前，然后右手左脚同时向前，这样反复进行。

3.手脚协调体育游戏样例

（1）游戏名称：接球接力赛

玩法：参与者站成一个圆圈，每人手持一个球。游戏开始时，第一个参与者将球抛向空中，同时用双手和双脚去触碰地面。在球落地之前，他需要迅速用双手接住球，并将其传给旁边的参与者。旁边的参与者也需要重复这个动作，依次传递下去。如果球落地或者未用双手接住，游戏重新开始。

（2）游戏名称：小马过河

玩法：设置平衡木或类似的狭窄路径。参与者需要用手和脚交替触碰平衡木的两侧，同时保持身体平衡并前进。可以设置起点和终点，记录走完整个路径的时间，或者要求参与者在不失去平衡的情况下尽可能快地完成。

（五）创新类体育游戏

创新类体育游戏主要指向幼儿想象能力、计划能力和规则意识的发展。

想象能力指个体能够创造出心理图像、情景或概念，从而在心中构建和体验未曾见过或经历过的场景、物体或事件。这种能力在创造力、问题解决、艺术创作、科学探索等多个领域都非常重要，涉及脑中默认模式网络、边缘/旁边缘系统等。具体表现为通过思维和想象来创造新的概念、观念和想法的能力。如在绘画时能根据心中构想画出或设计出一幅画，然后付诸实践；在角色扮演时，能通过想象自己是游戏角色，体验不同的冒险和挑战。

计划能力指个体或组织在设定目标、制定行动方案、预测未来并做出相应决策时所展现出的综合能力，涉及突显网络等。具体表现为对未知情况的分析和预测，对资源的合理配置，以及对行动步骤的细致规划。如在购物时，能依据需求迅速选择合适的产品。

规则意识指个体对于社会规则的认识、理解和遵守能力，这是一种发自内心的、以规则为自己行动准绳的意识，涉及中央执行网络、边缘/旁边缘系统等。具体表现为能理解和尊重社会的各种习俗和礼仪，按照标准行事并在实际生活中遵守这些规则的行为。如在游戏时能遵守规则；在图书馆等公共场合中保持安静，不大声喧哗。

1. 想象能力体育游戏样例

（1）游戏名称：轮胎真好玩（某一器材的创新玩法）

玩法：提供以轮胎为主的活动材料，通过开放式提问引发幼儿想象材料的多种玩法。问题一"还记得轮胎可以怎么玩吗？"，引导幼儿自由操作，回忆玩轮胎的已有经验。问题二"除了这样玩，还可以怎么玩？"，鼓励幼儿合作探索，根据轮胎的特点创新多样玩法。问题三"这种新的玩法叫什么名字？"，鼓励幼儿说出创新玩法的设想，体现幼儿的自主思考。

（2）游戏名称：我会这样跳（某一动作技能的创新玩法）

玩法：以"跳"为活动主要动作，通过开放式提问引发幼儿想象某一动作的多种玩法。问题一"你们会跳吗？会怎么跳？"，引导幼儿自由展示各种跳的方法，回忆已有经验。问题二"除了这样跳，还可以怎么跳，在哪里跳？"，鼓励幼儿创新跳的方法及与其他性质地面、器材结合，丰富跳的形式和玩法。问题三"除了一个人跳着玩，还可以几个人一起跳？"，鼓励幼儿合作探索玩法。问题四"你们的新玩法可以叫什么名字？"，鼓励幼儿说出创新玩法的设想，体现幼儿的自主思考。

2. 计划能力体育游戏样例

（1）游戏名称：请你来挑战（根据材料设计玩法）

玩法：投放绳子、梯子、圈等器材，通过开放式提问引发幼儿思考，设计基于器材不同组合而成的游戏。问题一"这些器材可以怎么玩？"，引导幼儿自由操作或者讨论玩这些器材的已有经验。问题二"要把这些器材组合起来，设计一个每个材料都用到的游戏，可以怎么组合？"，幼儿分组或自主设计，在实际操作中不断调整。问题三"你们设计的游戏有什么玩法要求？"，引导幼儿根据器材组合与技能要求相结合设计玩法。问题四"谁想来挑战？"，鼓励幼儿分别体验他人设计的游戏并说出体验感受和调整建议。

（2）游戏名称：上山打怪物（根据故事情境选择材料）

玩法：通过故事讲述提供故事情境和角色任务，引发幼儿思考选择材料，以便设计路线和玩法等完成情境任务。故事讲述一"小勇士们，听说山上出现了一个怪物，经常吓跑小动物，让它们有家不能回，猴子大王想请你们帮帮大家，你们愿意吗？"，激发幼儿角色意识和任务意识。故事讲述二"小勇士们，这座山离我们很远，要经历很多障碍才能到达，会是什么样的障碍呢？"，请幼儿自主分组，选择器材设置障碍路线。故事讲述三"怪兽就在山上，怎么打这个怪物？"，请每组幼儿协商选择适合打怪物的器材和技能。故事讲述四"看来一切都计划好了，我们快快出发打败怪物吧"，鼓励幼儿根据自己设计的路线和方法完成上山打怪物的任务。

3. 规则意识体育游戏样例

（1）游戏名称：老鹰捉小鸡（民间游戏的新规则）

玩法：选择幼儿熟悉的民间游戏，引导幼儿根据生活经验丰富玩法和规则。问题一"还记得老鹰捉小鸡怎么玩吗？"，让幼儿巩固老鹰捉小鸡游戏规则，共同梳理已有玩法和规则，并关注幼儿遵守情况。问题二"你觉得老鹰捉小鸡还可以怎么玩？"，鼓励幼儿说出自己的想法，如增加老鹰数量，改变小鸡自救方法等。问题三"新的玩法有什么规则？"，引导幼儿思考并丰富游戏规则。例如，增加的老鹰必须手拉手；小鸡落单后,其他小鸡可以来救它;等等。

（2）游戏名称：我是小司机（身份属性的规则游戏）

玩法：以小司机为主要游戏角色，通过启发式提问引导幼儿设计游戏场景和规则。问题一"小司机开车要注意哪些规则？"，引导幼儿集体讨论，如遵守红绿灯、看路标、不能喝酒等。问题二"这里有红绿灯和路标标记，小司机会经过哪些障碍、看见哪些标记、送货到哪里呢？"，让每组幼儿合作设计路线和标记点。问题三"小司机马上要去完成送货任务了，仔细看要遵守哪些交通规则"，让幼儿自主选择喜欢的送货任务和路线参与游戏，关注幼儿看红绿灯和路标的情况。

二、匹配五种体育游戏类型的幼儿关键经验

关键经验是学前教育课程内容的重要部分，它是对学前儿童一系列社会、认知和身体发展情况的描述。[1]幼儿园对标《指南》和幼儿健康领域关键经验，基于记忆、专注、反应、协调、创新五大脑智核心能力，提炼在促进脑智发育的体育游戏中幼儿应该发展的关键能力，梳理形成促进幼儿脑智发育的体育游戏关键经验。幼儿园指导教师将关键经验作为观察、描述幼儿行为的工具，推动项目研究的发展，厘清和凸显基于脑智发育的体育游戏规律和方法，促进幼儿内在经验的前后联系和不同领域经验的相互联系，达到体育游戏课程的深入开展。[2]

---

[1] 时萍，HIGH/SCOPE 的关键经验对学前教育的启示 [J]．早期教育（教师版），2005(5):13-15．

[2] 朱立群，做有准备的教师——《3—6 岁儿童学习与发展指南》视域中课程改造的问题导向教研 [J]．教育界，2018(11):154-157．

表 2-7 促进幼儿脑智发展的体育游戏关键经验表

游戏类别	核心能力	关键经验
记忆类	空间记忆	幼儿能记住一定数量的物体特征，摆放位置及顺序，当物体发生变化时能追踪物体的位置变化，当出现相应任务时能依据任务对行动路径进行规划。
记忆类	言语记忆	幼儿能理解一定数量的指令，记住指令的要求和行动顺序。
记忆类	数字记忆	幼儿能记住一定数量的物体名称，并能记住各类物体的数量。
专注类	视觉专注	幼儿能在干扰和遮蔽的情况下追踪一定数量的特定目标，能在同类型的物体中检索出特定目标，能认识地图并将真实环境中的实物与地图标识进行对应。
专注类	听觉专注	幼儿具有专注听讲的习惯，并能在有干扰环境中对不完整的信息进行有效筛选。
专注类	视听整合	幼儿能将视线聚焦在他人语言描述的任务目标上，在面对复杂视觉和听觉信息时能高效选取和处理关键信息。
反应类	即兴判断	能根据任务要求对属性、空间、时间、起止进行准确判断，顺利完成任务。
反应类	快速决策	能根据任务要求对路线和人员进行选择，能与同伴协商对原有方案进行优化调整并顺利执行。
反应类	灵活调整	能准确理解任务规则并执行，当出现规则外的情况时能灵活处理。

续表

游戏类别	核心能力	关键经验
协调类	手眼协调	能在投准、摆放、抛接等动作中，表现出较高的准确性与稳定性。
	左右协调	在对称的运动中，能保持左右侧手脚动作的准确性和稳定性，在持续中等强度的干扰下能保持身体重心的稳定。
	手脚协调	能在攀爬、跑跳、抛接、翻滚、运球等运动中，表现出上下肢在腰腹的衔接下动作准确、稳定、连贯。
创新类	想象能力	在游戏创新过程中，能依据自己的经验，想象游戏故事情境和所需角色，同时根据想象的故事情境和角色确定数字、空间、场景、角色、故事情节等具体信息。
	计划能力	能根据自己的想法，设计游戏计划和所需要的场地、器材、同伴等，同时能在游戏实践过程中，调整、优化计划。
	规则意识	在创新的游戏中能结合已有经验制定合理的游戏规则并遵守，在游戏过程中能依据游戏进展补充或调整规则。

第三节
促进幼儿脑智发展的体育游戏模型与变式

促进幼儿脑智发展的体育游戏活动实施过程，以基本活动能力、基本动作能力和运动技能为基础，融合脑科学发展理论，实现活动前、中、后全过程应用，围绕三个角度，通过四大行动去实施，具体策略见图 2-1。

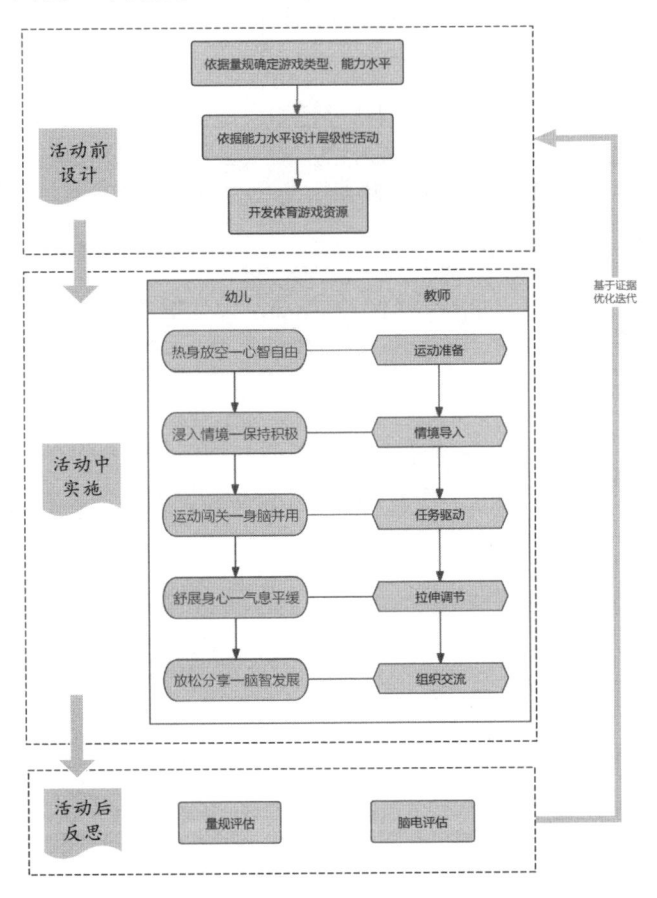

图 2-1　促进幼儿脑智发展的体育游戏活动实施模型

一、角色定位

角色定位在幼儿教育中扮演着至关重要的角色，它不仅影响着教学活动的效果，还深刻地影响着幼儿的社会情感发展和认知建构。下面是对角色定位两个方面的详细解读和优化建议。

第一个方面，幼儿和教师的角色定位。以幼儿为主体，幼儿被视为活动的中心，教师的任务是激发和引导幼儿的自主探索和学习。教师的角色，"走在前面"即作为先行者，教师提前规划和设计活动，确保其符合幼儿的发展需求；"藏在里面"即教师融入活动之中，成为活动的一部分，而不是显眼的控制者，这样可以减少幼儿的压力，鼓励幼儿自然表现；"陪在身边"即在幼儿需要帮助或指导时，教师随时提供支持，但不替代幼儿的行动；"跟在后面"即允许幼儿主导活动流程，教师与其保持一定的距离，观察和评估幼儿的表现，适时介入；"护着全面"即教师关注幼儿的整体福祉，包括身体健康、情绪稳定和社交互动，确保活动安全和适宜。

第二个方面，活动过程中的角色定位。创设合理的情境，即教师应精心设计情境，使幼儿能够在一个安全、有趣且富有挑战性的环境中探索和学习；角色选择与价值共情，即选择正面积极、具有启发性的角色，如勤劳的蜜蜂、机敏的猴子、坚韧不拔的小小兵、英勇无畏的消防员等，这些角色能够激发幼儿的共鸣和模仿欲望，其中特别关注男孩的需求，提供多样化的男性榜样，打破传统性别刻板印象，鼓励男孩展现情感、同情心和创造力等；身份认同与边缘系统启动，即通过故事讲述和模拟真实情景，让幼儿沉浸在角色中，体验不同的职责和情感。当幼儿感受到强烈的身份认同，他们的边缘/旁边缘系统（负责情绪和记忆的大脑区域）被激活，这有助于加强学习体验，使教育效果更加显著。

二、评价先导

活动前，以评价先于活动设计为原则，充分了解本书第五章的评价指标和评价量规，有目的地设计活动。

活动中，遵循以下四个原则。第一，允许幼儿提问，给幼儿多表达自己想法的时间和机会，帮助其理清思路，通过幼儿的表述，了解其到底在想什么以及这么想的原因。第二，允许幼儿"犯错"，教师既要释放信息也要处理信息，并通过与幼儿的迭代性对话正确处理信息，以帮助幼儿通过自主思考得到问题的答案。第三，允许身体接触，教师对幼儿的眼神和肢体动作有一定的敏感度，当幼儿眼神躲闪时教师要敏感捕捉并通过一定的身体接触帮助其积极思考；当幼儿成功时教师及时用击掌、摸头等方式积极肯定；当幼儿完成任务有困难或未能完成时，教师以揽住肩膀、蹲下拥抱等方式积极鼓励。第四，允许争吵，当团队之间出现矛盾而引发幼儿争吵时，教师要在分析问题的价值后做出妥当处理，有些争吵是幼儿动脑思考的表现，不妥当的处理会使幼儿处理和应对复杂信息的能力难以得到锻炼。

三、科学运动

科学运动包含两个方面，一是对幼儿可以做什么运动，运动到什么程度的科学认识；二是在活动设计中，不仅通过运动强身健体，还通过运动使幼儿提升脑智。

一是关于科学运动的正确认识。"基本活动能力"是人类维持生命活动，进行日常生活、劳动和运动所必须具备的本能性本领，无须经过专门训练，不含技术因素，却是学习和掌握技术的基础。"基本动作能力"是指通过完成不含大量技术因素，动作形式单一、动作序列简单的动作技能所体现出来的一种能力，是儿童早期，尤其是学前儿童（3—6岁）应当重点培养的能力，可为后期发展更复杂、更高级的动作能力打下基础。"基本动作技能"可以理解为具体的、可视化的骨骼肌收缩形式，像跑、跳（向前或向上）、投（如单手上手投掷）等一个单独的动作表现形式，其结果以生理属性为主，体现的是人体最基础简单的、不用经过大量专门特训就能凭借自身正常生长发育而习得的动作。"基本运动技能"相较于"基本动作技能"更为综合化、复杂化，是多个动作技能集合的体现，对协调性和动作精准性的要求更高。"基本动作技能"相较于"基本运动技能"更为初级，是学前儿童（3—6岁）和儿童早期应该重点培养和练习的对象，后者适用于年龄较大的儿童，尤其是青少年，两者都可以导向"专项运动技能"的发展，以及为日后积极参与身体活动和终身体育奠定基础。

二是关于科学运动的设计。幼儿园的科学运动就基于以上概念的正确认识设计而来，结合脑智设计活动内容，以促进幼儿思维发展为主。首先，通过运动的表现型指标来设计活动环节；其次，幼儿已具备基本动作能力，这些能力成为一定的动觉模型。在活动中，教师不仅要帮助幼儿更好地掌握基本动作技能，还要引导他们运用这些技能，通过设计稍高于幼儿当前能力的复杂任务，激发他们的思考能力，促进脑智发展。

四、灵活调整

灵活调整指教师在活动中根据幼儿的表现而做出的材料、人员、场地、任务等方面的灵活调整，以及幼儿在活动中根据教师的评价进行的主动调整。

教师依据幼儿的表现进行灵活调整，包括以下几个方面。第一，材料调整。根据幼儿的兴趣和能力，教师可以选择或制作适合的教具和材料，激发幼儿在与材料互动、与环境互动、与人互动中积极思考。随着活动的深入，教师可以根据幼儿对材料的掌握程度，逐渐增加难度或变换材料，以促进幼儿技能的提升。第二，人员调整。教师需要根据幼儿的社交技能和性格特点，调整小组成员的组合，以促进更好地互动学习。第三，场地调整。根据幼儿现场表现，教师可以改变场地布局，关注看得见和看不见的场地设计。第四，任务调整。教师应根据幼儿的实际表现，调整活动目标和任务难度，确保每个幼儿都能在挑战中找到乐趣，同时避免挫败感。当发现某个活动对部分幼儿来说过于简单时，教师可以增加额外的任务或问题，鼓励他们进行更深层次的思考。

幼儿方面的自我调整即幼儿依据外部情况而产生的自我调整。第一，基于反馈的调整。幼儿在活动中应该能够接收到教师的及时反馈，理解自己的表现，明白哪些地方做得好、哪些地方需要改进。第二，自主选择与决策。幼儿在活动中有依据不同任务情况，主动判断和选择活动内容、伙伴和工具的机会和时间，如，幼儿可以自己决定玩什么游戏，和谁一起玩，使用哪些玩具。第三，自我监控与反思。教师可以通过提问引导幼儿对自己的行为和学习过程进行反思，帮助幼儿意识到自己的进步，同时也让他们学会自我评估，从而在未来的学习中做出更有意识的选择。

灵活调整的核心在于创造一个支持性、响应性和包容性的学习环境，让幼儿能够在其中健康成长，发展出适应未来生活所需的技能和态度。

第三章

促进幼儿脑智发展的体育游戏观察量规研发与应用

幼儿期是脑智发展的关键时期，在这个阶段，科学、有效的体育游戏不仅能够增强幼儿的身体素质，还能够提升其认知能力、情感发展和社会交往能力。随着脑科学与认知科学研究的不断深入，我们越来越认识到运动对幼儿脑智发展的积极作用。因此，如何科学地设计和实施体育游戏，以最大化地促进幼儿的脑智发展，成了我们在教育实践中的重要课题。

基于此，本章将围绕如何通过体育游戏来促进幼儿的脑智发展展开探讨。我们不仅结合了《纲要》与《指南》的核心理念，还引入了脑科学研究的最新成果，以构建科学的观察指标体系。通过这个体系，我们可以更有效地评估幼儿在体育游戏中的表现，并据此调整和优化游戏设计，确保游戏在促进幼儿脑智发展的过程中发挥最大的效果。

在实践中，通过案例分析与观察研究，我们发现体育游戏不仅能够增强幼儿的体质，更重要的是能够显著提高他们的记忆力、注意力、思维能力等脑智功能。这种多维度的发展，使得体育游戏成为促进幼儿全面发展的重要手段之一。

第一节
促进幼儿脑智发展的体育游戏观察指标体系

一、观察指标体系构建的理论依据

（一）基于幼教基本理论

在构建幼儿体育游戏观察指标体系时，我园汲取了《纲要》与《指南》中的核心理念与具体要求。这些文件为体系构建提供了坚实的理论基础和科学的指导方向。

1. 健康理念与生活习惯的培养

《纲要》强调，健康教育的核心在于增强幼儿体质，培养健康生活的态度和行为习惯。这要求我们在设计体育游戏时，不仅要注重游戏的趣味性，更要融入健康生活的元素，如通过户外及自然环境中的活动，激发幼儿参与体育锻炼的兴趣，从而在日常生活中自然而然地形成良好的健康习惯。

2. 动作发展与协调性的提升

《指南》明确指出，体育活动应尊重幼儿身体发育的规律和年龄特征，避免过度或不适宜的体能训练，同时强调了动作发展的三个关键目标：平衡能力、动作协调与灵敏性，力量与耐力，以及手部动作的灵活协调。这些目标为我们构建观察指标体系提供了具体的维度，如设置指标以观察幼儿在走、跑、跳、钻、爬、攀等活动中动作的流畅性、准确性及耐力表现，以及手部操作的精细度和协调性。

3. 户外活动的重视与坚持

《纲要》与《指南》均强调了户外活动的重要性，特别是《指南》提出幼儿每天户外活动时间不少于 2 小时，其中体育活动时间不少于 1 小时，并建议在季节交替时保持活动的持续性。这一要求提示我们在构建观察指标体系时，需特别关注幼儿参与户外体育游戏的频率、时长及在不同季节、天气条件下的适应性，以此评估游戏设计的合理性和实施效果。

4. 身心发展的全面促进

综合《纲要》与《指南》的精神，体育游戏不仅关乎幼儿身体素质的提升，更是促进其身心全面发展的重要途径。因此，在构建观察指标体系时，我们还应考虑游戏对幼儿心理发展的积极影响，如观察幼儿在游戏中的情绪状态、合作与分享行为、解决问题的能力等，以全面评估体育游戏的教育价值。

（二）基于脑科学研究理论

脑科学与认知科学的深入探索揭示了人脑发育的漫长历程，其中幼儿期作为脑智发展的关键窗口期，其重要性尤为凸显。运动被证实是促进幼儿脑智发展的最为有效的途径之一。基于脑科学、心理学及认知科学的综合研究成果，我们深刻认识到运动对幼儿脑智发展、身体协调性增强及执行功能提升的显著促进作用与积极影响。

在神经细胞微观层面，运动对大脑的影响主要体现在促进神经元的生长、突触连接的增强以及抗炎因子的释放等方面。美国斯坦福大学医学院的研究人员在《自然》（*Nature*）期刊上发表的研究论文指出，运动锻炼能提高那些对大脑具有保护作用的抗炎因子水平。这些抗炎因子，如簇集素（clusterin），在运动后被释放到血液中，并能够通过某种机制改善大脑的认知功能。具体来说，簇集素具有抗炎作用，能够减少大脑的炎症反应，从而有助于保护神经元并提升认知能力。

在大脑功能机制的宏观层面，运动对认知功能的影响主要体现在促进大脑不同区域之间的功能连接以及提升整体大脑的可塑性等方面。《体育锻炼促进认知功能的脑机制》一文提到，体育锻炼能够对高级认知功能相关脑区的激活水平产生影响。具体来说，有氧运动能够降低一些脑区的激活水平，如儿童前额叶，同时提升中央执行功能。这种降低激活水平的现象可能是由于体育锻炼提升了突触连接效率，使得这些脑区在完成同样强度认知任务时消耗更少的能量。[1]

脑科学研究为我们揭示了运动如何通过促进大脑内部结构的优化来提升认知功能。这一效益跨越了神经细胞的微观层面至大脑功能机制的宏观层面，不仅增强了运动相关技能，还显著提升了高级认知能力与功能连接的效率。因此，培养长期的体育运动习惯，对于幼儿大脑的健康发育与认知功能的全面提升，具有至关重要的意义。

我们坚信，运动不仅能够促进脑智的发展，其开放性的特征还为幼儿提供了多渠道、多层次、多角度的信息获取机会。体育活动中丰富的视觉与听觉刺激，有助于幼儿敏锐捕捉外界信息的细微变化，进而提升其本体感觉的灵敏度。这种敏感性的提升，为幼儿快速学习新知识及其智力发展奠定了坚实的基础。

（三）基于体适能研究理论

体适能（physical fitness）的概念最早是由美国体育界的健康、体育、舞蹈组织在1987年提出，并将其作为体适能健康教育计划的一部分。世界卫生组织对体适能给出了定义，即身体有足够的活力和精神进行日常事务，而不会有过度疲倦，还有足够的精力享受余暇活动和应付突发的紧张

---

[1] 夏海硕，丁晴雯，庄岩，等. 体育锻炼促进认知功能的脑机制 [J]. 心理科学进展，2018（10）：1857–1868.

事件的能力。体适能是指个体在特定环境中，通过身体活动表现出来的整体适应能力。它包括心肺耐力、肌肉力量与耐力、柔韧性、身体成分和神经肌肉协调能力等方面，反映了人体在不同环境下的适应能力和健康状况。幼儿体适能是指幼儿时期（通常指3—6岁）发展的身体素质和运动能力，包括体力、柔韧性、协调性和耐力等关键要素，是幼儿身心健康的重要组成部分。

此外，世界卫生组织对体适能的定义与我们观察幼儿脑智发展的目标高度契合，成为我们构建观察指标体系的重要参考。体适能作为评估幼儿身体状态的关键指标，涵盖了健康体适能与运动适能两大方面。在健康体适能中，我们关注幼儿的身体素质与身体形态的维持；而在运动适能方面，则侧重于幼儿运动技能的掌握、运动品质的培养以及面对挑战时的坚韧态度。这些维度的综合考量，为我们全面、科学地评估幼儿脑智发展提供了有力的工具与支撑。

二、观察指标体系建构维度的情况分析

依据理论分析和实践研究，该观察指标体系重点关注幼儿在体育游戏活动中的基本动作能力、脑智发展水平和社会情感能力三个方面。

（一）基本动作能力

"基本动作能力"是指通过完成不含大量技术因素，动作形式单一、动作序列简单的动作技能所体现出来的一种能力，是儿童早期，尤其是学前儿童（3—6岁）应当重点培养的能力，可为后期发展更复杂、更高级的动作能力打下基础。[1]

---

[1] 洪金涛，陈思同，李博，等. 基本运动技能相关概念的发展、释义及应用[C]//. 第十一届全国体育科学大会论文摘要汇编，2019: 6418–6420.

在深入研究相关文献后，我们注意到，多数针对动作发展的探讨集中于对国外 TGMD[1] 的解读，特别是其位移动作和操控类动作的深度分析。参考耿培新等人合编的《人类动作发展概论》，我们了解到人类动作主要依据肌肉群的差异被划分为大肌肉群和小肌肉群两大类。其中，大肌肉群的运动表现主要涵盖位移动作和操控类动作。该书进一步将基本动作技能细化为位移技能、非位移技能和操作技能。[2] 在另一部权威著作，即张首文、白秋红主编的《幼儿园体育活动设计与指导》中，粗大动作被明确划分为移动性动作、非移动性动作和操作性动作。[3] 此外，陈帼眉在《学前教育心理学》中，将学前儿童的动作基础模式划分为位移动作、操作性动作和稳定性动作三大类别。[4]

我们发现多数研究都倾向于将动作划分为三类，其中位移动作和操作性动作得到了较为一致的认可，而第三类动作的定义则呈现出多样化的观点。

（二）脑智发展情况

在实践研究中，我们很难直接判断幼儿"脑"的发育情况，因此本书的研究重点在"智"的方面。智的改变涉及外显行为、心理活动变化，包括与认知相关的心理和行为（如执行功能、注意、记忆等）的变化。从心理学的角度来说，执行功能指的是"一个人能独立地、有目的地、成功地实施自己行为的能力"[5]，通俗来说就是一个人要想完

---

[1] TGMD 的全称是 Test of Gross Motor Development，即粗大动作发展测试。美国密歇根州立大学 Dale A. Ulrich 博士于 2000 年修订，形成 TGMD-2 版本。

[2] Greg Payne，耿培新，梁国立. 人类动作发展概论 [M]. 北京：人民体育出版社，2008：194–195.

[3] 张首文，白秋红. 幼儿园体育活动设计与指导 [M]. 北京：北京邮电出版社，2017：9.

[4] 陈帼眉. 学前教育心理学 [M]. 北京：北京师范大学出版社，2015：48–50.

[5] 周荣荣. 体育运动促进幼儿脑智发育 [J]. 江苏教育，2023（36）：27–29.

成某件事情或达成某个目标所需要的全部认知能力的集合。由此可见，执行功能指向的并不是单一能力，而是复杂的认知过程，涉及目标设定、计划制订、策略选择、自我调节、问题解决、推理和决策制定等，执行功能的具体方面包括注意力控制、认知弹性、目标设定、信息处理，以及启动任务、维持注意力、抑制冲动、转换注意力、流程记忆、情绪控制、组织材料、自我监测、时间管理和计划等。综合考虑，我们重点关注幼儿在记忆、专注、反应、协调和创新这五方面的能力。

（三）社会情感能力

户外体育活动、体育教学活动及亲子体育游戏等多元化的活动，作为促进幼儿身心全面发展的重要手段，不仅直接助力幼儿体质与运动技能的提升，更在无形中深刻影响着其社会性发展。因此，为幼儿提供丰富的社交互动机会，能引导幼儿学习人际交往、掌握社交技能。《指南》也明确指出，人际交往与社会适应是幼儿社会性学习的核心内容，也是促进其社会性发展的基石。

在与成人及同伴的互动中，幼儿不仅学会了和谐共处的艺术，更在不断地自我探索与理解他人中，发展了适应社会生活的关键能力。因此，关注幼儿在活动中的社会情感发展显得尤为重要，它是幼儿心理健康不可或缺的组成部分。

本研究在评估幼儿动作与脑智发展的同时，特别强调了社会情感发展的观察指标。积极的社会情感，如自信、自尊、乐观与宽容，不仅是幼儿心理平衡与情绪稳定的基石，更是他们面对挑战时保持坚韧不拔的动力源泉。这些情感品质为幼儿适应社会环境奠定了坚实的基础，促使他们更加敏锐地感知他人情绪，学会尊重与关怀，进而构建起和谐的人际关系网。

进一步而言，积极的社会情感还能够激发幼儿的学习热情，提升其注意力和记忆力，促进其认知能力的全面发展。它鼓励幼儿采用积极的思维方式解决问题，勇于创新，为未来的学习与生活奠定良好的思维基础。尤为重要的是，社会情感还是幼儿道德品质塑造的起点。通过培养其社会情感，幼儿能够内化诸如关爱、助人与诚信等美德，这些道德品质不仅是个人品格的光辉体现，更是社会和谐与进步的重要基石。

三、观察指标体系构建

观察指标体系的初步构建，以体育游戏中幼儿动作发展、脑智发展和社会情感这三个方面为关切点，对照《指南》中健康领域和社会领域发展目标及叶平枝所著的《幼儿园健康领域教育精要——关键经验与活动指导》、刘晶波所著的《幼儿园社会领域教育精要——关键经验与活动指导》中的相关关键经验。我们与脑科学专家共同研讨形成包含动作发展能力、脑智发展水平和社会情感能力的12个能力，具化形成37项二级指标和92项三级指标。

（一）体育游戏中幼儿动作发展观察指标

以往研究表明，幼儿园体育教育的主要任务是促进幼儿基本动作能力的发展。因此，我们以幼儿基本动作能力为主要指标，构建幼儿动作发展观察指标框架。其中，一级指标包括移动性技能、操控性技能和非移动性技能这三个方面，以移动性技能为例，其二级指标指标包括跑、跳、爬这三个方面。此外，结合《指南》健康领域发展目标及《幼儿园健康领域教育精要——关键经验与活动指导》《幼儿园体育活动指导手册》[1]中的动作发展关键经验，进一步对二级指标进行对标梳理，形成30项三级指标（见表3-1）。

---

[1] 汪笑梅，等．幼儿园体育活动指导手册[M]．南京：南京师范大学出版社，2013．

表 3-1 体育游戏中幼儿动作发展观察指标

一级指标	二级指标	三级指标
移动性技能	跑	1. 能进行直线跑、曲线跑（绕障碍跑、折返跑、四散跑）等多种形式的跑。
		2. 准备时，躯干正直稍前倾，眼看前方。
		3. 跑动时，手臂反向摆动两臂屈肘于两侧，两手半握拳，拳眼向上；双脚使劲蹬地向前跑，前脚掌、脚跟次序着地，从脚跟过渡到脚趾发力。
	跳	1. 能进行原地跳远、助跑跨跳、向上纵跳、连续跳、单脚跳等多种形式的跳。
		2. 起跳时，手臂能积极摆动配合起跳，身体有一定的前倾。
		3. 利用手臂的控制和腰腹部的紧张保证身体在空中稳定，不出现摇摆。
		4. 全脚掌着地，手臂相向运动。
	爬	1. 能进行手膝正向爬、手脚正向爬、匍匐爬等多种形式的爬行。
		2. 能利用双臂、双手进行同时或交替的运动。
		3. 腰腹部保持适度紧张以协调手脚动作。
		4. 腿部动作与上肢动作配合，并能有稳定的节奏。
操控性技能	投掷	1. 能单手将沙包（200 克及以上）向前投掷一定的距离，能将沙包投向一定范围的目标。
		2. 手臂能做出由上向前和由后向前上的挥动动作，具有一定的速度。
		3. 躯干及下肢保持稳定，不摇摆。
	抛接	1. 能用双手连续自抛自接一定大小的物体（轻物体和皮球）。
		2. 眼睛能追随物体移动。
		3. 能够以双手或手臂接住轻物体或皮球，能连续做出上抛的动作，角度接近垂直。
		4. 抛接动作连贯。

续表

一级指标	二级指标	三级指标
操控性技能	踢	1. 能以脚的多部位（脚内侧、脚背内侧、脚尖等）带球行进。 2. 能控制身体与球的距离。 3. 能以支撑腿短暂支撑地面，同时快速摆动另一条腿完成踢球动作。 4. 能结合其他动作方式进行踢球。
操控性技能	拍球	1. 能进行原地拍球和行进运球。 2. 拍球时，两脚前后或左右站立，两膝微屈，上体前倾，用单双手的手指或指腕部位运球，发力以大臂与小臂结合为主。 3. 行进间运球时，上体稍前倾，用手按拍球的后上方，确保跑动速度与运球速度相匹配。
非移动性技能	平衡	1. 能在攀爬时克服重力和网架的摇摆，控制身体平衡。 2. 在荡桥上行走时，能眼视目标，利用手臂和躯干控制身体重心。 3. 在悬垂和悬垂前进时，能利用腰腹力量，控制摆动，完成连续前进。
非移动性技能	躲闪	1. 能对跑动线路上的障碍物或人主动进行避让，对空间和速度有一定的预估能力，并能根据预判进行身体和动作调整。 2. 对飞向自己的物体，能观察其飞行的力量和速度，判断轨迹，进行主动的避让或以手臂进行阻挡。

（二）体育游戏中幼儿脑智发展观察指标

幼儿脑智发展指的是大脑结构和功能的逐步成熟和完善。在幼儿期，大脑神经元之间的连接不断增加，形成了复杂的神经网络，为幼儿的学习和记忆提供了物质基础。同时，大脑的各个区域也在不断发展，如语言区、视觉区、听觉区等，使得幼儿能够逐步掌握各种感知、运动和语言能力。幼儿脑智发展还包括智力的发展。智力是指个体在认知过程中表现出来的能力，包括观察、记忆、思维、想象等。在幼儿期，幼儿开始能够分辨各种基本颜色，对声音的辨别能力也逐渐增强。他们通过感知觉来认识和理解周围的世界，获取大量的信息和知识。同时，幼儿的思维能力也在不断提升，开始能够进行初步的逻辑推理和解决问题。

根据幼儿脑智发展的基本规律以及《指南》《纲要》等政策文件，结合第二章中关于关键经验的相关表述，我们构建了体育游戏中幼儿脑智发展水平的三级观察指标体系，其中一级指标对应游戏类别，二级指标对应核心能力，三级指标是在二级指标基础上细分的核心指标，并对每一个三级指标进行了解释说明。详见表3-2。

表3-2　体育游戏中幼儿脑智发展观察指标

一级指标	二级指标	三级指标	具体说明
记忆	空间记忆	物体属性	能记住物体特征（如颜色、大小等）。
		物体顺序	能记住大物体的先后顺序。
		物体位置	能记住物体的位置。
		位置变化	能规划物体的位置变化。
		路径规划	能根据任务规划线路。
		视觉追踪	能根据情节变化追踪物体的位置变化。
	言语记忆	指令记忆	能记住指令。
		任务顺序	能记住任务顺序。
		指令理解	能理解指令。
	数字记忆	物体数量	能记住物体数量。
		物体—数字关系	能理解物体及数字的对应关系。
专注	视觉专注	目标追踪	能根据任务追踪目标。
		目标搜索	能在同类型物体中检索出特定目标。
		地图理解	能将实景与地图标志进行对应。

续表

一级指标	二级指标	三级指标	具体说明
专注	听觉专注	理解指令	能理解指令，记住相关要求。
		避免分心	能抗拒干扰，保持倾听。
		信息辨别	能对信息进行辨别，提取出有效信息。
	视听整合	视听一致	视线能根据他人描述，追随情节变化，保持一致。
		视听抑制	能排除干扰，选取和处理关键信息。
反应	即兴判断	属性判断	能判断物体属性。
		空间判断	能对空间位置进行判断。
		时间判断	能对时间长短进行判断。
		起止判断	能对任务起止点进行判断。
	快速决策	路线决策	能对完成任务的路线进行选择和调整。
		人员决策	能依据任务选择同伴。
		方案决策	能根据任务制定方案并适时调整。
	灵活调整	规则理解	能理解规则并执行。
		规则变化	能随任务规则变化而及时调整行为。
		突发处置	能利用多种方式对突发事件进行有效处理。
协调	手眼协调	投准能力	能准确投中一定范围内的物体（投掷物重量不低于250克）。
		摆放能力	能准确地将物体摆放至目标位置。
		抛接能力	能在固定位置抛或接住一定重量的物体（如前抛、上抛等），具有连贯性与准确性。
	左右协调	左右配合	能在左右对称动作中，表现出准确性与稳定性并能持续较长时间。
		左右交替	左右手和左右脚能在连续复杂的左右交替动作中对称、协调。

续表

一级指标	二级指标	三级指标	具体说明
协调	左右协调	平衡能力	在持续中等强度的干扰下身体能保持重心稳定。
协调	手脚协调	攀爬能力	能手脚协调地快速向上爬过障碍或攀爬，能手脚协调地匍匐前进。
		运球能力	能将球不间断运送一定距离。
		跑跳能力	能不间断跑跳过一定高度和宽度的障碍物。
		抛接能力	能在移动中准确抛接一定重量和数量的物体。
		翻滚能力	能采用前滚翻或侧滚翻等保护动作完成任务。
创新	想象能力	空间想象	在游戏创新过程中，能想象游戏故事情境和所需角色，同时根据想象的故事情境和角色确定具体信息。
		故事想象	
	计划能力	执行计划	能设计游戏方案并根据活动需要调整、优化方案。
		优化调整	
		创意规划	

（三）体育游戏中幼儿社会情感发展观察指标

以往有关儿童发展和学前教育的相关研究，都表明了幼儿社会情感能力在幼儿成长中的积极意义和重要价值。幼儿社会情感能力的价值体现在自我意识、自我管理、社会意识和人际关系技能等四个方面，对于幼儿的心理健康、社会适应、认知发展、道德品质和生活质量都具有重要的促进作用。因此，本研究中的幼儿社会情感发展指标的一级指标包括以自我意识、自我管理、社会意识、人际关系技能等四个方面，并在此基础上细化形成13项二级指标和13项三级指标，指导教师在体育游戏活动中关注幼儿社会情感发展情况。详见表3-3。

表 3–3 体育游戏中幼儿社会情感发展观察指标

一级指标	二级指标	具体说明
自我意识	自信	能独立从事活动并展现自信。
	自我效能感	主动承担任务，遇到困难能够坚持而不轻易求助。
	鉴别情绪	知道自己在同一事件中产生多种情绪的原因，运用多种策略调节自己的情绪。
自我管理	冲动控制	能适应与接受活动上的改变。
	自我激励	主动寻求并开展活动，有自豪感。
	目标设定	即使遇到问题也能持续专注地做一件事情（20—30 分钟）。
社会意识	观点采纳	活动时愿意接受同伴的意见和建议。
	共情	理解生活环境中他人情绪产生的原因。
	欣赏差异	接纳、尊重与自己生活方式或习惯不同的人。
	尊重他人	能有礼貌地与人交往，能关注别人的情绪和需要，并能给予力所能及的帮助。
人际关系技能	沟通	活动时愿意接受同伴的意见和建议，与同伴发生冲突时能自己协商解决。
	团队合作	活动时能与同伴分工合作，遇到困难能一起克服。
	人际关系建立与维持	能有礼貌地与人交往，能注意到别人的情绪，并有关心、体贴的表现。

第二节
促进幼儿脑智发展的体育游戏评估工具研发与应用

观察量规（observation rubric）是一种用于评估或测量特定对象或事件特性的工具或标准，它可以提供一套系统的、客观的评价准则和等级标准。观察量规通常被设计为一个具有多个评价维度的表格或框架，每个维度下又包含具体的评价准则和等级标准。在教育领域，观察量规被广泛应用于教师教学评价、幼儿学习评价等方面。观察量规的设计要遵循科学性、可行性和实用性，既要基于科学理论和方法，确保评价准则和等级标准的客观性和准确性，又要易于理解、使用和操作，方便评估者进行快速、准确的评估，同时能够满足实际应用的需求，能够真实反映被评估对象的实际情况。

一、促进幼儿脑智发展的体育游戏评估工具研发

（一）体育游戏观察量规的基本内涵

体育游戏观察量规是一种专门用于评估幼儿在体育游戏活动中表现的工具，它基于一套清晰、连贯的标准。运用观察量规，教师能够系统地、有针对性地观察幼儿在游戏中的表现，进而对幼儿在基本动作能力、脑智发展水平和社会情感能力等各项能力上的发展情况进行全面评估。

观察量规要满足两个基本条件。一是清晰、连贯的标准，体育游戏观察量规中的标准必须清晰明确，能够准确反映幼儿在体育游戏中的关键表现。同时，这些标准需要具有连贯性，即不同标准之间能够相互关联，共

同构成一个完整的评估体系。二是依据标准设定的各层级表现描述，在每个标准下，观察量规需要为不同层级的表现设定具体的描述。这些描述应该具有足够的区分度，能够准确反映幼儿在不同层级上的表现差异。同时，描述的语言应该简洁明了，易于理解。

本研究中的观察量规可分为解析型量规和整体型量规两种。解析型量规将幼儿在游戏中的表现拆分为多个具体的指标，并为每个指标制定了独立的评估标准。通过对各个指标的单独评估，教师能够全面了解幼儿在各个方面的发展情况。整体型量规则更注重幼儿在游戏中的整体表现。它并不将表现拆分为具体的指标，而是从整体的角度出发，评估幼儿在体育游戏中的综合表现。整体型量规更适用于对幼儿进行全面、综合的评估。

体育游戏观察量规在使用中具有描述性的特点，而非评估性。这意味着观察量规并不直接给出幼儿在游戏中的表现得分或等级，而是通过对幼儿表现的描述，帮助教师形成对幼儿表现的全面认识。教师需要根据观察量规中的描述，将幼儿在游戏中的表现与描述进行匹配，从而形成对幼儿表现的总结性评价。教师可以使用观察量规来观察和记录幼儿在体育游戏中的表现，了解幼儿在各个方面的发展情况，为教师的指导提供支持。

（二）体育游戏观察量规的设计与开发

研究小组结合《指南》等一系列文件和幼儿在体育游戏中的具体行为表现，制定体育游戏观察量规，包括基本动作能力、脑智发展水平和社会情感能力三个方面的内容。以脑智发展水平指标为例，它包括记忆、专注、反应、协调和创新等五个类别的具体指标。

以"记忆"为例，其包含空间记忆、言语记忆、数字记忆等三个核心能力；核心能力又包含物体属性、物体顺序、物体位置、位置变化等45个指标，并结合《指南》中各领域的幼儿发展目标，对每一个指标进行基于幼儿行为表现的层级划分和描述。

例如，"物体属性"主要指幼儿能否记住物体的相关具体特征及其数量，可以将幼儿在"物体属性"观察指标方面的发展水平划分为三个层次：

水平1：能记住1个物体特征（如颜色、大小等）。

水平2：能记住2个到3个物体特征（如颜色、大小等）。

水平3：能区别物体之间细微的差异，能记住4个及以上物体特征（如颜色、大小等）。

在实践过程中我们发现，有些幼儿的表现不在三个水平之中，观察量表也不便于对其进行细致描述。为了更加精确地记录幼儿在足球游戏活动中的行为情况，以便于持续观察和科学分析，可对量规进行改进，例如：增加"水平4"栏，可根据现场情况及时补充描述幼儿的能力水平；增加"量化"栏，可补充量化数据，如重复行为的次数等。详见表3-4至表3-6。

表3-4 体育游戏中幼儿动作发展观察量规

一级指标	二级指标	观察要点	水平1	水平2	水平3	量化
位移动作	跑	动作运用是否合理，发力与控制是否正确，动作能否连贯流畅地持续进行。	1.能进行绕障碍跑、折返跑、四散跑等多种形式的跑。2.动作不标准，没有意识做跑的姿势。	1.能进行绕障碍跑、折返跑、四散跑等多种形式的跑。2.有意识地运用跑步姿势，但动作不标准。	1.能进行绕障碍跑、折返跑、四散跑等多种形式的跑。2.准备时，躯干正直稍前倾，眼看前方。3.跑动时，手臂反向摆动两臂屈肘于两侧，两手半握拳，拳眼向上；双脚使劲蹬地向前跑，前脚掌、脚跟次序着地，从脚跟过渡到脚趾发力。	

续表

一级指标	二级指标	观察要点	水平1	水平2	水平3	量化
	跳	动作运用是否合理，发力与控制是否正确，动作能否连贯流畅地持续进行。	1.能进行立定跳远、助跑跨跳、纵跳、连续跳、单脚跳等多种形式的跳。 2.动作不标准，没有意识做跳的姿势。	1.能进行立定跳远、助跑跨跳、纵跳、连续跳、单脚跳等多种形式的跳。 2.有意识地运用跳的姿势，但动作不标准。	1.能进行立定跳远、助跑跨跳、纵跳、连续跳、单脚跳等多种形式的跳。 2.起跳时，手臂向前摆并完全超过头，脚跟先离地，身体明显前倾。 3.前脚掌着地，手臂相向运动。双手自然摆动，保持身体平衡，动作节奏稳定。	
位移动作	爬		1.能进行手膝正向爬、手脚正向爬、匍匐爬等多种形式的爬。 2.爬行时会摔倒。	1.能进行手膝正向爬、手脚正向爬、匍匐爬等多种形式的爬。 2.爬行时四肢不协调。	1.能进行手膝正向爬、手脚正向爬、匍匐爬等多种形式的爬。 2.掌握不同形式爬的动作，爬行时四肢协调。	

续表

一级指标	二级指标	观察要点	水平1	水平2	水平3	量化
位移动作	投掷	动作运用是否合理，发力与控制是否正确，动作能否连贯流畅地持续进行。	1. 能单手将沙包向前投掷2米左右。 2. 动作不规范。	1. 能单手将沙包向前投掷3—4米。 2. 基本能运用手臂向下后方挥，分层次、从下至上的身体扭转的方法。	1. 能单手将沙包向前投掷5米左右。 2. 手臂向下后方挥，分层次、从下至上地扭转身体，动作协调。	
操作性动作	抛接	动作运用是否合理、多样，发力与控制是否正确，动作能否保持较高的稳定与连续性。	1. 能用双手连续自抛自接球。 2. 自接球的成功率较低。	1. 能用双手连续自抛自接球。 2. 知道根据来球方向和力度调整手臂和身体，动作不协调。	1. 能用双手连续自抛自接球。 2. 手臂和身体根据来球方向和力度调整，反应灵敏。	

续表

一级指标	二级指标	观察要点	水平1	水平2	水平3	量化
操作性动作	踢	动作运用是否合理、多样，发力与控制是否正确，动作能否保持较高的稳定与连续性。	喜欢踢球。不能进行射门、足球盘带、行进间停球、行进间互传球等。	喜欢踢球。射门、足球盘带、行进间停球、行进间互传球等技能不熟练。	1. 喜欢踢球。能进行射门、足球盘带、行进间停球、行进间互传球等。 2. 踢球时，身体快速接近球，躯干后倾。踢球前跨大步，踢球后表现出单脚跳。	
	拍球		1. 能进行原地拍球。 2. 拍球时，上体前倾，五指自然分开，用手指触球，掌心空出。	1. 能进行原地拍球和双手交替拍球。 2. 拍球时，上体前倾，五指自然分开，用手指触球，掌心空出。	1. 能进行原地拍球和行进运球。 2. 拍球时，上体前倾，五指自然分开，用手指触球，掌心空出。两脚前后或左右站立，两膝微屈。以肘关节为轴，小臂下伸，手腕下压，将球拍向地面。	

续表

一级指标	二级指标	观察要点	水平1	水平2	水平3	量化
操作性动作	拍球	动作运用是否合理、多样，发力与控制是否正确，动作能否保持较高的稳定与连续性。	两脚前后或左右站立，两膝微屈。以肘关节为轴，小臂下伸，手腕下压，将球拍向地面。	两脚前后或左右站立，两膝微屈。以肘关节为轴，小臂下伸，手腕下压，将球拍向地面。	3.向前运球时，上体稍前倾，按拍球的后上方，后脚蹬地，使球前进，球的落点在同侧脚的前侧方。	
	平衡		1.喜欢爬攀登架（网），能以手脚并用的方式安全地爬攀登架（网）等。 2.喜欢在斜坡、荡桥、田埂上走，不能在斜坡、荡桥和有一定间隔的物体上较平稳地行走。	1.喜欢爬攀登架（网），能以手脚并用的方式安全地爬攀登架（网）等。 2.喜欢在斜坡、荡桥、田埂上走，能从斜坡、荡桥和有一定间隔的物体上穿过。	1.喜欢爬攀登架（网），能以手脚并用的方式安全地爬攀登架（网）等。 2.喜欢在斜坡、荡桥、田埂上走，能在斜坡、荡桥和有一定间隔的物体上较平稳地行走。	

续表

一级指标	二级指标	观察要点	水平1	水平2	水平3	量化
非位移动作	平衡	能否在复杂或对抗的条件下，合理运用动作，有较稳定、持续的表现，呈现出一定水平的身体素质。	3. 敢于在悬架上悬垂和悬垂前进。	3. 能够稳定地悬垂一定时间或进行短距离的换杠前进。	3. 能在悬架上进行较长距离的前进。	
	躲闪		1. 能与他人玩追逐跑、躲闪跑的游戏。四散跑时有躲避他人碰撞的意识。	1. 能与他人玩追逐跑、躲闪跑的游戏。四散跑时能躲避他人的碰撞。2. 知道躲避飞来之物，看见他人滚过来的球或扔过来的沙包知道躲避，但会失败。	1. 能与他人玩追逐跑、躲闪跑的游戏。四散跑时能躲避他人的碰撞。2. 会躲避飞来之物，能躲避他人滚过来的球或扔过来的沙包。	

表 3-5　体育游戏中幼儿脑智发展观察量规

一级指标	二级指标	三级指标	观察要点	水平 1	水平 2	水平 3	量化
记忆	空间记忆	物体属性	能否记住物体特征（如颜色、大小等）。	能记住 1 个物体特征（如颜色、大小等）。	能记住 2 个到 3 个物体特征（如颜色、大小等）。	能区别物体之间细微的差异，能记住 4 个及以上物体特征（如颜色、大小等）。	
		物体顺序	能否记住大物体的先后顺序。	能记住 2 个大物体的先后顺序。	能记住 2 个到 3 个大物体的先后顺序。	能记住 4 个及以上大物体的先后顺序。	
		物体位置	能否记住物体的位置。	能记住 1 个物体的位置。	能记住 2 个到 3 个物体的位置。	能记住 4 个及以上的位置。	
		位置变化	能否记住物体的位置变化。	初步记住物体的位置变化。	能记住 2 个物体的位置变化。	能记住 3 个及以上物体的位置变化。	
		路径规划	能否根据任务规划线路。	能规划 2 个大型目标之间的路线。	能规划 3 个目标之间的路线。	能规划 4 个及以上目标之间的路线。	

续表

一级指标	二级指标	三级指标	观察要点	水平1	水平2	水平3	量化
记忆	空间记忆	视觉追踪	能否根据情节变化追踪物体的位置变化。	能追踪1个物体的位置变化。	能追踪2个物体的位置变化。	能追踪3个及以上物体的位置变化。	
	言语记忆	指令记忆	能否记住指令。	能记住1句单一任务的指令。	能记住1句到2句复合任务的指令。	能记住3句及以上复合任务的指令。	
		任务顺序	能否记住任务顺序。	能记住1个任务顺序。	能记住2个任务顺序。	能记住3个及以上的任务顺序。	
		指令理解	能否理解指令。	能理解单一简单指令。	能理解2句复合指令。	能理解3句及以上复合的指令。	
	数字记忆	物体数量	能否记住物体数量。	记住1个物体。	能记住2个到3个物体。	能记住4个及以上物体。	
		物体—数字关系	能否理解物体及数字的对应关系。	能记住1种物体对应的数量。	能记住2种到3种物体对应的数量。	能记住4种及以上物体对应的数量。	

续表

一级指标	二级指标	三级指标	观察要点	水平1	水平2	水平3	量化
专注	视觉专注	目标追踪	能否根据任务追踪目标。	能在1—2个干扰、遮蔽中追踪当前任务相关的目标（物体或人物）。	能在众多干扰、遮蔽中准确追踪至少1个当前任务相关的目标（物体或人物）。	能在众多干扰、遮蔽中准确追踪至少2个及以上当前任务相关的目标（物体或人物）。	
		目标搜索	能否在同类型物体中检索出特定目标。	能从同类型物体中快速检索出1个特定目标。	能从同类型物体中快速检索出2个特定目标。	能从同类型物体中快速检索出3个及以上特定目标。	
		地图理解	能否将实景与地图标志进行对应。	能将地图中的部分标志地与真实环境中的实物相对应。	能够区分地图中的1—2个方向，或能够将地图中的典型标志与真实环境中的实物部分对应。	能够区分地图中的所有方向，或能够将地图中的典型标志与真实环境中的实物完全对应。	

续表

一级指标	二级指标	三级指标	观察要点	水平1	水平2	水平3	量化
专注	听觉专注	理解指令	能否理解指令,记住相关要求。	能听懂1句中等语速发布的指令,或在重复强调下能够听懂2—3句的连续指令。	能听懂中等语速发布的2—3句连续指令,或偶尔需要重复。	能听懂中等语速发布的4句及以上连续指令,无须重复。	
		避免分心	能否抗拒干扰,保持倾听。	在教师的不断提示下,能在讲解或发布指令时,保持注意。	在教师讲解或发布指令,或在其他小朋友发言时基本保持倾听,视线基本集中在发言者身上。	在教师讲解或发布指令,或在其他小朋友发言时保持倾听,视线始终集中在发言者身上。	
		信息辨别	能否对信息进行辨别,提取出有效信息。	能提取关键信息点。	能准确辨别信息的有效性。	能在跳跃或不连续的信息中,梳理出有效信息链。	

续表

一级指标	二级指标	三级指标	观察要点	水平1	水平2	水平3	量化
专注	视听整合	视听一致	视线能否根据他人描述，追随情节变化，保持一致。	能断续的将自己的视线聚焦到目标物体或人物身上，会出现跳跃性或错失目标的情况。	能持续将自己的视线跟随情节变化聚焦到目标物体或人物身上，但会错失部分目标。	能根据教师描述的任务情节变化始终将视线追随目标物体或人物。	
		视听抑制	能否排除干扰，选取和处理关键信息。	在面对复杂视觉和听觉信息时，在提示下才能选取和处理关键信息。	在面对复杂视觉和听觉信息时能选取和处理部分关键信息。	在面对复杂视觉和听觉信息时能高效选取和处理关键信息。	
反应	即兴判断	属性判断	能否判断物体属性。	能判断目标大小、颜色、形状等1—2个特征。	能根据任务要求对当前目标进行判断，偶尔在目标大小、颜色、形状等特征上出现部分错误。	能根据任务要求对当前目标进行准确判断。	

续表

一级指标	二级指标	三级指标	观察要点	水平1	水平2	水平3	量化
反应	即兴判断	空间判断	能否对空间位置进行判断。	能判断1—2个目标的数量、位置、线路及范围，可能对线路和范围出现偏差。	能判断3—5个目标的数量、位置、线路及范围，可能对范围判断出现偏差。	能精准判断目标的数量、位置、线路及范围。	
		时间判断	能否对时间长短进行判断。	能理解3次（秒）倒计时等计时工具，缺乏紧迫感。	在有时长限制的任务中能够理解倒计时等计时工具，但无法有效安排时间。	在有时长限制的任务中能够理解倒计时等计时工具，能够有效安排时间并完成任务。	
		起止判断	能否对任务起止点进行判断。	对有清晰标志的开始和结束有一定的概念，存在抢先或迟滞等行为。	能够理解任务的开始和结束，在教师的要求下能够克制抢先等冲动行为。	能够理解任务的开始和结束，无抢先或迟滞等行为。	

续表

一级指标	二级指标	三级指标	观察要点	水平1	水平2	水平3	量化
反应	快速决策	路线决策	能否对完成任务的路线进行选择和调整。	对差异明显的任务路线有一定的描述。	能够大致用语言描述自己选择的路线，但在任务完成过程中仍然会出现往返、反复等寻路行为。	能够用语言描述自己选择的路线，在任务完成过程中动态调整至最优路线方案并迅速完成任务。	
		人员决策	能否依据任务选择同伴。	在教师指导或同伴帮助下才能找到合作的同伴，无法自行选择合作的同伴。	能依据任务目标在引导下选择合作同伴并完成合作。	能依据任务目标自行快速选择合作同伴并完成合作。	
		方案决策	能否根据任务制定方案并适时调整。	能跟同伴协商，决定行动方案。	能依据任务目标在提醒下确定最优方案并顺利执行。	能快速依据任务目标确定最优方案并顺利执行。	

续表

一级指标	二级指标	三级指标	观察要点	水平1	水平2	水平3	量化
协调	手眼协调	摆放能力	物体摆放的准确性。	知道目标位置，但无法摆正。	能将物体摆放至目标位置。	能准确地将物体摆放至目标位置。	
		抛接能力	抛接物体的连贯性与准确性。	无法抛或接住一定重量的物体。	无法在固定位置抛或接住一定重量的物体。	能在固定位置抛或接住一定重量的物体。	
协调	左右协调	左右配合	在对称的运动中，能否保持左右侧手脚动作的准确性和稳定性，在持续中等强度的干扰下能否保持身体重心的稳定。	在左右对称动作中，表现出有一定的准确性但稳定性稍差。	在左右对称动作中，表现出一定的准确性与稳定性但持续时间不长。	在左右对称动作中，表现出一定的准确性与稳定性并能持续较长时间。	
		左右交替		在简单的左右交替动作中，表现出左右手和左右脚的动作对称、协调。	在复杂的左右交替动作中，表现出左右手和左右脚的动作对称、协调。	在连续复杂的左右交替动作中，表现出左右手和左右脚的动作对称、协调。	

续表

一级指标	二级指标	三级指标	观察要点	水平1	水平2	水平3	量化
反应	灵活调整	规则理解	能否理解规则。	能记住规则中的重要信息。	能完整记住规则中的信息,并在行动中有所体现。	能完整记住多重复杂规则,并在行动中准确执行。	
		突发处置	能否利用多种方式对突发事件进行有效处理。	面对任务过程中的突发情况,发出求助信号。	面对任务过程中的突发情形,能够主动寻求帮助,但无法自行通过协商合作等方式解决。	面对任务过程中的突发情形,能够主动寻求帮助,或自行通过协商合作等方式解决。	
协调	手眼协调	投准能力	投掷动作的准确性。	能投中距离1米直径0.5米以内的物体(投掷物重量不低于250克)。	能准确投中距离1米直径0.3米以内的物体(投掷物重量不低于250克)。	能准确投中1—2米以内直径0.3米以内的物体(投掷物重量不低于250克)。	

续表

一级指标	二级指标	三级指标	观察要点	水平1	水平2	水平3	量化
协调	左右协调	平衡能力	能否在攀爬、跑跳、抛接、翻滚、运球等运动中，表现出上下肢在腰腹的衔接下动作的准确、稳定、连贯。	在一定干扰下能保持身体重心的稳定。	在中等强度的干扰下能保持身体重心的稳定。	在持续中等强度的干扰下能保持身体重心的稳定。	
	手脚协调	攀爬能力		能向上爬过障碍或攀爬至一定高度，能手脚协调地匍匐前进3米以上。	能快速向上爬过障碍或攀爬至一定高度，能手脚协调地匍匐前进6米以上。	能手脚协调地快速向上爬过障碍或攀爬至一定高度，能手脚协调地匍匐前进10米以上。	
		运球能力		能将球不间断运送2米以上。	能将球不间断运送5米以上。	能将球不间断运送10米以上。	
		跑跳能力		能不间断跑跳过2个一定高度和宽度的障碍物。	能不间断跑跳过3—4个一定高度和宽度的障碍物。	能不间断跑跳过5个及以上一定高度和宽度的障碍物。	
		抛接能力		能定点准确抛接一定重量和数量的物体。	能在移动中抛接一定重量和数量的物体。	能在移动中准确抛接一定重量和数量的物体。	

续表

一级指标	二级指标	三级指标	观察要点	水平1	水平2	水平3	量化
协调	手脚协调	翻滚能力	能否在攀爬、跑跳、抛接、翻滚、运球等运动中，表现出上下肢在腰腹的衔接下动作的准确、稳定、连贯。	不会前滚翻或侧滚翻动作。	能使用保护动作完成任务。	能采用前滚翻或侧滚翻等保护动作完成任务。	
创新	想象能力	空间想象	在游戏创新过程中，能否想象游戏故事情境和所需角色，同时根据想象的故事情境和角色确定具体信息。	有一定的角色意识，但无法想象或创设游戏故事情境，无法描述数字、空间、场景、角色、故事情节等具体信息。	有明确的角色意识，可以想象或创设大概的游戏故事情境，但无法描述数字、空间、场景、角色、故事情节等具体信息。	有明确的角色意识，可以想象或创设大概的游戏故事情境，能够描述数字、空间、场景、角色、故事情节等具体信息。	
		故事想象					

一级指标	二级指标	三级指标	观察要点	水平1	水平2	水平3	量化
创新	计划能力	执行计划	能否设计游戏方案并根据活动需要调整、优化方案。	能按照教师的要求或指导逐步执行，但无法根据自己或同伴的想法制定游戏规则及其所需要的场地、器材、角色等信息。	能够根据自己或同伴的想法制定游戏规则及其所需要的场地、器材、角色等信息，但不能完全实施，或碰到变化时无法调整。	能够根据自己或同伴的想法制定游戏规则及其所需要的场地、器材、角色等信息，能够按照计划来完成游戏，并在碰到变化时及时调整和优化以适应新的情形。	
		优化调整					
		创意规划					

表 3–6 体育游戏中幼儿社会情感发展观察量规

一级指标	二级指标	三级指标	观察要点	水平1	水平2	水平3	量化
社会情感	自我意识	自信	能否在活动中展现对自身能力的信任。	不相信自己能从事活动。	能在成人的帮助下从事活动并肯定自己。	能独立从事活动并展现自信。	
		自我效能感	能否在任务中主动承担责任并坚持解决问题。	能在成人的引导下承担任务，并在帮助下完成。	主动承担任务，遇到困难能寻求帮助并坚持完成。	主动承担任务，遇到困难能够坚持而不轻易求助。	

续表

一级指标	二级指标	三级指标	观察要点	水平1	水平2	水平3	量化
社会情感	自我意识	鉴别情绪	能否识别自身情绪状态并采取调节策略。	知道自己在同一事件中产生多种情绪的原因，不会调节自己的情绪。	知道自己在同一事件中产生多种情绪的原因，能在成人的引导下调节自己的情绪。	知道自己在同一事件中产生多种情绪的原因，运用多种策略调节自己的情绪。	
	自我管理	冲动控制	能否在活动规则或情境变化时调整自身行为。	不能适应与接受活动上的改变。	能在外界的引导下适应和接受活动上的改变。	能适应与接受活动上的改变。	
		自我激励	能否主动发起活动并保持参与积极性。	不能开展活动。	能在成人的激励下开展活动，肯定自己。	主动寻求并开展活动，有自豪感。	
		目标设定	能否围绕任务目标持续专注地完成。	不能持续专注地做一件事情（20—30分钟）。	遇到问题能在成人的引导下持续专注地做一件事情（20—30分钟）。	即使遇到问题也能持续专注地做一件事情（20—30分钟）。	
	社会意识	观点采纳	能否在活动中主动考虑并采纳同伴意见。	活动时不愿意接受同伴的意见和建议。	活动时能尝试接受同伴的意见和建议。	活动时愿意接受同伴的意见和建议。	

续表

一级指标	二级指标	三级指标	观察要点	水平1	水平2	水平3	量化
社会情感	社会意识	共情	能否识别他人情绪并做出回应。	不理解生活环境中他人情绪产生。	理解但不接受生活环境中他人情绪产生。	理解生活环境中他人情绪产生的原因。	
		欣赏差异	能否尊重并接纳同伴的不同习惯或特点。	不能接纳、尊重与自己生活方式或习惯不同的人。	能初步接纳自己生活方式或习惯不同的人。	接纳、尊重与自己生活方式或习惯不同的人。	
	社会意识	尊重他人	能否在交往中关注、理解他人的合理需要。	能与人交往，不能关注别人情绪和需要。	能有礼貌地与人交往，在提醒下关注别人的情绪和需要。	能有礼貌地与人交往，能关注别人的情绪和需要，并能给予力所能及的帮助。	
	人际关系技能	沟通	能否在活动中主动采纳同伴意见并自主解决冲突。	活动时不能接受同伴的意见和建议。	活动时愿意接受同伴的意见和建议，与同伴发生冲突时在成人的协商下解决。	活动时愿意接受同伴的意见和建议，与同伴发生冲突时能自己协商解决。	

一级指标	二级指标	三级指标	观察要点	水平1	水平2	水平3	量化
社会情感	人际关系技能	团队合作	能否与同伴分工合作并共同应对挑战。	活动时不能与同伴分工。	活动时能与同伴分工合作，遇到困难时无法克服。	活动时能与同伴分工合作，遇到困难能一起克服。	
		人际关系建立与维持	能否礼貌交往并注意关注他人需求。	能有礼貌地与人交往。	能有礼貌地与人交往，注意到别人的情绪。	能有礼貌地与人交往，能注意到别人的情绪，并有关心、体贴的表现。	

（三）体育游戏观察量规的价值与意义

苏珊·布鲁克哈特在《如何编制和使用量规》中的洞见，为我们揭示了量规在教育领域中的作用。她指出，量规不仅是教学过程中的辅助工具，更是促进师生互动、反思与发展的桥梁。在体育游戏这一特定领域内，观察量规的引入与运用，更是赋予了其独特的价值与深远的意义。

1. 深化细致观察，提升教学精准度

体育游戏观察量规作为一个长期、周期性的观察工具，为教师提供了系统、全面的观察框架。它鼓励教师在每一次体育游戏中，根据游戏特点和幼儿发展水平，灵活选取适宜的指标内容进行观察记录。这种有针对性的观察方式，不仅减轻了教师的负担，还提高了观察记录的准确性和科学性。通过细致入微的观察，教师能够更准确地把握幼儿在体育游戏中的表现，为后续的教学调整和优化提供有力支持。

2. 优化游戏内容，促进全面发展

本研究中的体育游戏观察量规，聚焦幼儿动作发展、脑智发展和社会情感三大核心领域，为教师提供了一个全面评估幼儿发展的视角。借助量规，教师可以清晰地看到幼儿在各指标上的发展水平，进而制定出更加精准、有效的指导策略。同时，量规还促进了教师之间的协作与交流，通过共享观察结果和反思教学经验，不断优化体育游戏的内容和形式，以更好地满足幼儿全面发展的需求。

3. 强化数据支持，促进科学决策

体育游戏观察量规的重复使用性和量化分析功能，为教师提供了宝贵的数据支持。通过对幼儿在体育游戏中的表现进行量化描述和分析，教师可以更加客观地评估教学质量和幼儿发展状况。这些数据不仅为教师的教学反思提供了有力依据，还为学校的管理决策提供了科学参考。基于量规的观察结果，学校可以更加精准地制定教育政策和发展规划，推动幼儿教育事业的持续健康发展。

4. 避免主观偏见，提升评价公正性

传统评价方式往往存在主观性强、随意性大的问题，而体育游戏观察量规则通过明确、具体的评价标准和量化指标，有效避免了这些问题。教师在评价幼儿表现时，只需对照量规中的描述和水平层次进行客观记录和分析，即可得出相对公正、准确的评价结果。这种评价方式不仅提升了评价的公正性和可信度，还增强了家长和社会对幼儿教育质量的认可度和满意度。

5. 拓展应用领域，促进多元发展

体育游戏观察量规不仅适用于体育游戏领域，还可以广泛应用于其他类型的幼儿活动中。教师可以举一反三，将量规工具应用于其他领域的观察评估中，以全面了解幼儿在不同方面的发展水平。同时，根据幼儿的多元发展需求，教师可以灵活调整量规的内容和标准，为幼儿提供更加个性

化、针对性的指导和支持。这种灵活多样的应用方式，不仅丰富了幼儿教育的内涵和外延，还促进了幼儿全面、协调、可持续的发展。

二、促进幼儿脑智发展的体育游戏观察量规工具的应用

在促进幼儿脑智发展的体育游戏活动中，观察量规的应用为我们提供了系统评估幼儿动作发展、脑智发展和社会情感发展情况及体育游戏活动效果的有效工具。通过持续观察、追踪观察和对比分析，我们能够获得更加科学的依据，为幼儿的全面发展提供有针对性的支持。

（一）具体活动中观察量规的调整与运用

课例 3-1 大班体育游戏："老鼠运大米"

课时一："老鼠运大米——机智运粮"

一、活动目标

1. 了解"老鼠运大米"的游戏规则，并能依据游戏指令快速决策，将大米运回。
2. 能根据游戏信号迅速做出反应进行折返跑，并在折返跑中完成任务。
3. 勇于尝试，大胆挑战，体验认真倾听、快速判断后获得成功的喜悦。

二、重难点

活动重点：在"老鼠运大米"的游戏中，能依据游戏指令快速决策，将大米运回。

活动难点：能根据游戏信号迅速做出反应进行折返跑，并在折返跑中完成任务。

三、游戏玩法

幼儿分为红、黄、蓝、绿 4 组，每组 4 个幼儿。幼儿根据教师的口令出发运粮。

游戏 1：按数字口令分批次出发。如"1 号出发"，则红色 1 号、黄色 1 号、蓝色 1 号、绿色 1 号小老鼠都要出发，跑到粮仓，拿到大米后折返跑，快

速运回。

游戏2：按颜色口令小组集体反应并同时出发。如"红色出发"，则所有红队小老鼠出发跑到粮仓，拿到大米后折返跑，快速运回。

游戏3：按大米颜色口令，每组小老鼠依次出发，教师随机改变取大米的颜色，幼儿快速反应、决策。如"红色大米"，每次第一个幼儿快速跑到粮仓，找到红色大米后折返跑，快速运回。

以"老鼠运大米"这一体育游戏为例，根据活动目标，重点关注游戏中幼儿折返跑技能的掌握与运用、专注力、记忆力等情况，如能否准确记住教师的言语口令，快速反应灵活折返完成任务。社交情感方面，观察幼儿在游戏中的互动情况，如合作、分享、竞争等，以及他们的情绪表达和调节能力。本次活动观察量规的设置从动作发展、脑智发展、社会情感三个指标中对照选择与本活动发展目标相关的指标内容，细化形成大班体育游戏"老鼠运大米"活动观察量规，如表3-7所示。

表3-7 "老鼠运大米"体育游戏观察量规

观察指标		水平1	水平2	水平3	量化
动作发展	折返跑	不能掌握折返跑动作要领。	在成人提醒下，调整折返跑动作。	游戏全程折返跑动作准确，能够掌握动作要领。	
		准备时不专注，准备动作不正确。	准备时能够认真准备，身体正直前倾，在提醒下目视目标处。	准备时专注认真，躯干正直稍前倾，眼看前方。	

续表

观察指标		水平 1	水平 2	水平 3	量化
动作发展	折返跑	跑动时四肢不协调，成人示范指导无效。	跑动时动作不正确，在指导下能够调整姿势。	跑动时，手臂反向摆动两臂屈肘于两侧，两手半握拳，拳眼向上；双脚使劲蹬地向前跑，前脚掌、脚跟次序着地，从脚跟过渡到脚趾发力。	
脑智发展	反应（路线决策）	对差异明显的任务路线有一定的描述。	能够大致用语言描述自己选择的路线，但在任务过程中仍然会出现往返、反复等寻路行为。	能够用语言描述自己选择的路线，在任务过程中动态调整至最优路线方案并迅速完成任务。	
	反应（人员决策）	在教师指导或同伴帮助下才能找到合作的同伴，无法自行选择合作的同伴。	能依据任务目标在引导下选择合作同伴并完成合作。	能依据任务目标自行快速选择合作同伴并完成合作。	
	反应（方案决策）	能跟同伴协商，决定行动方案。	能依据任务目标，在提醒下确定最优方案并顺利执行。	能依据任务目标，快速确定最优方案并顺利执行。	

续表

观察指标		水平1	水平2	水平3	量化
脑智发展	专注（视觉专注）	能从同类型物体中快速检索出1个特定目标。	能从同类型物体中快速检索出2个特定目标。	能从同类型物体中快速检索出3个及以上特定目标。	
	记忆（言语记忆）	能记住1句单一任务的指令。	能记住1句到2句复合任务的指令。	能记住3句及以上复合任务的指令。	
	记忆（言语记忆）	能记住1个任务顺序。	能记住2个任务顺序。	能记住3个及以上的任务顺序。	
社会情感	冲动控制	不能适应与接受活动上的改变。	能在外界的引导下适应和接受活动上的改变。	能适应与接受活动上的改变。	

通过应用观察量规，我们能够及时发现幼儿在游戏中行为表现，进而调整和优化活动方案。例如，在"老鼠运大米"的第一课时中，利用观察量规对幼儿的表现进行了详细记录，观察到部分幼儿在折返跑时速度较慢或动作不协调，部分幼儿的小组合作方法和态度有待改进等。在第二课时中，我们根据第一课时的观察结果，对活动方案进行了调整。比如，针对部分幼儿折返跑技能不足的问题，增加了相关技能的练习环节；针对部分幼儿在游戏中缺乏合作的问题，我们设计了更多需要团队合作的游戏环节。

课时二："老鼠运大米——鼠鼠之争"

一、活动目标

1. 在活动中，能根据口令快速折返跑完成游戏。

2. 通过适应游戏规则的变化以及在教师问题引导下去尝试练习，逐步提高决策和应变的能力。

3. 在竞赛游戏中体验合作完成任务的乐趣。

二、活动重难点

活动重点：能仔细并听清楚游戏规则，快速做出反应。

活动难点：利用折返跑的技能在游戏中顺利完成任务。

三、游戏玩法

游戏1：幼儿听口令，折返跑运回与自己同色的1粒大米。

游戏2：幼儿听口令，折返跑运回与自己同色的多粒大米。

游戏3：按颜色分小组合作运多种颜色大米。

游戏4：幼儿互相争夺大米、保卫大米。

第二课时，幼儿的游戏兴趣持续高涨。根据基于量规的课堂观察，汇总分析发现，在动作发展方面，幼儿能够有意识地运用折返跑的技能，在游戏中巩固折返跑动作技能，并且获得提升，比如折返动作更协调，折返速度更敏捷，跑动中能够灵活避让同伴和障碍。在脑智发展方面，幼儿的记忆力和专注力获得较大提升，大多数幼儿能快速检索出3个及以上目标并记住3个及以上的任务顺序，顺利完成争夺大米的游戏。在社会情感方面，小组合作的游戏让幼儿感受到小组合作的重要，能够相互协商分工、轮流发言等。在游戏的不断进阶和师幼迭代性对话中，幼儿情绪积极，自信、主动，能够正面对待失败，同伴间相互鼓励，提高了解决问题的能力。为满足幼儿能力可持续发展的需要，设计第三课时，在同一情境下融入坏大米和猫的元素，在增加的干扰变量的基础上发展幼儿快速反应、决策和合作等能力。

课时三："老鼠运大米——机智小鼠"

一、活动目标

1. 能够听口令、看信号做出快速反应完成游戏。

2. 通过适应游戏规则的变化以及接受教师的问题引导，逐步提高决策、应变及分工合作的能力。

3. 增强跑动中的自我保护意识，勇敢、大胆、积极地参与活动，体会游戏的快乐。

二、活动重难点

活动重点：幼儿在游戏过程中能注意力集中听口令、看信号并快速反应完成游戏。

活动难点：在游戏规则的变化以及教师问题引导下，逐步提高决策、应变及分工合作的能力。

三、游戏玩法

游戏1：小老鼠接力各运回1粒大米，发现大米的异常，发现发现有的大米已经有黑斑了、坏掉了。那小老鼠运粮时要仔细看好并运回好的大米。坏大米贯穿游戏2、游戏3、游戏4。

游戏2：小老鼠运大米，注意躲避黑猫。小老鼠在运大米过程中，根据不同的提示音做出不同的反应。听到猫叫声时蹲下慢走，听到脚步声时站起来继续跑。

游戏3：小老鼠看完任务单后讨论合作运大米，并根据不同的提示音做出不同的反应。

游戏4：小老鼠看到任务单后讨论运大米的方案，选择合适的路线，在运粮过程中能躲避黑猫的"袭击"。

随着同一情境下系列活动的深度开发和实践，教师基于现场观察和量规分析，看见幼儿在不同课时中的参与情况和发展需要，及时地调整活动目标、情境、策略等，这一实践过程体现的是师幼的共同成长。

（二）观察量规的记录与分析

以一个幼儿观察量规的量化记录为例，在"量化"部分对该幼儿在"老鼠运大米"体育游戏中具体行为表现，进行水平判断和量化表述。

表 3-8 "老鼠运大米"体育游戏观察量规（个案）

观察指标		水平 1	水平 2	水平 3	量化
动作发展	折返跑	不能掌握折返跑动作要领。	在成人提醒下，调整折返跑动作。	游戏全程折返跑动作准确，能够掌握动作要领。	水平 3
		准备时不专注，准备动作不正确。	准备时能够认真准备，身体正直前倾，在提醒下目视目标处。	准备时专注认真，躯干正直稍前倾，眼看前方。	水平 3
		跑动时四肢不协调，成人示范指导无效。	跑动时动作不正确，在指导下能够调整姿势。	跑动时，手臂反向摆动两臂屈肘于两侧，两手半握拳，拳眼向上；双脚使劲蹬地向前跑，前脚掌、脚跟次序着地，从脚跟过渡到脚趾发力。	水平 3
脑智发展	反应（路线决策）	对差异明显的任务路线有一定的描述。	能够大致用语言描述自己选择的路线，但在任务过程中仍然会出现往返、反复等寻路行为。	能够用语言描述自己选择的路线，在任务过程中动态调整至最优路线方案并迅速完成任务。	水平 3，4 次最快
	反应（人员决策）	在教师指导或同伴帮助下才能找到合作的同伴，无法自行选择合作的同伴。	能依据任务目标在引导下选择合作同伴并完成合作。	能依据任务目标自行快速选择合作同伴并完成合作。	水平 1，独自行动

续表

观察指标		水平1	水平2	水平3	量化
脑智发展	反应（方案决策）	能跟同伴协商，决定行动方案。	能依据任务目标，在提醒下确定最优方案并顺利执行。	能快速依据任务目标，确定最优方案并顺利执行。	水平3，3次最优方案
	专注（视觉专注）	能从同类型物体中快速检索出1个特定目标。	能从同类型物体中快速检索出2个特定目标。	能从同类型物体中快速检索出3个及以上特定目标。	水平3，3次独自行动最快
	记忆（言语记忆）	能记住1句单一任务的指令。	能记住1句到2句复合任务的指令。	能记住3句以上复合任务的指令。	水平3，3次独自行动最快
		能记住1个任务顺序。	能记住2个任务顺序。	能记住3个及以上的任务顺序。	水平3，3次独自行动最快
社会情感	冲动控制	不能适应与接受活动上的改变。	能在外界的引导下适应和接受活动上的改变。	能适应与接受活动上的改变。	水平2，失败3次

续表

观察指标		水平 1	水平 2	水平 3	量化
社会情感	团队合作	活动时不能与同伴分工。	活动时能与同伴分工合作，遇到困难时无法克服。	活动时能与同伴分工合作，遇到困难能一起克服。	水平 1，失败 3 次
分析		幼儿 A，男生。在"老鼠运大米"游戏的 6 次任务中，最快完成 3 次任务。进入小组合作游戏环节，独自行动，不主动与同伴协商合作，自顾自看任务单并听信号出发，导致本组 3 次任务失败。幼儿在折返跑动作技能、脑智发展（专注、反应、记忆）方面发展处于水平 3，在社会情感方面处于水平 2 左右。课后，将通过引导、谈话、游戏等多种方式，不断发展幼儿的合作能力。			

在"老鼠运大米"体育游戏实践中，教师可直观地看出观察量规的作用。对于教师而言，能很清晰、直观地评价幼儿的发展，并在量规的帮助下，调整教学策略和目标，帮助幼儿提升某方面的能力，促进幼儿的全面发展。细化的观察量规，有助于给体育游戏对幼儿脑智发展影响的研究提供实践数据。

（三）观察量规的持续评价

借助观察量规，能运用追踪观察法持续性地观察一个或者一组幼儿，一段时间后对观察到的情况进行分析，评估幼儿的发展变化。通过持续的数据分析，教师可以评价反应类体育游戏活动对幼儿某方面脑智水平的干预情况，从而优化调整教育策略，对发展较弱的相关能力加强干预影响。例如，通过"老鼠运大米"前两个课时的多次游戏和持续观察，教师借助观察量规初步分析出了幼儿的动作发展、脑智发展和社会情感发展水平。以反应力为例，教师针对幼儿 A 进行描述性观察，发现这个幼儿在游戏中基本能快速进行路线决策和人员决策，有3次分心的情况，但是在教师的提醒下能快速地将视线收回。在一个完整的观察周期后，教师观察到幼儿在游戏中能够快速调整身姿进行折返跑，且速度更快，并对教师的指令积极回应，由此可以看出，幼儿的折返跑动作发展从水平2发展到了水平3，注意力水平在提高。通过对观察量规的整体分析，我们发现，大部分幼儿在动作技能和脑智发展方面都有了明显的提高，同时他们的社交情感能力也得到了锻炼。这证明了体育游戏在促进幼儿脑智发展方面具有积极的作用。未来，我们将继续利用观察量规来优化体育游戏活动，为幼儿的全面发展提供更有力的支持。

（四）观察量规的使用注意

在运用观察量规时，要注重过程性评价，避免主观判断。活动中观察幼儿某方面能力发展的积极变化，不能因一次活动中幼儿的表现盲目定义幼儿的脑智发展水平，要在一日活动的其他环节进行相关观察和指导，促进幼儿在一日生活中获得更加全面的教育指导。比如，某一个幼儿动作发展非常好，但是在规则意识和合作能力方面需要加强；或者某个幼儿专注度很高，但空间记忆和反应能力还有待提高等。于是，我们透过幼儿行为的表象可以了解幼儿的性格特点、班级活动参与度，结合家庭教养方式改变等相应的措施帮助幼儿提升水平，促进幼儿全面的发展。

教师在借助观察量规进行持续性观察记录和分析时，还可以借用视频回顾法对全体幼儿进行整体观测和评估，经过一个月或者两个月的观察和描述，形成总结性评估。

第四章

体育游戏促进幼儿脑智发展的成效分析

　　本章通过丰富的案例研究与个案分析，探讨体育游戏在促进幼儿脑智发展方面的成效。

　　活动案例涵盖记忆、专注、反应、协调等多种类型的游戏。如记忆类的"小羊送外卖"，幼儿在游戏中需牢记任务单内容并准确送达货物，锻炼了空间、言语和数字记忆能力，同时提升负重跑能力与培养社会情感；专注类的"海洋奇缘"，幼儿在寻宝等游戏中专注于目标搜索等任务，推动脑智发展，提升四散跑能力，助力社会情感培养；反应类的"猫鼠大战"，幼儿依据指令快速决策运粮，显著促进了反应能力的发展，提升折返跑能力，增强社会性情感；协调类的"勇敢的排爆兵"，幼儿在模拟排爆情境中探索抛准方法，促进脑智发展，提升抛接能力，增强社会情感体验。

　　个案研究则从个体角度入手深入剖析。记忆类个案中，幼儿在"小羊送外卖"等游戏中，记忆能力逐步提升，学会运用策略，同时在自理能力、合作沟通等方面也有所进步；专注类个案里，幼儿通过"海洋奇缘"等游戏，在教师和家长的共同引导下，视觉与听觉专注水平提高；反应类个案中，幼儿参与"猫鼠大战"等游戏，在教师指导和亲子互动下，反应速度加快，决策能力提升。

　　总体而言，本章通过丰富的案例和深入的分析，全面且系统地论证了体育游戏在促进幼儿脑智发展方面的显著成效，为幼儿教育实践提供了有力的理论支持和实践指导。

第一节
体育游戏促进幼儿
脑智发展的活动案例及其成效分析

一、记忆类

1. 活动"小羊送外卖"

大班体育游戏活动"小羊送外卖——初当外卖员"(第一课时)

表 4–1　运动类别

技能维度	达成情况
记忆类（空间记忆、言语记忆、数字记忆）	√√√
专注类（视觉专注、听觉专注、视听整合）	√√
反应类（即兴判断、快速决策、灵活调整）	√
协调类（手眼协调、左右协调、手脚协调）	
创新类（想象能力、计划能力、规则意识）	

表 4–2　教学设计

活动目标	1. 理解外卖员的工作内容，知道要当一个准时、准确、快速送达货物的外卖员。 2. 能根据拿到的任务单说出具体内容且记忆任务内容，在30—50米的负重跑中将包裹送到小动物的家中。 3. 坚持完成送货任务，体验通过努力完成任务的快乐。
活动重难点	活动重点：理解外卖员的工作内容，努力当一个准时、准确、快速送达货物的外卖员。 活动难点：能用自己的方式记住任务单的内容，记忆完整、准确、持久，负重跑中能调整身姿，动作协调灵活。

续表

活动准备	经验准备：在一日生活中有负重跑的经验、了解快递员工作的性质。 材料准备：小动物的家场景，打卡小表（每个地方投放若干，标注地点图），任务卡（任务卡上标注幼儿姓名、学号），地图，大小不同的包裹若干，分队服，姓名印章。 打卡记录 检验表 | 任务单	姓名 |||| |---|---|---|---|---| | | 1 | 2 | 3 | 4 | | 层次一任务单 | | | | | | 层次一任务单 | | | | | | 层次二任务单 | | | | | | 层次二任务单 | | | | | | 层次三任务单 | | | | | | 层次三任务单 | | | | |

续表

活动准备	场地准备：依据园所环境，教师灵活调整场地布局。 场地布局参考图（小猫家、小狗家、小兔家，三点之间各10米，○幼儿 △教师）

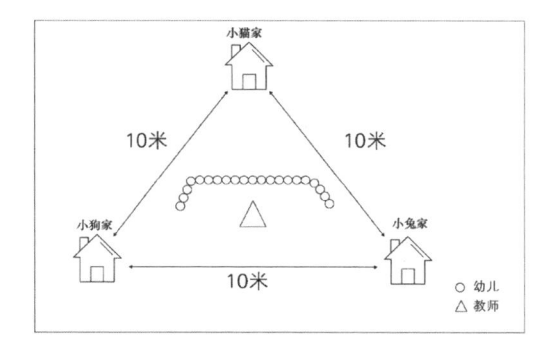

<table><tr><td colspan="2" align="center">活动过程</td></tr></table>

（一）情景导入，激发幼儿活动兴趣

师：小羊们，今天天气真好，我们到草地上跑一跑吧。

（引导幼儿边跑边观察小动物家的位置，与小动物们打招呼。）

师：今天我们都是小羊外卖员，要给小动物们送外卖，送外卖的时候一定要注意送对东西并且准时到达。你们能做到吗？

（二）通过三个层次的游戏，能准时、准确、快速地送达货物

游戏层次一：根据每队任务单送外卖。

师：我们分成三队，每队有自己的任务单，请白队、红队、黄队，分别读一读自己队的任务单，想一想怎么记住任务单的内容？

师：白队任务单怎么读？

师：红队任务单怎么读？

师：黄队任务单怎么读？

（引导幼儿认识任务单，读懂任务单。）

师：大家都读懂任务单了吗？我们要行动啦！外卖送到后，记得在小动物家盖章打卡，表示外卖安全送达，并把打卡表带回。

【幼儿根据任务单送外卖，游戏大约3分钟。】

师：外卖送得对吗？对照任务单，来看看你们带回来的打卡表。

（引导幼儿观察打卡表与任务单是否匹配，验证外卖送达的准确性。）

师：你是怎么记住任务的，用了什么方法？

小结：外卖员不仅要记住自己任务单上的任务，还需正确、快速地拿取外卖，准确地送到小动物的家。

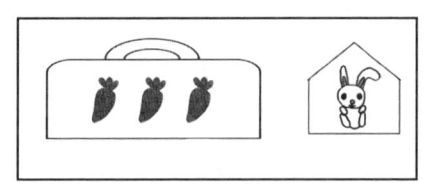

白队第一层次任务单：把3根胡萝卜送到小兔家

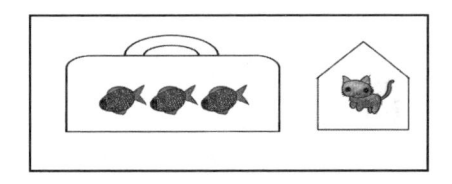

红队第一层次任务单：把3条鱼送到小猫家

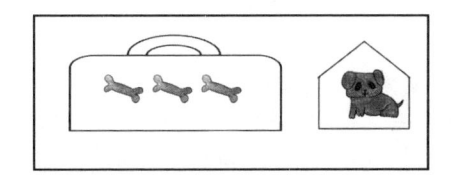

黄队第一层次任务单：把3根骨头送到小狗家

游戏层次二：增加任务单难度，让幼儿合理规划路线送外卖。

师：勤劳、准时、负责的小羊外卖让幼儿员们，现在我们迎来了新的挑战，你们看，任务单有什么不一样？是什么意思？

（引导幼儿观察任务单的内容，读懂任务单。）

师：现在要将外卖送到两个小动物的家，先送哪家再送哪家更合适呢？

（引导幼儿观察两个小动物家的位置，合理规划路线。）

【幼儿根据任务单送外卖，游戏大约5分钟。】

师：外卖送得对吗？对照任务单，来看看你们带回来的打卡表。

（引导幼儿观察打卡表与任务单是否匹配，验证外卖送达的准确性。）

师：给两个小动物送外卖，怎么又快又准确地送到呢？

小结：订单越来越多，一次性要给两个小动物送外卖，要记住订单内容，选择最快的路线送外卖。

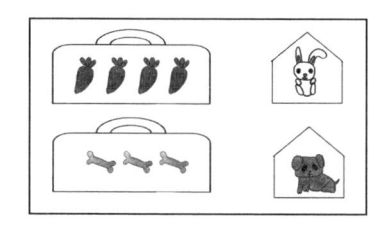

白队第二层次任务单：
把4根胡萝卜送到小兔家，把3根骨头送到小狗家，自己规划先后顺序和路线

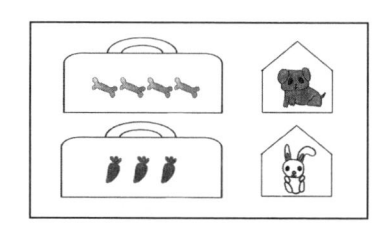

红队第二层次任务单：
把4根骨头送到小狗家，把3根胡萝卜送到小兔家，自己规划先后顺序和路线

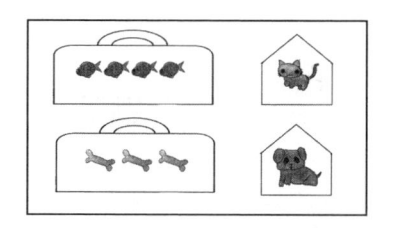

黄队第二层次任务单：
把4条鱼送到小猫家，把3根骨头送到小狗家，自己规划先后顺序和路线

游戏层次三：再次增加任务单难度，让幼儿合理规划路线送外卖。

师：外卖员都很棒，都能记住外卖的种类和数量，并且快速送达。现在订单越来越多了，我们还要将外卖送到幼儿园的足球场和木滑梯，你们有信心能完成吗？

（引导幼儿观察任务单的内容，读懂任务单。）

师：拿到任务单，看清楚要送的地点。

（引导幼儿观察要送的地点的位置，合理规划路线。）

【幼儿根据任务单送外卖，游戏大约8—10分钟。】

师：你们的任务完成了吗？一起对照任务单，来看看你们带回来的打卡表。

（引导幼儿观察打卡表与任务单是否匹配，验证外卖送达的准确性。）

小结：原来要快速准确送外卖，需要牢牢记住订单的内容和地点，计划最适合的路线，就能快速完成任务。

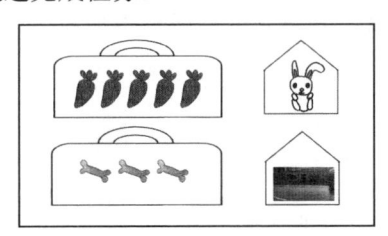

白队第三层次任务单：
把5根胡萝卜送到小兔家，把3根骨头送到足球场，自己规划先后顺序和路线

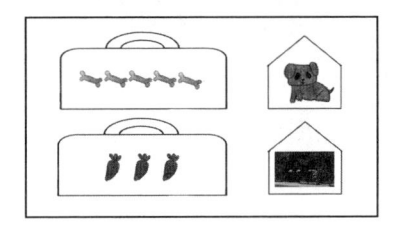

红队第三层次任务单：
把5根骨头送到小狗家，把3根胡萝卜送到木滑梯，自己规划先后顺序和路线

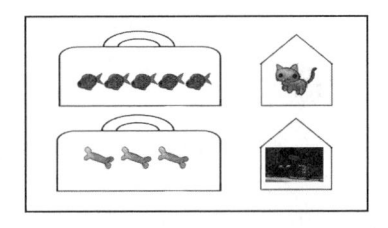

黄队第三层次任务单：
把5条鱼送到小猫家，把3根骨头送到木滑梯，自己规划先后顺序和路线

（三）结束环节

师：外卖员们，你们今天能准时、准确、快速送达货物，顾客对你们很满意，给自己鼓鼓掌吧！之后还有更困难的任务，相信你们也一定能完成！

活动建议
根据幼儿游戏过程中言语指令的记忆及任务完成情况，适当提升挑战性任务难度。 1. 增加幼儿园其他场地位置，增加运输路线和距离。 2. 根据幼儿活动情况，适当增加任务难度。 3. 关注幼儿跑的动作情况；关注幼儿言语记忆情况；关注幼儿游戏后的任务反馈情况；关注幼儿在活动中的情绪状态。

大班体育游戏活动"小羊送外卖——技能大比拼"（第二课时）

表 4-3　运动类别

技能维度	达成情况
记忆类（空间记忆、言语记忆、数字记忆）	√√√
专注类（视觉专注、听觉专注、视听整合）	√√
反应类（即兴判断、快速决策、灵活调整）	√√√
协调类（手眼协调、左右协调、手脚协调）	
创新类（想象能力、计划能力、规则意识）	

表 4-4　教学设计

活动目标	1.能根据任务卡信息，准确理解并记忆任务内容，学会装包裹、送外卖至正确位置并记录。 2.尝试用自己有效的办法记住复杂的任务单内容，在60—104米的负重跑中送外卖，动作协调灵活。 3.愿意积极思考，体验坚持完成每个任务的快乐感。

续表

活动重难点	活动重点：能根据拿到的任务单说出具体内容且记忆任务内容，在60—104米的负重跑中将外卖送达。 活动难点：能听懂并记住言语指令，送达后记录送的食物数量。
活动准备	经验准备：能读懂任务单信息，会用姓名印章记录送的食物的数量。 材料准备：小动物的家场景5个（小狗家、小猫家、小兔家、小猪家、小老鼠家），规划路线磁力底板，每个送达地点门口的打卡表，检验表，骨头、小鱼、胡萝卜图片道具若干，三种颜色的分队服，姓名印章、布袋若干，放松音乐素材，音响。 检验表 | 姓名	1	2	3	4
---	---	---	---	---
层次一任务单				
层次二任务单				
层次三任务单					 白队、红队、黄队各一张检验表。 负重跑总长度：白队60米、红队75米、黄队104米。 场地准备：依据活动建议，教师灵活调整场地布局，参考课时一。

续表

活动过程

（一）情景引入，激发幼儿活动兴趣

师：小羊外卖员们，通过努力，你们都成为一名合格的外卖员了，现在我们的订单越来越多了，真正考验你们的时候到了，今天我们就来一场外卖技能大比拼，比一比谁送的外卖又正确又快速。

师：看到任务单要记住任务内容，快速地用袋子装外卖、送到小动物家。

（二）通过三个层次的游戏，进行外卖技能大比拼

游戏层次一：巩固技能，熟悉路线。

师：白队、红队、黄队，读一读你们队的任务单，想一想怎么记住订单内容。

师：送达外卖后，在送达地点处拿取打卡表，盖上你的印章，送了几个食物，就盖几个名字。

【幼儿根据任务单送外卖，游戏大约3分钟。】

师：外卖送得对吗？对照任务单，来看看你们带回来的打卡表。

（引导幼儿观察打卡表与任务单是否匹配，验证外卖送达的准确性。）

小结：小羊外卖员们，要记住任务单，快速装包，准确地送到小动物家，并记录好送达的数量。

（肯定送达准确、记录好并最先回来的一名外卖员。）

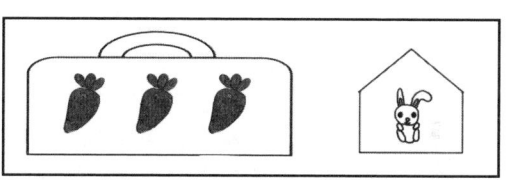

白队第一层次任务单：把3根胡萝卜送到小兔家

红队第一层次任务单：把4条鱼送到小猫家

黄队第一层次任务单：把5根骨头送到小狗家

游戏层次二：增加任务单难度，让幼儿合理规划路线送外卖。

师：给两个或者三个地点送外卖，怎么又快又准确地送到呢？

小结：任务越来越多，要记住任务内容，一次性把食物都拿到、装好，送达三个地点，选择最快的路线送外卖。

师：小羊外卖员们，你们的本领越来越多了，现在出发吧！

师：记住送达每个地点后，拿取打卡表，按送的数量盖姓名章，不漏盖、不少盖。

【幼儿根据任务单送外卖，游戏大约8分钟。】

师：外卖送得对吗？对照任务单，来看看你们带回来的打卡表。

（引导幼儿观察打卡表与任务单是否匹配，验证外卖送达的准确性。）

小结：记忆任务、装包裹、送达速度、记录数量的技能越来越熟练了！

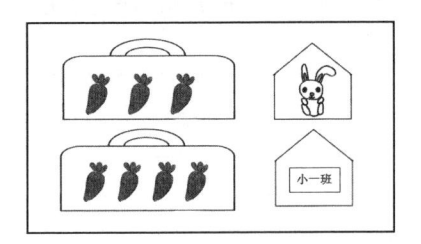

白队第二层次任务单：
把3根胡萝卜送到小兔家，把4根胡萝卜送到小一班，自己规划先后顺序和路线

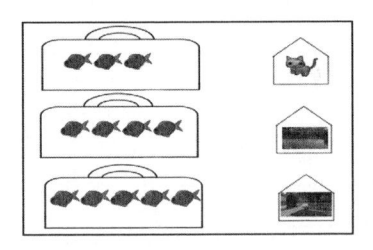

红队第二层次任务单：
把3条鱼送到小猫家，把4条鱼送到足球场，把5条鱼送到小菜地，自己规划先后顺序和路线

续表

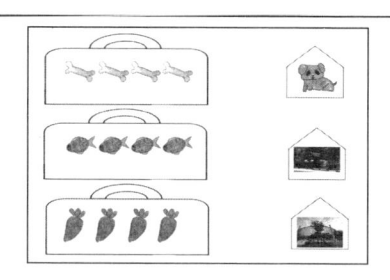

黄队第二层次任务单：
把 4 根骨头送到小狗家，把 4 条鱼送到木滑梯，把 4 根胡萝卜送到大树滑梯的二楼平台，自己规划先后顺序和路线

游戏层次三：听口述任务，根据信息送外卖。
（听录音，按照录音中提示的顺序，给动物家或者不可视位置送外卖，自己规划路线。）

白队：小羊外卖员们，请听好任务，先把 2 根胡萝卜送到小兔家，再把 2 根骨头送到小一班。

红队：小羊外卖员们，请听好任务，先把 4 条鱼送到小猫家，再把 3 根胡萝卜送到足球场。

黄队：小羊外卖员们，请听好任务，先把 4 根骨头送到木滑梯，再把 3 条鱼送到大树滑梯的二楼平台上。

师：记住听到的口述任务，送达每个地点后，拿取小打卡表，按送的数量盖打卡章。

【幼儿根据任务单送外卖，游戏大约 10 分钟。】

师：外卖送得对吗？对照任务单，来看看你们带回来的打卡表。
（引导幼儿观察打卡表与任务单是否匹配，验证外卖送达的准确性。）

师：你们是怎么记忆任务内容的？

小结：要记住很多的内容不简单，可以用自己的方式帮助记忆，一边跑一边提醒自己任务的内容。

活动建议

根据幼儿游戏过程中任务的完成情况，适当提升任务难度。
1. 增加小动物的家及不可视位置。
2. 运送终点不直接给出，例如"送到大树滑梯的二楼平台上"。
3. 通过在终点盖章的形式，可以验证幼儿空间记忆、数字记忆、言语记忆的准确性，幼儿还可以自我检验送达的正确性。
4. 关注不同的幼儿在活动中的情况，根据幼儿的表现，适当调整任务难度。
5. 关注幼儿游戏后的任务反馈情况；关注幼儿在活动中的情绪状态。

大班体育游戏活动"小·羊送外卖——我是送外卖小·达人"（第三课时）

表 4-5　运动类别

技能维度	达成情况
记忆类（空间记忆、言语记忆、数字记忆）	✓✓✓
专注类（视觉专注、听觉专注、视听整合）	✓✓
反应类（即兴判断、快速决策、灵活调整）	✓
协调类（手眼协调、左右协调、手脚协调）	
创新类（想象能力、计划能力、规则意识）	

表 4-6　教学设计

活动目标	1. 能根据任务卡信息，准确理解并记忆任务内容，学会装包裹、送外卖至正确位置并记录。 2. 尝试用自己有效的办法记住复杂的任务单内容，在 60—104 米的负重跑中送外卖，动作协调灵活。 3. 愿意积极思考，体验坚持、勤劳，以及成为送货小达人的快乐感。
活动重难点	活动重点：准确理解并记忆任务内容，在 60—104 米的负重跑中送外卖，完成任务。 活动难点：根据不同层次任务单上的信息，尝试用自己有效的办法记住复杂的任务单内容。
活动准备	经验准备：能读懂任务单信息，会用姓名印章记录送的食物的数量。 材料准备：小动物的家场景 5 个，每个送达地点门口的打卡表，骨头、小鱼、胡萝卜食物道具若干，分队服，姓名印章、布袋若干，放松音乐素材，音响。

续表

	打卡记录

检验表

姓名	1	2	3	4
层次一任务单				
层次二任务单				
层次三任务单				

活动准备

白队、红队、黄队各一张检验表。

负重跑总长度：白队 60 米、红队 75 米、黄队 104 米。

每组三个层级材料的重量逐层递增：

白队：3 块积木（0.6 千克）→7 瓶水（1.25 千克）→4 块碳化积木（1.7 千克）

红队：3 块积木（0.6 千克）→12 瓶水（2.3 千克）→7 块碳化积木（3.05 千克）

	黄队：3块积木（0.6千克）→12瓶水（2.3千克）→7块碳化积木（3.05千克）。 大班幼儿的平均体重：20.7千克。 各队不同层级材料重量占大班幼儿平均体重的比例的中位数：白队，2.9%→6.0%→8.2%；红队，2.9%→11.1%→14.7%；黄队，2.9%→11.1%→14.7%。 场地准备：依据活动建议，教师灵活调整场地布局，参考第一课时。

活动过程

（一）情景引入，激发幼儿活动兴趣

小羊外卖员们，越来越多的顾客都给予我们好评，所以我们的外卖店可以评为优秀，你们也会获得送货小达人的奖励证书。今天的送外卖就非常关键，如果今天也能准时、准确地把外卖送达，就会收到送货小达人的奖励证书，你们要完成吗？

（二）通过三个层次的游戏，高效送外卖，获得送货小达人的奖励证书

游戏层次一：巩固技能，熟悉路线。

师：白队、红队、黄队，读一读自己的任务单，想一想怎么记住订单内容。

师：送达外卖后，拿取所送地点处的表格，盖上你的印章，送了几个食物，就盖几个名字。

师：回来的外卖员，请检验运送是否正确，说一说自己的任务。

小结：小羊外卖员们，要记住任务单，快速装包，准确地送到小动物家，并记录好送达的数量。

（肯定送达准确、记录好并最先回来的一名外卖员。）

白队第一层次任务单：把3根胡萝卜送到小兔家

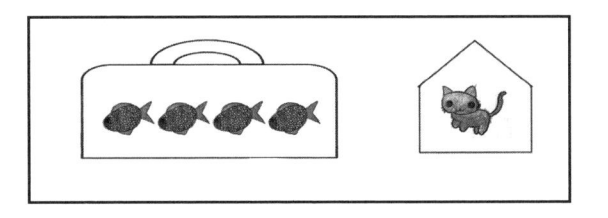

续表

红队第一层次任务单：把4条鱼送到小猫家

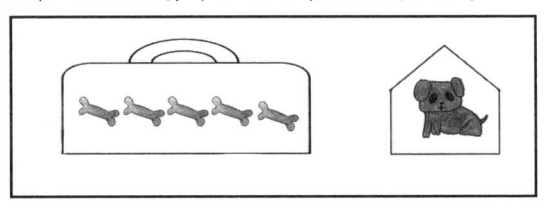

黄队第一层次任务单：把5根骨头送到小狗家

游戏层次二：增加任务单难度，让幼儿记忆任务单内容，给小动物送外卖。

师：给两个或三个地点送外卖，怎么又快又准确地送到呢？

小结：任务越来越多，要记住任务内容，一次性把食物都拿到、装好，送达三个地点，选择最快的路线送外卖。

师：记住送达每个地点后，在打卡表上，按送的数量盖姓名章，不漏盖、不少盖。

小结：记忆任务、装包裹、送达速度、记录数量的技能越来越熟练了！

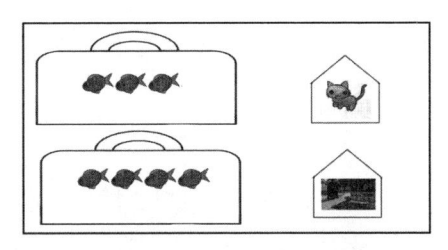

白队第二层次任务单：
把3条鱼送到小猫家，把4条鱼送到小菜地，自己规划先后顺序和路线

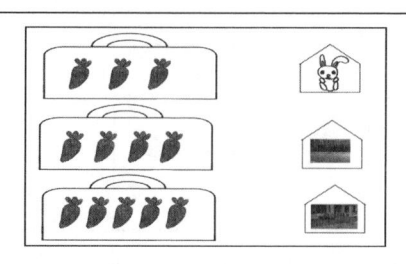

红队第二层次任务单：
把3根胡萝卜送到小兔家，把4根胡萝卜送到足球场，把5根胡萝卜送到小一班，自己规划先后顺序和路线

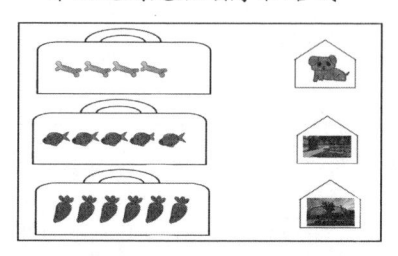

黄队第二层次任务单：
把4根骨头送到小狗家，把5条鱼送到小菜地，把6根胡萝卜送到大树滑梯的二楼平台上，自己规划先后顺序和路线

游戏层次三：听口述任务，根据信息送外卖。
（听录音按照录音中提示的顺序，给动物家或者不可视位置送外卖，自己规划路线。）

白队：小羊外卖员们，请听好任务，先把4条鱼送到小猫家，再把3根骨头送到小一班。

红队：小羊外卖员们，请听好任务，先把4根胡萝卜送到小兔家，再把5条鱼送到足球场。

黄队：小羊外卖员们，请听好任务，先把5根骨头送到小狗家，再把4条鱼送到大树滑梯的二楼平台上。

师：记住送达每个地点后，按送的数量盖章。

师：你们是怎么记忆任务内容的？任务完成了吗？

小结：要记住很多的内容不简单，可以用自己的方式帮助记忆，一边跑一边提醒自己任务的内容。

（三）结束环节

师：小羊外卖员们，你们今天也能准时、准确地把外卖送达，正是因为你们的坚持和努力，我们的外卖店被评为了优秀，你们也能获得送货小达人的奖励证书，现在就颁发送货小达人的证书喽！

活动建议
根据幼儿游戏过程中任务的完成情况，适当提升不同层级任务的难度。 1. 增加小动物的家及不可视位置。 2. 运送终点不直接给出，例如"送到大树滑梯的二楼平台上"。 3. 通过在终点盖章的形式，可以验证幼儿空间记忆、数字记忆、言语记忆的准确性，幼儿还可以自我检验送达的正确性。 4. 关注不同的幼儿在活动中的情况，根据幼儿的表现，适当调整任务难度。 5. 关注幼儿游戏后的任务反馈情况；关注幼儿在活动中的情绪状态。

2. 活动案例分析

（1）促进大班幼儿脑智发展

大班体育游戏"小羊送外卖"进行了三个课时，在实践中，根据《纲要》、《指南》、幼儿脑智发展观察量规、幼儿动作发展观察量规、幼儿社会情感发展观察量规等设计活动，经过为期一个月的执教、整体观测、对比分析、总结性评估等，我们能很清晰、直观地评价幼儿的发展，并在量规的作用下，帮助幼儿提升各方面能力，促进幼儿全面发展。针对每个教案所细化的观察量规能够更精准地从动作发展、脑智发展和社会情感三个方面进行综合反馈。

"小羊送外卖"第一课时的活动围绕"能根据拿到的任务单说出具体内容且记忆任务内容，在30—50米的负重跑中将包裹送到小动物的家中"目标进行，所以幼儿在空间记忆、言语记忆、数字记忆等方面有显著的提升。针对游戏层次一，95%的幼儿在数字记忆等方面中的物体—数字关系这一指标达到水平2"记住2到3个物体对应的数量"。针对游戏层次二，空间记忆中规划路线的指标中，100%幼儿能达到水平2"规划2到3个目标之间的路线"。针对游戏层次三，只有55%的幼儿在数字记忆中的物体—数字关系这一指标达到水平3"能记住4种及以上物体对应的数量"。

第二课时"技能大比拼",活动目标围绕"尝试用自己有效的方法记住复杂的任务单内容,在60—104米的负重跑中送外卖"。幼儿基于第一课时获得的经验,根据拿到的任务单说出具体内容且记忆任务内容。50%的幼儿能通过提前锁定好摆放食物的位置,为自己争取找食物、拿食物的时间。数字记忆中记忆物品的数量,幼儿可以达到水平3"能记住4个及以上物体"。针对游戏层次二,根据任务单,记忆内容,给小动物送外卖。游戏中最难的是一次性要给3个小动物送外卖,75%的幼儿找到了记忆的规律,发现要送给3个小动物,小动物不同,它们要的食物也不同,但送的食物数量是从上到下递增1个。幼儿要记住订单内容的同时,还要规划路线,在空间记忆中规划路线能达到水平2"规划3个目标之间的路线"。在难度递进的任务驱动下,小羊外卖员们积极参与,不断挑战。针对游戏层次三,听口述任务,根据信息送外卖。听录音按照录音中提示的顺序,给动物家或者不可视位置送,自己规划路线。例如,黄队的任务是"小羊外卖员们,请听好任务,先送4根骨头到阅读亭,再把3条鱼送到大树滑梯的二楼平台上"。在言语记忆中指令记忆设计的水平2"能记住1到2句的指令",90%的幼儿能达到;任务顺序设计的水平2"能记住2个任务顺序",90%的幼儿能达到;指令理解设计的水平2"能理解2句指令",100%的幼儿能达到。

(2)提升大班幼儿负重跑的能力

在体育游戏中创设送外卖的情境,情境创设中通过角色驱动,让幼儿自然而然地投入体育游戏中,在师幼、幼幼合作中完成挑战任务,而此次游戏抛出的任务是前往不同远近距离的小动物家送食物,支持幼儿由30—50米的尝试,增加到60—104米的听信号负重跑动。幼儿能突破自我,跑动时眼看前方。活动根据幼儿的个体差异,将幼儿分为白队、红队、黄队三队,负重跑的总长度白队是60米,红队是75米,黄队是104米。每队三个层级材料的重量逐层递增。

（3）增加大班幼儿的社会情感

大班"小羊送外卖"体育游戏活动创设幼儿熟悉的真实、有意义且符合其认知水平的游戏情境，赋予幼儿角色，他们以角色扮演的方式进行理解，建立参与体育游戏、社会生活和幼儿经验之间的关联，让幼儿在游戏中直接感知、亲身体验、实际操作，从而持续调动幼儿多感官、身体机能及自身的情绪情感。在游戏的不断进阶和师幼迭代性对话中，在幼儿活动的过程中，他们情绪积极、主动探究，自我意识中的自我效能感达到水平3"主动承担任务，遇到困难能够坚持而不轻易求助"。幼儿能发现问题，解决问题，遇到困难不断尝试，解决困难，自我管理中自我激励达到水平3"主动寻求并开展活动，有自豪感"；目标设定达到水平3"即使遇到问题也能持续专注地做一件事情（20—30分钟）"。

图 4–1　幼儿领取游戏物料

图 4–2　幼儿分析任务卡

二、专注类

1. 活动"海洋奇缘"

大班体育游戏活动"海洋奇缘——沙滩寻宝"(第一课时)

表4-7 运动类别

技能维度	达成情况
记忆类(空间记忆、言语记忆、数字记忆)	
专注类(视觉专注、听觉专注、视听整合)	√√√
反应类(即兴判断、快速决策、灵活调整)	√
协调类(手眼协调、左右协调、手脚协调)	√√
创新类(想象能力、计划能力、规则意识)	

表4-8 教学设计

活动目标	1. 在"海洋奇缘"游戏中仔细观察、灵活避让同伴并快速决定路线。 2. 在游戏中能够进行目标搜索、追踪物体、理解指令,提高专注力。 3. 体验游戏中与同伴合作、交流,感受发现问题、解决问题的快乐。
活动重难点	活动重点:在游戏中不断调整跑动的速度、灵活避让同伴及进行路线规划。 活动难点:在游戏中能运用目标搜索、追踪物体、理解指令等专注类品质,提高任务达成度。
活动准备	经验准备:有辨别不同颜色及物体的经验,有四散跑的经验。 材料准备:红色海洋球20个,蓝色海洋球20个,黄色海洋球20个,绿色海洋球20个,紫色海洋球20个,粉色海洋球20个,异色海洋球20个,方篓16个,各色沙包10个,标志碟5个,小圈5个。 场地准备:8米×6米的场地,依据活动建议,教师灵活调整场地布局。

活动过程

（一）情景导入，激发幼儿活动兴趣

师：现在我们来到了沙滩上，沙滩上有各种颜色的宝贝，我们一起去看看。【幼儿围站在沙滩边。】

师：都有哪些颜色的宝贝呢？

（引导幼儿仔细观察，并与老师、同伴交流自己的发现。）

（二）通过多个游戏，尝试规划奔跑路线，在四散跑中完成任务

游戏一：

师：这么多的宝贝，你们想要吗？

师：拿宝贝之前，我们玩一个"听口令，做动作"的游戏。当我发出指令并吹哨时，你们要做出相应动作。如果我只发出指令，未吹哨，你们能动吗？

师：准备好了吗？游戏开始！

师：蹲下。（吹哨）

师：起立。（不吹）

师：叉腰。（不吹）

师：举起两只手。（吹哨）

师：去沙滩上拿一个红色宝贝，然后快速回到队伍里。（吹哨）

（依据幼儿现场表现，灵活调整环节，是再次讨论规则，还是继续发布指令。）

游戏二（共两次）：

1. 每位幼儿选定一个方篓并站在其正后方，准备游戏。

师：请每个小朋友找到一个方篓，站在它的正后方。

2. 拿和方篓一样颜色的宝贝。

师：请拿一个和你面前的方篓一样颜色的宝贝。（吹哨）

（教师依据幼儿现场表现，灵活调整环节，观察是否需要再次讨论规则。）

师：你是怎么快速拿出来的？

（引导幼儿先观察位置，再跑过去。）

小结：原来我们要先用眼睛观察宝贝的位置，锁定目标，听到哨声后快速出发。

3. 增加拿宝贝的数量，再次进行游戏。

师：这次我们要增加难度，请拿三个和你方篓相同颜色的宝贝。（吹哨）

师：你遇到什么问题了？

师：你们有没有好办法可以帮助他？

（引导幼儿主动发现问题，并在同伴的帮助下尝试解决。）

师：我发现有一个小朋友完成得又快又准确，请你来分享一下你的方法。

小结：我们不仅要用眼睛锁定宝贝的位置，还需要在游戏中躲避同伴的碰撞，规划路线，拿离自己最近的宝贝。

游戏三（共两次）：

师：现在我们交换位置，选一个和刚才的颜色不一样的方篓，并快速站在它的正后方。

师：请拿四个和你方篓相同颜色的宝贝。（吹哨）

师：你拿得又快又准确，是怎么做的？

小结：原来想要快速又准确地拿到宝贝，不仅需要仔细听指令，用眼睛快速寻找最近的宝贝，还要躲避同伴的碰撞。

【小结时，集中所有幼儿，背对场地，避免干扰，配班老师迅速布置两个场地。】

师：现在我们交换位置，选一个和刚才颜色不一样的方篓，并快速站在它的正后方。

师：请拿四个和你方篓相同颜色的宝贝。（吹哨）

师：你拿得又快又准确，是怎么做的？

小结：原来想要快速又准确地拿到宝贝，不仅需要仔细听指令，用眼睛快速寻找最近的宝贝，还要躲避同伴的碰撞。

【小结时，集中所有幼儿，背对场地，避免干扰，配班老师迅速布置两个场地。】

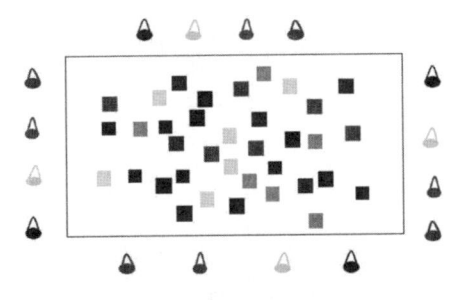

场地一示意图

游戏四（分场地各进行两次游戏）：

1号沙滩材料：标志盘5个、纯色沙包5个、小圈5个。

2号沙滩材料：双色海洋球20个。

1. 幼儿自主选择游戏场地。

师：现在这里有两个不一样的沙滩场地，1号沙滩上有沙包、宝贝；2号沙滩上有标志碟、标志桶、双色宝贝。接下来请你们带着自己的方篓选择一个沙滩场地，将方篓放在沙滩边的点上，准备游戏。

【幼儿站定两块不同的沙滩后，教师同时发出同一指令。】
师：请拿两个和方篓一样颜色的宝贝。（吹哨）
（依据不同沙滩幼儿完成的速度，依次小结。）
1号沙滩反馈：
师：你遇到了什么问题？
师：谁来帮帮他？
（引导幼儿反思快速找到想要的宝贝，探究辨别类似宝贝的方法。）
2号沙滩反馈：
师：你遇到了什么问题？
师：谁来帮帮他？
小结：原来想要快速又准确地拿到宝贝，一要仔细听指令，二要辨别类似的宝贝，三要规划路线，快速出发。
2. 沙滩1和沙滩2的幼儿交换位置进行游戏。
师：现在我们交换位置，选和刚才不一样的方篓站好。拿三个和方篓不同颜色的宝贝（吹哨）。

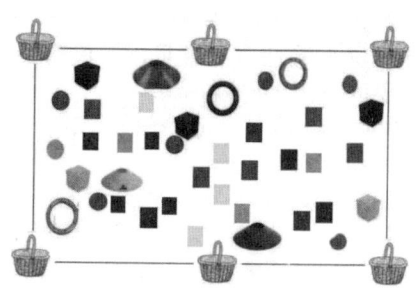

1号沙滩示意图

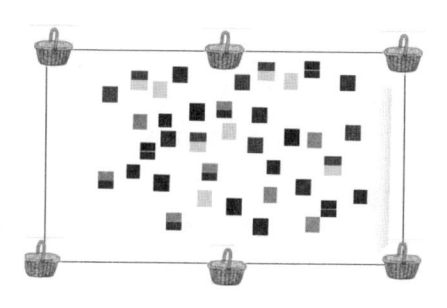

2号沙滩示意图

续表

游戏五:
1. 丰富游戏情境,将捡到的宝贝送到对应的小动物家。

师:现在的任务是把拿到的宝贝分别送给对面的小动物。小动物需要的宝贝颜色就是它们身上的颜色。

师:任务完成后,记得把感谢信和方篓一起带回来哦。(吹哨)
(用感谢信的颜色来验证幼儿是否完成任务。)

2. 幼儿收到海洋动物的感谢信后,在放松中结束游戏。

师:谢谢小朋友们的帮助,今天任务完成得都很棒,我们一起放松放松,回班吧。

动物的家示意图,每家间隔两米

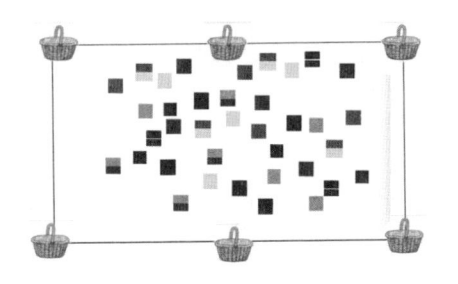

场地示意图

活动建议

1. 教师提示幼儿观察,观察球的分布——注意捡球的顺序,观察人的流动——注意避让。

2. 干扰物的呈现由明显到不明显。

3. 针对游戏过程中出现的问题,讨论并解决。

4. 游戏四中的两个游戏场地同时开放,幼儿可以根据自己的需求,选择不同的场地。两个游戏可以同时进行,也可以分层次进行。

5. 注重幼儿间的交流,根据幼儿的交流,教师从专注力、动作、表现等方面进行提炼、总结。

大班体育游戏活动"海洋奇缘——沙滩探秘"(第二课时)

表 4-9　运动类别

技能维度	达成情况
记忆类(空间记忆、言语记忆、数字记忆)	√√
专注类(视觉专注、听觉专注、视听整合)	√√√
反应类(即兴判断、快速决策、灵活调整)	√
协调类(手眼协调、左右协调、手脚协调)	√√
创新类(想象能力、计划能力、规则意识)	

表 4-10　教学设计

活动目标	1.通过视听整合的方法,能快速反应并四散跑找到相应的宝贝。 2.根据宝贝数量的调整,能够快速决策并追踪到物体,进一步提高专注力。 3.在游戏中体验坚持完成任务的成就感。
活动重难点	活动重点:在游戏中认真倾听与观察,能理解指令,迅速拿到宝贝。 活动难点:在难度递增的游戏中,进一步发展目标搜索、追踪物体、理解指令等专注类品质。
活动准备	经验准备:有辨别不同颜色及物体的经验,有四散跑的经验。 材料准备:红色泡沫积木20个,蓝色泡沫积木20个,黄色泡沫积木20个,绿色泡沫积木20个,紫色泡沫积木20个,粉色泡沫积木20个,异色泡沫积木20个,篮筐16个,各色沙包10个,标志碟5个,小圈5个。 场地准备:8米×6米的场地,依据活动建议,教师灵活调整场地布局。
活动过程	

(一)热身慢跑,回忆上节活动内容,激发幼儿活动兴趣

师:上次,我们把沙滩寻到的宝贝送给了海洋动物们。这次,我们的任务难度升级了,需要大家更仔细地听清要求,观察后再行动。

【幼儿围站在沙滩边。】

师:你们发现场地有什么变化吗?

(引导幼儿发现场地的变化,建立有关篮筐位置的规则)

（二）通过游戏提升幼儿快速观察的能力，学习规划路线的方法

游戏一（任选篮筐回顾游戏，拿对应筐颜色的宝贝）：

师：请在沙滩中拿四个和你的篮筐相同颜色的宝贝。（吹哨）

小结：你是怎么完成任务的？用眼睛搜索近的，再去拿远的，规划了自己的路线，可以先近后远。

（引导幼儿放回宝贝。）

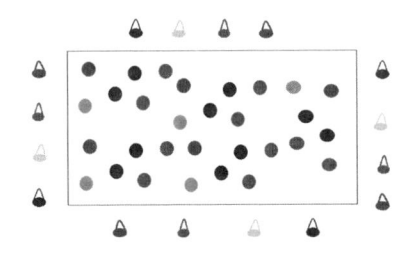

沙滩示意图

游戏二（随机交换位置，共两次）：

1. 介绍游戏规则。

师：这里有一个大转盘的游戏，所有小朋友顺着一个方向快步走（一边走一边听指令），当音乐停止时，停在离你最近的篮筐前（预留一些时间给幼儿观察），站定后，听口令拿宝贝哦。

【幼儿围站在沙滩边。】

师：你刚刚转到的是什么颜色的篮筐？怎么样才能快速地找到篮筐？

（引导幼儿认真倾听并仔细观察。）

2. 幼儿通过第二次游戏，初步掌握搜寻宝贝的方法。

师：在停顿的时间里，我们可以做什么？你是怎么快速找到的？你怎么知道要拿五个？原来我们不仅要用眼睛快速搜索沙滩，还要用耳朵仔细听指令。搜索沙滩，你有什么好方法？

（引导幼儿体验快速搜索，计划路线，听指令行动。）

游戏三（减少宝贝数量，共两次）：

1. 介绍本轮游戏规则，鼓励幼儿快速完成任务。

师：仔细看，宝贝的数量减少了。音乐响起时，请顺时针交换位置。

小结：出现什么问题了？怎么样才能完成任务呢？

（引导幼儿说出解决问题的方法。）

2. 再次游戏。

游戏四（再次引出海洋动物的情境，根据任务卡完成相应任务）：

师：篮筐底部有一张特殊的任务卡，上面有接下来要完成的任务，需要记住并快速、正确地拿相应数量的宝贝，听哨音出发。

（引导幼儿仔细观察，并记住相应的任务。）

小结：先看任务单，记住内容，拿完了之后自行验证或者与同伴相互交流验证。

游戏五（根据教师举的旗子，完成任务，共两次）：

1. 介绍本轮游戏规则，邀请幼儿仔细观察。

师：这里有各种颜色的旗子，需要大家仔细观察，我举了什么颜色的旗子，共举了几次，就需要大家去沙滩里拿几个对应颜色的宝贝，听哨音出发。

（引导幼儿认真观察信号，并能和教师共同总结游戏经验。）

2. 进行第二次游戏，邀请幼儿相互验证任务完成的情况。

（三）在放松中结束活动

师：谢谢小朋友们的帮助，今天任务完成得都很棒，我们一起放松放松，回班吧。

活动建议

1. 教师要提示幼儿观察，观察宝贝的分布—注意寻找宝贝的顺序，观察人的流动—注意避让。

2. 干扰物的呈现由明显到不明显。

3. 针对游戏过程中出现的问题，讨论并解决。

4. 注重幼儿间的交流，根据幼儿的交流，教师从专注力、动作、表现等方面进行提炼、总结。

大班体育活动"海洋奇缘——海洋保卫战"（第三课时）

表4-11 运动类别

技能维度	达成情况
记忆类（空间记忆、言语记忆、数字记忆）	√√
专注类（视觉专注、听觉专注、视听整合）	√√√
反应类（即兴判断、快速决策、灵活调整）	√
协调类（手眼协调、左右协调、手脚协调）	√√
创新类（想象能力、计划能力、规则意识）	

表 4-12　教学设计

活动目标	1. 利用自主讨论垃圾分类的形式，认真听清任务内容，与同伴一起回收并归类垃圾。 2. 通过认真地听音频，在游戏中能够友好协商归类的方法，快速搜索目标、追踪物体，发展手部力量及身体协调性。 3. 在游戏中感受垃圾分类的重要性，初步建立保护环境的责任感。
活动重难点	活动重点：游戏中能够认真听任务内容，在任务中提取自己需要的部分，并努力记住。 活动难点：能够协调多种垃圾分类的方法，通过听音频理解指令，快速做出反应。
活动准备	经验准备：有辨别不同颜色及物体的经验，有四散跑的经验。 材料准备：滑板车8个，滑板手套8副，标志桶5个，垃圾袋，各类垃圾（瓶子、泡沫、纸盒、渔网、牙刷、书、易拉罐、电池、香烟头、食品包装袋、快餐盒等），垃圾分类筐（大）4个。 第一次投放的垃圾：瓶子、牙刷、泡沫、香烟头、食品包装袋、快餐盒。 第二次投放的垃圾：纸盒、渔网、书、易拉罐、电池。 场地准备：8米×6米的跑道，大水池、攀爬架（依据活动建议，教师灵活调整场地布局）。

活动过程

（一）听海洋动物求救语音，激发幼儿完成任务的兴趣

音频：不好啦，不好啦，我们的海洋家园被垃圾包围了！你们可以帮帮我们吗？

师：发生什么事了？（引导幼儿仔细倾听音频，辨别其中的信息。）

师：让我们一起出发，帮助小动物们解决垃圾问题吧！

【幼儿围站在沙滩边。】

（二）探索沙滩场地，听音频，明确任务要求

1. 小组进行初步分类。

（1）围绕沙滩边观察边讨论。

师：这片沙滩怎么了？

师：我们可以做些什么呢？

（引导幼儿依据教师的提问，思考自己可以做的事情。）

（2）师幼共同了解滩涂用具，根据音频内容完成任务。

师：在我们身后的滩涂上有很多垃圾，但是滩涂和沙滩可不一样，如果不借助工具，我们很有可能越陷越深。

师：你们都将沙滩上的垃圾捡完了吗？捡回来的垃圾我们需要怎么处理呢？

师：是的，这些垃圾我们首先要进行分类，分好类后，才能请人来运走。那么请你们将面前的垃圾分分类吧。

师：哪个小组可以来分享一下你们是怎么分的，你们为什么要这样分？

（引导幼儿组间相互观察，分享交流分类的经验和想法。）

小结：有的组按照颜色分的，有的组按照物品的种类分的，你们都有自己的分类方式，真了不起。

2. 第二次捡海洋垃圾，各小组尝试归类垃圾。（播放海浪和大风的声音。）

师：你听，什么声音？

师：不好，现在沙滩上又出现了一些垃圾，怎么办？

（引导幼儿再次捡垃圾。）

师：现在请你们把这次捡上来的和上一批垃圾放在一起进行分类。垃圾管理员叔叔刚才联系我，他一会儿就要来了，你们准备好了吗？

（引导幼儿将两批垃圾放在一起进行分类。）

师：两批垃圾加在一起数量变多了，种类变多了，现在你们组是怎么分类呢？你们是怎么想的，为什么它们可以归到同一类？

小结：虽然数量和种类变多了，但是你们仍然能找到其中的相同点进行归类，真了不起！

3. 利用海洋垃圾管理员的情境，引导幼儿将现有的所有垃圾归类到四个垃圾箱里。

师：看，管理员开车来到了沙滩边，准备将垃圾运走，可是只有四个垃圾箱，怎么办？我们还需要做什么？

音频：小朋友们，谢谢帮忙清理海洋垃圾，现在我要帮你们把垃圾运走，但我这里只有四个垃圾箱，请你们把所有的垃圾分成四类投放到垃圾箱里，可以先想想看分成哪四类哦！

（引导幼儿仔细听录音。）

师：他有什么要求？我们需要做什么？

（引导幼儿依据录音回答问题。）

师：我们现在需要把我们分好类的垃圾，继续整理，投放到这四个垃圾箱中，你们可以试试吗？

（引导幼儿在已有分类的基础上，继续归纳整理，通过观察箱身，发现可以投放至不同箱内的垃圾是不同的。）

小结：观察箱身的颜色和标记，我们发现垃圾包括可回收垃圾、不可回收垃圾、有害垃圾以及其他垃圾等。

（三）颁发勋章，共同整理活动场地

颁发"环保小卫士"勋章。

音频：十分感谢小卫士们的帮助，海洋垃圾在你们的努力下，终于全部清理干净，我们又可以继续快乐地生活在这里啦，谢谢你们哦！我为你们准备了"环保小卫士"的勋章，就藏在了幼儿园大树池的下面，找到勋章后贴在你们的左边肩膀上哦，在日后的生活中，你们也要继续爱护环境。

（四）师幼共同整理活动场地，回班休息

活动建议

1. 教师要提示幼儿观察，观察垃圾的分布——注意捡垃圾的顺序、分类垃圾。
2. 活动时减少场地内的声音干扰。
3. 针对游戏过程中出现的问题，讨论并解决。
4. 注重幼儿间的交流，根据幼儿的交流，教师从专注力、动作、表现等方面进行提炼、总结。

2. 活动案例分析

在《纲要》、《指南》、幼儿脑智发展观察量规、幼儿动作发展量规、幼儿社会情感发展观察量规等文件的引领下，大班体育游戏"海洋奇缘"进行了三个课时。通过对活动的整体观测，对比幼儿在活动中的具体表现，不断调整修改教案内容，优化活动设计，规范教师指导语言，最终能够帮助大班幼儿提升综合能力，促进其全面发展。针对该系列活动，执教者从动作发展、脑智发展和社会情感三个方面进行综合反馈。

（1）推动大班幼儿的脑智发展

第一课时"沙滩寻宝"活动目标是幼儿能够灵活避让同伴并快速决定路线，并在游戏中能够进行目标搜索、追踪物体、理解指令。在活动中，幼儿需要仔细听游戏任务信息，并且用眼睛快速搜索所有物体，在哨声吹响后快速出发完成任务。幼儿在三个层次的游戏中，首先需要在教师讲解和介绍时保持倾听，理解指令内容，能准确识别指令中的数字和量词信息；然后通过记忆数字信息，理解并记住数字或量词；最后判断位置，迅速判断3—5个目标物体位置，规划相应线路，完成整个任务。活动后在听觉专注中，有90%的幼儿能达到水平2"能听懂2句同时发布的指令"，有80%的幼儿能达到水平3中的"能在教师讲解和介绍的过程中保持倾听"，有60%的幼儿能达到水平3中的"视线与教师的指令或任务目标保持一致"。

第二课时"沙滩探秘"加强了形式的丰富性：播放音频内容，让幼儿自主判断提取自己需要的信息。幼儿在听任务信息的同时，要主动分辨内容，提取与自己相关的数字和量词信息，这锻炼了幼儿的专注力。活动后，在听觉专注中，有90%的幼儿能达到水平3"能听懂3句及以上同时发布的指令"，有95%的幼儿能达到水平3"能在教师讲解和介绍的过程中保持倾听"，有90%的幼儿能达到水平3"在面对复杂视觉和听觉信息时能选取和处理部分关键信息"。

（2）增强大班幼儿四散跑的能力

在活动中，我们均设置了8米×6米的活动场地，最大限度地满足幼儿体育活动的需要。对于大班幼儿来说，四散跑动作要注意的一是转向与躲避，即能够灵活地改变方向，避免与其他幼儿碰撞。在转向时，身体重心要随之调整，脚步也要相应的改变。二是速度控制，即适当控制奔跑速度，避免过快而导致的摔倒或失控。在游戏中，幼儿随音乐交换位置，这增加了任务的随机性。在拿取物品时，幼儿在8米×6米的场地中寻找，躲避周围的同伴干扰,当两个幼儿同时聚焦同一个物品时,其中一个幼儿需要马上调整身体重心,寻找下一个物品位置,平稳地减速至停止,再次出发下一个目的地,这对于大班幼儿的四散跑能力的发展具有正向影响。

(3)助力大班幼儿的社会情感培育

大班体育活动"海洋奇缘"系列活动,创设了海洋情境,幼儿以第一人称的视角,带入情境之中。从帮助小动物们拾取沙滩中的宝物,到清理海洋中的各种垃圾,不仅能提升幼儿的同伴交往能力,增进相互帮助的情感,也能引导幼儿体验保护大自然。第三课时"海洋保卫战"中,师幼共同认识海洋垃圾,相互讨论分类要求,发挥了幼儿的主观能动性,提高了幼儿的参与度,更加能够让幼儿切实体验到垃圾分类的重要性。

图 4-3 "沙滩寻宝"游戏

图 4-4 "海洋保卫战"游戏

三、反应类

1. 活动"猫鼠大战"

大班体育活动"猫鼠大战——机智运粮"（第一课时）

表 4-13　运动类别

技能维度	达成情况
记忆类（空间记忆、言语记忆、数字记忆）	√
专注类（视觉专注、听觉专注、视听整合）	√√
反应类（即兴判断、快速决策、灵活调整）	√√√√
协调类（手眼协调、左右协调、手脚协调）	√√
创新类（想象能力、计划能力、规则意识）	

表 4-14　教学设计

活动目标	1. 了解机智运粮的游戏规则，并能依据游戏指令快速决策，将大米运回。 2. 能根据游戏信号迅速做出反应进行折返跑，并在折返跑中完成任务。 3. 勇于尝试，大胆挑战，体验认真倾听、快速判断后获得成功的喜悦。
活动重难点	活动重点：在老鼠运大米的游戏中，能依据游戏指令快速决策，将大米运回。 活动难点：能根据游戏信号迅速做出反应进行折返跑，并在折返跑中完成任务。
活动准备	经验准备：有过折返跑的经验。 物质准备：分队服（红色、黄色、蓝色、绿色各4件，分别标有1—4号），沙包（150个），大摆锤（1个），塑料收纳筐（16个），口哨。 场地准备：粮仓内圆直径2米，外圆直径10米。
活动过程	

（一）情景引入，激发幼儿活动兴趣

师：老鼠们，我们家里的粮食要吃完了，今天我们要去粮仓运些粮食回家，但是在路上会有大猫出现，我们不仅要安全运回粮食，还要保证自身的安全，你们能做到吗？

师：在出发之前，我们一起来玩些游戏，看看小老鼠们是不是具备了运粮食的能力。请听规则——听到到对应数字的老鼠围绕外圆慢跑一圈后，回到原位。哨声一响，立即出发，准备好了吗？

【幼儿分成红、蓝、黄、绿四组，每组四个小朋友。教师发布口令，对应编号的幼儿围绕外圆慢跑一圈回到原来的位置。】

师：1号。（吹哨）

师：2号。（吹哨）

师：3号。（吹哨）

师：4号。（吹哨）

（二）通过四种游戏，巩固折返跑、躲闪跑，提高反应能力

游戏一：听数字运一粒大米。

师：请听到对应数字的老鼠迅速跑至粮仓拿一粒大米后折返回原位，并将大米放在后面的储藏室里。哨声一响，立即出发，准备好了吗？

师：1号。（吹哨）

师：2号。（吹哨）

师：3号。（吹哨）

师：4号。（吹哨）

师：哪只老鼠的速度最快？他是怎么做到的？

【幼儿示范。】

（引导幼儿发现折返跑有助于快速地运回大米。）

【根据游戏情况，幼儿再次游戏2—3次。】

小结：要想快速运回大米，我们应该迅速跑到粮仓，接近大米时减速，拿起大米转身跑回。

游戏二：听颜色运多粒大米。

师：请听到对应颜色的老鼠迅速到粮仓拿两粒大米后迅速返回，并将大米放在后面的储藏室。

师：红色。（口哨）

师：蓝色。（口哨）

师：绿色。（口哨）

师：黄色。（口哨）

师：刚刚你们拿大米时出现了什么问题？

（引导幼儿主动讲述自己遇到的问题，比如碰撞了或者规则没掌握等。）

师：我们可以怎么办？有什么好办法？

（引导幼儿发现想要快速运回大米，不仅要注意力集中、明确目标，还要注意避让同伴。）

【根据游戏情况，幼儿再次尝试1—2次。】

小结：在运大米的过程中，注意力一定要集中，这样不仅能迅速出发，还能注意避开同伴，帮助我们快速运回大米。

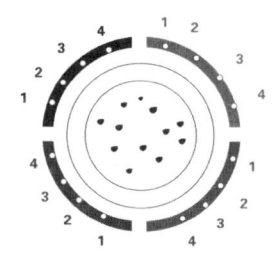

游戏一、二场地示意图

游戏三：听颜色运一粒大米后更换位置。

师：老鼠们，我们要加大游戏难度了。请听规则——听到到对应颜色、数字的老鼠拿一粒大米后跑至对面同号老鼠处更换位置，对面同号老鼠也拿一粒大米跑至对面。

师：红色1号（吹口哨）

师：黄色2号（吹口哨）

师：绿色3号（吹口哨）

师：蓝色4号（吹口哨）

师：哪些老鼠顺利完成了刚刚的挑战？有没有老鼠遇到了问题？

（引导幼儿发现问题，如记忆错误、位置跑错等，共同讨论原因。）

小结：在这次游戏中，所有老鼠的注意力都要高度集中，不仅要快速跑去拿大米，还要准确锁定好对面的位置进行交换。

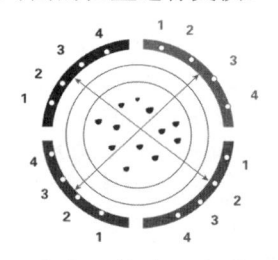

游戏三场地示意图

游戏四："机智运粮"比拼。

师：老鼠们，快看，粮仓附近出现了一只手持大摆锤的大黑猫，你们要躲避大摆锤安全运回大米。如果被大摆锤碰到，要把大米丢下，重新寻找机会。听清楚规则了吗？

师：游戏开始。（吹哨）

师：你们成功躲避大摆锤了吗？你们用了什么好办法？

（引导幼儿讨论成功运回大米的好办法或运大米过程中出现的问题。）

小结：老鼠们，在出发前我们要仔细观察大摆锤的运动规律，思考躲避大摆锤的时机。

【幼儿再次进行游戏。】

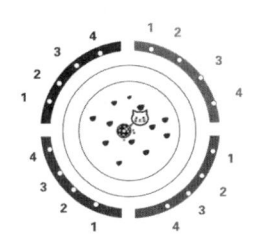

游戏四场地示意图

（三）结束环节

师：老鼠们，今天我们运回了这么多大米，够美餐好几天了，辛苦大家了，我们一起放松放松吧！

活动建议

根据幼儿游戏过程中言语指令的记忆及任务完成情况，适当提升挑战性任务难度。

1. 观察幼儿是否能正确记住任务，按照指令拿取对应颜色和数量的大米，根据幼儿活动情况，适当增加任务难度。

2. 提醒幼儿在游戏中强化观察和决策。

3. 关注幼儿折返跑的动作情况；关注幼儿快速反应情况；关注幼儿游戏后的任务反馈情况；关注幼儿在活动中的情绪状态。

大班体育活动"猫鼠大战——鼠鼠之争"(第二课时)

表 4-15 运动类别

技能维度	达成情况
记忆类(空间记忆、言语记忆、数字记忆)	√√
专注类(视觉专注、听觉专注、视听整合)	√√
反应类(即兴判断、快速决策、灵活调整)	√√√√
协调类(手眼协调、左右协调、手脚协调)	√√
创新类(想象能力、计划能力、规则意识)	

表 4-16 教学设计

活动目标	1. 在活动中,能根据口令快速折返跑完成游戏。 2. 适应游戏规则的变化,能在教师的引导下尝试练习,逐步提高决策和应变的能力。 3. 在竞赛游戏中体验合作完成任务的乐趣。
活动 重难点	活动重点:能仔细并听清楚游戏规则,快速做出反应。 活动难点:利用折返跑的技能在游戏中顺利完成任务。
活动准备	经验准备:有过折返跑的经验,且参与过第一课时。 物质准备:分队服(红色、黄色、蓝色、绿色各4件,分别标有1—4号),沙包(150个),大摆锤(1个),塑料收纳筐(16个),任务单(3张),口哨。 场地准备:粮仓内圆直径2米,外圆直径10米。
活动过程	

(一)情景引入,激发幼儿活动兴趣

师:老鼠们,今天天气真好呀,我们一起出去走一走、转一转,活动活动我们的筋骨。最近呀,家里的大米又要吃完了,我们一起去粮仓运大米吧!

(二)通过四种游戏,巩固折返跑、躲闪跑,提高反应能力

游戏一:运一粒同色大米。

师:请听到对应颜色的老鼠迅速跑至粮仓拿一粒同色大米后折返回原位,并将大米放在后面的储藏室。哨声一响,立即出发。

师：准备好了吗？

师：红色。（吹哨）

师：黄色。（吹哨）

师：绿色。（吹哨）

师：蓝色。（吹哨）

师：哪只老鼠的速度最快？他是怎么做到的？

（引导幼儿听规则，并在跑时及时锁定好对应颜色的大米。）

【根据游戏情况，幼儿再次游戏1—2次。】

小结：要想快速运回大米，我们应该注意听规则和哨声，并且在跑的时候就锁定好要拿的大米。

游戏二：运多粒同色大米。

师：请听到对应颜色的老鼠迅速跑至粮仓，一共拿六粒同色大米后折返回原位，并将大米放在后面的储藏室。哨声一响，立即出发。

师：准备好挑战了吗？

师：红色。（吹哨）

师：蓝色。（吹哨）

师：绿色。（吹哨）

师：黄色。（吹哨）

师：哪一组最快完成任务？

（引导幼儿知道要合作，可提醒小组幼儿聚拢在一起讨论并分配任务。给失败的小组加油打气，调整幼儿的情绪。）

小结：老鼠们，这次运大米的过程，非常考验我们小组的分工合作的能力，听到任务后应快速制定方案并执行，这样才能快速运回大米。

游戏三：小组合作运异色大米。

师：老鼠们，我们收到了一些任务单，请你们看任务单后集体讨论运大米的方案，听到哨声后立即出发。

师：准备好了吗？（吹哨）

【返回后，幼儿根据任务单核对自己完成情况。】

师：哪些老鼠成功运回了任务单上的大米？有没有老鼠遇到了问题？

【成功的幼儿给予击掌庆祝，失败的幼儿给予加油鼓励。幼儿再次游戏两次。】

师：游戏开始。（吹哨）

师：××组的小老鼠们真是又快又能干，运回了最多的粮食，请问你们的成功秘诀是什么？

（引导幼儿强化观察，提前思考，关注人员分配。）

小结：每张任务单上会出现多组大米，老鼠们要协商好各自的任务，确定好了后就不能随意更改。

游戏四：运粮大比拼。

师：老鼠们，粮仓的粮食已经没有了，要想得到更多的大米，我们只能去其他的老鼠家争夺大米。老鼠们，请听规则——每组三只老鼠出门争夺别家的大米，一只老鼠留在家里照看大米（站着使用助威棒驱赶别组的老鼠）。结束时，看哪组得到的大米最多。听清楚规则了吗？

小结：这次争夺大米中，保卫大米的老鼠也很重要，要仔细观察快速出手，才能赶走别的老鼠。

（根据情况决定是否再次组织游戏。）

（三）结束环节

师：小老鼠们真能干啊，我们一起回家庆祝一下吧！

活动建议

根据幼儿游戏过程中言语指令、规则牌指令的记忆及任务完成情况，适当提升挑战性任务难度。

1. 观察幼儿是否能快速分工合作，按照指令拿取对应颜色和数量的大米，根据幼儿活动情况，适当增加任务难度。
2. 提醒幼儿在游戏中小组合作、决策的重要性。
3. 关注幼儿折返跑的动作情况；关注幼儿快速反应情况；关注幼儿合作的情况；关注幼儿游戏后的任务反馈情况；关注幼儿在活动中的情绪状态。

大班体育活动"猫鼠大战——老鼠运大米"（第三课时）

表4-17 运动类别

技能维度	达成情况
记忆类（空间记忆、言语记忆、数字记忆）	√
专注类（视觉专注、听觉专注、视听整合）	√√
反应类（即兴判断、快速决策、灵活调整）	√√√√
协调类（手眼协调、左右协调、手脚协调）	√√
创新类（想象能力、计划能力、规则意识）	

表 4-18 教学设计

活动目标	1. 能够用跑、钻、躲的方式快速反应完成游戏。 2. 通过适应游戏规则的变化以及教师的引导，逐步提高决策、应变及分工合作的能力。 3. 增强游戏中的自我保护意识，勇敢、大胆、积极地参与活动，体会游戏的快乐。
活动重难点	活动重点：能够用跑、钻、躲的方式快速反应完成游戏。 活动难点：适应游戏规则的变化，能在教师的引导下，逐步提高决策、应变及分工合作的能力。
活动准备	经验准备：玩过老鼠笼的游戏。 物质准备：分队服（红色、黄色、蓝色、绿色各4件，分别标有1—4号），沙包（150个），塑料收纳筐（2个），口哨。 场地准备：长15米、宽10米的活动区域。
活动过程	

（一）情景引入，激发幼儿活动兴趣

师：猫和老鼠们，又到了运大米的日子了，今天呀，我们要比赛运大米，你们有信心获胜吗？

【游戏开始前，幼儿根据自己意愿分成老鼠和猫两组，每组人数相同。】

（二）通过三种游戏，提高判断、决策、躲避等反应能力

游戏一：运大米比赛。

师：猫和老鼠们，请听到哨声后，用接力的方式前往粮仓运大米，每次只运一粒。其中有部分大米散落在粮仓附近看不见的角落，记得一起找到它们。听到长哨声停止运大米。

师：准备好了吗？出发。（发出短哨声）

师：结束。（发出长哨声）

师：猫和老鼠，你们谁运回的大米最多呀？

（引导幼儿完整讲述获胜的关键。）

续表

活动过程

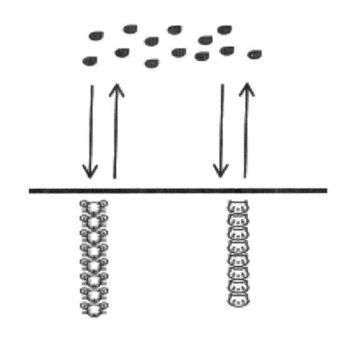

游戏一场地示意图

游戏二：争夺大米。

师：猫和老鼠们，要想不饿肚子，我们还得获得更多的大米，这次我们要互相争夺大米。请听规则——猫和老鼠们分组讨论如何在保护好自己的大米同时还能得到更多的大米，游戏过程中，老鼠一旦被猫抓住，则自动淘汰，失去运大米的机会。

师：结束。（发出长哨声）

师：猫和老鼠们，点数一下，是哪组获胜了呀？

师：在刚才的游戏中，猫和老鼠们，你们有遇到什么问题吗？

师：谁能帮他解决这个问题？

（引导幼儿相互传授经验，比如快速反应、注意躲避等。）

【幼儿互换角色再次进行游戏。】

小结：在争夺大米时，我们都要注意力集中，敌人从对面过来时，我们要快速反应并调整身体移动的方向，避免互相碰撞。

续表

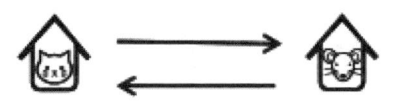

游戏二场地示意图

游戏三：终极 PK。

师：老鼠们，你们看，猫们手拉手围成了一个大大的老鼠笼，好多大米都在它们的老鼠笼里，你们有信心运回来吗？

师：大黑猫，你们有信心用老鼠笼困住老鼠，保护好笼子里的大米吗？

师：猫和老鼠们，请听规则——所有的大黑猫们手拉手围成老鼠笼保护大米，大黑猫在念儿歌时，老鼠可以自由穿梭运大米，当儿歌念完，老鼠笼会合上，被困住的老鼠则被淘汰。最终，老鼠率先运回所有大米则老鼠赢，猫率先抓住所有的老鼠则猫赢。

师：听清楚了吗？准备开始。（吹哨）

师：谁赢了呀？

（引导猫和老鼠各自说出成功和失败的原因。教师用简单的肢体动作或语言对成功的队伍表示祝贺，对失败的队伍给予鼓励。）

【幼儿调换角色再次进行游戏。】

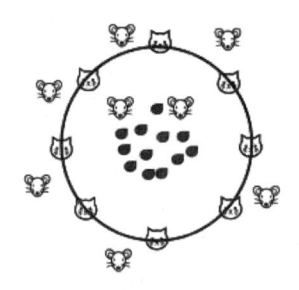

游戏三场地示意图

（三）结束环节

师：××带着我们的大米回去饱餐一顿吧！××今天辛苦了，我们回去养精蓄锐，争取下次打败他们。

续表

活动建议
1. 关注幼儿快速反应情况；关注幼儿合作的情况；关注幼儿游戏后的任务反馈情况。 2. 游戏中，教师要关注幼儿面对成功与失败时的情绪，给予合适的回应。 3. 教师观察幼儿的游戏行为，表扬幼儿时，应该表扬他们思考的过程，合作解决问题的行为。 4. 强化幼儿在游戏中小组合作、决策的重要性。

2. 活动案例分析

我们结合了《纲要》、《指南》、幼儿脑智发展观察量规、幼儿动作发展观察量规、幼儿社会情感发展观察量规，考虑幼儿的兴趣及已有经验等，设计了"猫鼠大战"三个课时的活动。为期一个多月的执教、整体观测、对比分析、总结性评估等，能很清晰、直观地评价幼儿的发展，并在量规的作用下，帮助幼儿提升了各方面能力，促进了幼儿的全面发展。有了针对每个教案所细化的观察量规，我们能更精准地从动作发展、脑智发展和社会情感三个方面综合进行反馈。

（1）促进大班幼儿体育游戏中反应能力的发展

第一课时"机智运粮"，脑智发展相关的活动目标是"了解'机智运粮'的游戏规则，并能依据游戏指令快速决策，将大米运回"，游戏设计了四个层次的游戏，包含数量的判断、数量与颜色的判断、位置的判断、规则的理解与变化，层层递进。在游戏一中，教师的口令中不仅涉及大米的数量还涉及了老鼠的编号，因此存在幼儿能理解游戏规则，但是所花的时间较长的现象。通过1—2次的游戏，幼儿逐步掌握游戏规则，并且能准确理解任务规则并执行。游戏二的游戏规则出现变化，75%的幼儿能随任务规则变化而及时调整行为，15%的幼儿关注到了规则的变化但是需要较长时间进行调整，10%的幼儿则是犹豫不决，选择模仿他人。在游戏三中，幼儿需要确定对面终点位置，并进行位置交换。在这个层次初次游戏时，90%的幼儿需在教师的提醒帮助下，才能确定终点位置，10%的幼儿能达到水平3"迅速判断任务路线的起点和终点位置"。"机智运粮"的比拼游戏，加入"猫"这一角色，考验幼儿的预判和快速决策能力，看他们是否能选择最安全的路线运回大米。在这一环节，90%的幼儿能够顺利运回大米。

第二课时"鼠鼠之争"，目标主要是"适应游戏规则的变化，能在教师问题引导下尝试练习，逐步提高决策和应变的能力"。游戏一和游戏二中主要围绕大米颜色和数量的变化而开展，有了第一课时的经验后，所有幼儿都能到达水平3的要求。游戏三要求四人一组合作运大米，大米的颜色和数量都出现了多种组合变化（比如，三粒红色大米，四粒绿色大米，五粒黄色大米），在这个游戏中，幼儿要在规定的时间内，小组讨论出最优方案，并且快速执行。在这个游戏中，面对四种颜色组合的任务单和两种颜色组合的任务单，幼儿能迅速依据任务目标确定最优方案并顺利执行，但出现三种颜色组合时，四个小组中有三组都出现失误，有的是数量分配上没达成一致，幼儿之间存在分歧，合作意识不强；有的是小组内个别幼儿没能理解游戏规则。在小结讨论中，幼儿都意识到了，完成任务之前，确定方案是最重要的，小组合作需要彼此信任、相互支持，而不是各执己见。第二次尝试中，三组都顺利完成了任务，仅有一组出现失误。

第三课时"老鼠运大米"，目标包含了"逐步提高决策、应变及分工合作的能力"，这对幼儿的合作与竞争有了更高的要求。游戏一，猫鼠分别接力运大米，越多越好，大米有的可见有的不可见，需要幼儿对位置有一定的判断力，在这个游戏中，幼儿都能很好且快速地运回大米，位置判断失误后，也能立马重新出发。游戏二，猫鼠相互争夺大米，每队都存在守与攻，幼儿在路线决策、方案决策、突发处置方面，50%能达到水平3，另外50%处于水平2和3之间。

图 4-5 "机智运粮"大比拼

图 4-6 "老鼠运大米"

（2）提高大班幼儿折返跑的能力

在运粮食的情境中，折返跑这一技能一直贯穿在每个游戏中。通过三个课时不断重复的折返跑游戏，幼儿对折返跑的动作模式更加熟悉，能够在听到哨声后迅速做出反应，快速启动和转向，体现了幼儿敏捷性的提升。在运大米的过程中，幼儿不仅学会了快速折返，还学会了在跑动中准确锁定目标大米（同色大米），这要求他们在高速移动中保持高度的专注力和判断力。游戏中不仅有折返跑，在"机智运粮"中还有躲闪跑，幼儿需要不断调整身体姿势和步伐，以维持平衡并快速完成任务。这种反复的练习也促进了幼儿身体协调性的发展，使他们在跑动中更加稳定。

（3）社会性情感的提升

在"猫鼠大战"的三个课时里通过反复的游戏实践，幼儿逐渐形成了对规则的尊重和遵守意识。他们明白了在游戏中必须遵守规则，这有助于幼儿在未来的社会生活中遵守法律法规和道德规范。在第二课时和第三课时的游戏过程中，幼儿需要分组合作，共同完成任务。这种团队合作的模式让幼儿学会了相互支持、协作配合。通过共同努力实现目标，幼儿体验到了团队合作的力量和乐趣。

在第二课时的游戏三"小组合作运异色大米"以及第三课时的游戏二"争夺大米"中，幼儿需要分组讨论并制定策略，这个过程中，他们从一开始的"互不妥协"到"学会了如何清晰地表达自己的意见和想法，同时也学会了倾听同伴的观点"，通过有效沟通，幼儿更好地协作完成了任务，提高了沟通能力。这个过程也让幼儿学会了尊重他人的意见，理解并接受不同的观点，从而达成共识。这种协商能力对于幼儿未来的社会交往和合作至关重要。

在每次游戏结束后，无论是胜利还是失败，教师通过表情、语言和肢体动作都给了幼儿肯定和鼓励。幼儿在这样的一次次游戏中学会了更加真实地面对自己的情感，并学会了用适当的方式表达出来。

四、协调类

1. 活动"勇敢的排爆兵"

大班体育活动"勇敢的排爆兵——争当排爆兵"(第一课时)

表4-19 运动类别

技能维度	达成情况
记忆类(空间记忆、言语记忆、数字记忆)	
专注类(视觉专注、听觉专注、视听整合)	√√
反应类(即兴判断、快速决策、灵活调整)	√
协调类(手眼协调、左右协调、手脚协调)	√√√
创新类(想象能力、计划能力、规则意识)	

表4-20 教学设计

活动目标	1. 在"争当排爆兵"的情境中,能用双手前抛的动作将"炸药包"抛进不同角度的圈内。 2. 尝试用自己的办法估算抛的位置和距离,探索将"炸药包"抛进不同角度的圈内的方法。 3. 感受士兵们争当排爆兵的骄傲与自豪,体验成功完成排爆任务的快乐。
活动重难点	活动重点:能够用自己的方法估算,判断抛出的位置,初步掌握抛准的本领。 活动难点:调整手的位置高低、距离以及用力大小,手眼协调地将玩具抛准进圈内。
活动准备	经验准备:有双手前抛物体的经验,知道排爆手的任务。 材料准备:四人一个圈(直径58厘米、圆心与幼儿视线等高,高约130厘米至140厘米),一人一个"炸药包"(重量为1.5千克、尺寸约为25厘米×25厘米)。 场地准备:大于15米×25米的空旷的场地。
活动过程	

(一)情景引入,激发幼儿活动兴趣

师:士兵们,我们接到了一个通知,要选拔最厉害的士兵成为排爆手,你们想要报名参赛吗?

师：在选拔之前，我们要进行一些训练。你们知道排爆手的任务是什么吗？

（引导幼儿知道要将"炸药包"放在无人区引爆。）

师：士兵们，你们准备好参加训练了吗？

（二）通过四种游戏，探索将"炸药包"抛进不同角度圈的方法

游戏一：将"炸药包"抛向圆心与眼睛高度一致的 30 度后倾角度的圈。

师：这里有 4 个圆形通道，你们看这它们是怎么放的？

（引导幼儿观察，发现圆形通道是向上仰的。）

师：我们现在开始训练，请听规则——你们需要站在安全线外将"炸药包"抛进圆形通道到达无人区，完成排爆任务。听明白了吗？准备开始。

【幼儿进行训练，游戏持续大约 3 分钟。】

师：你们抛进圈内了吗？

师：你是怎么把"炸药包"抛进圈内的？

（引导幼儿巩固双手前抛的动作。）

师："炸药包"是怎么进入圈内的？

（引导幼儿观察炸药包进圈的路线。）

小结：原来想要"炸药包"准确穿过向上仰的圈，不仅要瞄准圈，双手抛，还要观察"炸药包"的路线，让炸药包落进圈内。

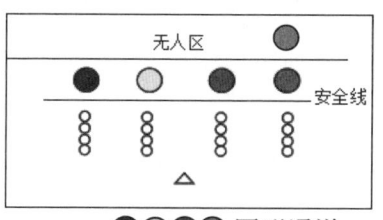

安全线距圆形通道 1.5 米

幼儿与仰角圆形通道示意图

游戏二：将"炸药包"抛向圆心与眼睛高度一致的垂直角度的圈。

师：你们瞧，现在圈的角度发生了什么变化？

（引导幼儿观察，发现圆形通道是垂直于地面的。）

师：这次你们还能完成训练任务吗？

师：请你们站在安全线后，准备开始。

（根据幼儿游戏情况，再次强调规则。）

【幼儿进行训练，游戏持续大约3分钟。】

师：你们抛进圈内了吗？

师：你是怎么把"炸药包"抛进圈内的？

师："炸药包"是怎么进入圈内的？

（引导幼儿观察"炸药包"进圈的路线，知道"钻"入圈内时成功率高。）

小结：原来想要"炸药包"准确穿过竖直的圈，不仅要瞄准圈，双手抛，还要观察"炸药包"的路线，让"炸药包"较平地"钻"进圈内。

师：请你们用这个方法再试一试，看看这次抛进了几个。

【幼儿再次训练，游戏持续大约3分钟。】

师：这次成功了几次？你们可真厉害！

幼儿与垂直角圆形通道示意图

游戏三：将"炸药包"抛向与眼睛高度一致的30度前倾角度的圈。

师：士兵们，现在圈的角度又发生了什么变化？

（引导幼儿观察，发现圆形通道是向下俯的。）

师：你们还能完成训练任务吗？

师：请你们站在安全线后，准备开始。

（根据幼儿游戏情况灵活调整，观察是否需要再次强调规则。）

【幼儿进行训练，游戏持续大约3分钟。】

师：你们抛进圈内了吗？

师：你是怎么把"炸药包"抛进圈内的？

师："炸药包"是怎么进入圈内的？

小结：原来想要"炸药包"准确穿过向下俯的圈，不仅要瞄准圈，双手抛，还要观察"炸药包"的路线，让"炸药包"向上"飞"进圈内。

师：请你们用这个方法再试一试，看看这次抛进了几个。

【幼儿再次训练，游戏持续大约3分钟。】

师：这次成功了几次？你们可真厉害！

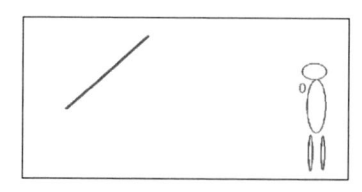

幼儿与俯角圆形通道示意图

游戏四：合作排爆。

1. 双人合作练习。

师：抛进无人区的训练看来都难不倒你们，请接受新的挑战！挑战之前我们要练习一个新的本领。

师：请听规则——两人一组，用一个"炸药包"进行互相抛接练习，不让"炸药包"落地。

师：请你们迅速找到合作伙伴，将其中一个"炸药包"放进框内，准备挑战。

【幼儿两两进行互相抛接，注意不让"炸药包"落地，游戏持续大约2分钟。】

师：我发现他们这组成功率最高，可以给我们分享一下你们的方法吗？（引导幼儿发现，抛的人要眼睛看对方，调整距离和用力大小，双手抛，接的人要看准并快速接。）

【幼儿带着好方法。再次进行训练任务，游戏持续大约3分钟。】

2. 四人合作抛接。

师：祝贺你们成功完成训练任务，迎来了最终挑战。

师：请听规则——四人一队分别站在颜色标记处，从起点开始，用抛接的方式传递"炸药包"，最后一人将"炸药包"抛进圈内，框内"炸药包"最先运完的一组获胜。若中途"炸药包"落地，则捡起后继续传递。

师：听明白了吗？请你们先找到颜色标记处。准备开始。

【幼儿进行第一次挑战。】

师：恭喜××队获得比赛胜利，可以分享你们的方法吗？

【根据幼儿回答，再次提炼"抛的人要眼睛看对方，调整距离和用力大小，双手抛，接的人要看准并快速接"的方法。】

师：他们的方法你们记住了吗？那我们再来一次！

【幼儿进行第二次挑战。】

师：恭喜××队获得比赛胜利，他们抛得最准、接得最稳，所以速度最快，下次我们也要用这样的方法。

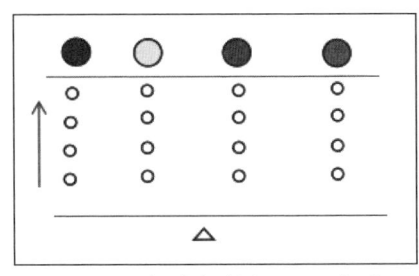

四人合作抛接场地示意图

（三）结束环节

师：恭喜你们通过层层选拔，成为优秀的排爆手，给自己鼓鼓掌吧！之后还有更艰难的排爆任务，相信你们也一定能完成！

活动建议

1. 根据幼儿游戏中手眼协调的能力，适当调整游戏难度：设置不同角度、高度的圈。
2. 关注幼儿游戏情况，明确游戏规则，灵活调整游戏次数。
3. 关注幼儿在游戏中的情绪状态，表扬与鼓励幼儿坚持游戏、不怕困难等榜样行为，培养幼儿良好的学习品质。
4. 注重幼儿间的交流及反馈，教师从动作、表现等进行提炼、总结。

大班体育活动"勇敢的排爆兵——排爆行动"（第二课时）

表 4-21　运动类别

技能维度	达成情况
记忆类（空间记忆、言语记忆、数字记忆）	
专注类（视觉专注、听觉专注、视听整合）	√√
反应类（即兴判断、快速决策、灵活调整）	√
协调类（手眼协调、左右协调、手脚协调）	√√√
创新类（想象能力、计划能力、规则意识）	

表 4-22　教学设计

活动目标	1. 在"排爆兵排爆炸弹"的情境中，尝试让"炸药包"通过不同角度的信号屏蔽仪，落在无人区内。 2. 能用自己的办法估算抛的位置和距离，手眼协调地将"炸药包"瞄准并通过屏蔽仪。 3. 体验排爆兵成功完成任务的喜悦，增强身体协调能力。
活动 重难点	活动重点：能用自己的办法估算抛的位置和距离，手眼协调地将"炸药包"瞄准并通过屏蔽仪。 活动难点：在"排爆兵排爆炸弹"的情境中，尝试让"炸药包"通过不同角度的信号屏蔽仪后，落在无人区内。
活动准备	经验准备：有抛接物体的经验 材料准备：屏蔽仪（圆筒直径 33 厘米、长度 30 厘米、距离地面 1 米的管道）15 个，一人一个"炸药包"（重量为 1.5 千克、尺寸约为 25 厘米 ×25 厘米）。 场地准备：大于 15 米 ×25 米的空旷的场地，可悬挂屏蔽仪的网架。
活动过程	

（一）情景引入，激发幼儿活动兴趣

师：勇敢的排爆兵们，现在需要你们完成一系列的排爆训练，顺利完成的才能参加最终的排爆任务，你们有信心吗！

（二）探索将"炸药包"越过网架到达无人区的最适合的方法

师：这个网架后面就是无人区，我们需要把"炸药包"送到无人区进行排爆，那怎么才能让"炸药包"越过网架，到达无人区呢？请你们试一试。

（引导幼儿用自己的方式让"炸药包"越过网架。）

【幼儿进行动作探索，游戏持续大约两分钟。】

师：你们成功让"炸药包"越过网架了吗？是用了什么动作？

【请幼儿描述自己的方法，并用动作展示自己的方法。】

师：他们是这样让"炸药包"越过网架的，那你们也用同伴的方法试一试吧！

【幼儿尝试用不同的方法让炸药包越过网架到达无人区。】

师：你们成功了吗？成功了几次？

师：你们遇到了什么问题？

（引导幼儿发现做单手抛、双手投等动作容易出现的问题。）

小结：原来，双腿屈、双手前抛：发力最大最稳；单手抛：发力快但是不稳；双手肩上抛：别扭。

师：××老师发现××小朋友的成功率最高，我们一起来看一看她是怎么做的。

（请××小朋友展示，引导幼儿观察××小朋友的动作。）

师：她是怎么做的，小手和小脚是怎么样的？

小结：原来用两脚分来开，双腿屈，双手前抛的动作是最好发力的，并且能够稳稳地将"炸药包"抛过去。

（三）通过三种游戏，探索将"炸药包"抛进不同角度屏蔽仪的方法

游戏一：让"炸药包"穿过角度向上的屏蔽仪。

师：恭喜你们完成了第一关的排爆训练，都能够将"炸药包"顺利抛进无人区。你们看，现在无人区之前有一排信号屏蔽仪，通过屏蔽仪的"炸弹"将不会被遥控信号引爆，你们能将"炸药包"通过屏蔽仪到达无人区吗？

师：你们看，1号区域屏蔽仪的角度是怎么样的？

（引导幼儿发现屏蔽仪的角度是向上仰的。）

师：你们有信心将"炸药包"顺利抛过角度向上的屏蔽仪吗？

师：请听规则——站在安全线后，将"炸药包"瞄准屏蔽仪送至无人区，捡完"炸药包"可再次排队尝试，直到训练时间结束。

（引导幼儿观察"炸药包"是怎么进入屏蔽仪的，教师巡回指导。）

【幼儿尝试用抛的方式进行游戏，游戏持续大约3分钟。】

师：刚刚你是用什么方法让"炸药包"通过屏蔽仪的？

（引导幼儿探索"炸药包"进入向上仰角的屏蔽仪的方法。）

小结：想要将"炸药包"穿过角度向上仰的屏蔽仪，不仅要瞄准好，双手抛，还要观察"炸药包"的路线，让"炸药包"落进屏蔽仪，才能安全到达无人区。

师：请你们用这个方法再试一试吧！

【幼儿用小结中提及的方法再次游戏，持续大约3分钟。教师巡回指导。】

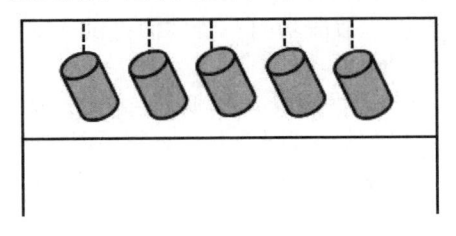

1号区域场地示意图

游戏二：将"炸药包"穿过与地面平行角度的屏蔽仪。

师：我们现在来到了 2 号区域，这些屏蔽仪跟 1 号区域有什么不一样？

（引导幼儿发现屏蔽仪的角度是平行地面的。）

师：请你们再试一试，还能成功地将"炸药包"抛进去吗？

【幼儿尝试用抛的方式进行游戏，游戏持续大约 3 分钟。】

师：你们成功了吗？成功了几次？

师：你是用什么动作让"炸药包"通过屏蔽仪的成功率更高的？

（引导幼儿探索"炸药包"进入平行角度屏蔽仪的方法。）

小结：原来想要"炸药包"准确穿过平行地面的屏蔽仪，不仅要瞄准、双手抛，还要观察"炸药包"的路线，让"炸药包"较平地"钻"进屏蔽仪内。

师：请你们用这个方法再试一试吧！

【幼儿用小结中提及的方法再次游戏，持续大约 3 分钟。教师巡回指导。】

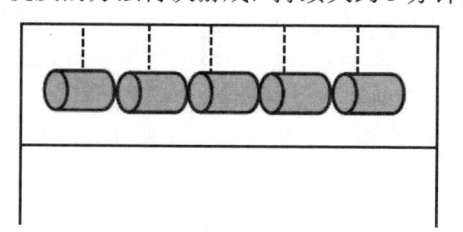

区域 2 场地示意图

游戏三：将炸药包穿过角度向下的屏蔽仪。

师：3 号区域的屏蔽仪是什么样子的？

（引导幼儿观察屏蔽仪的角度是向下的）

师：这次你们也可以挑战成功吗？请你们再试一试，用刚刚的方法还能成功地让"炸药包"穿过屏蔽仪吗？

【幼儿尝试用抛的方式进行游戏，游戏持续大约 3 分钟。】

师：这一次的方法和之前一样吗？有什么需要调整的？

（引导幼儿探索"炸药包"进入向下角度屏蔽仪的方法。）

小结：原来想要"炸药包"准确穿过平行地面的屏蔽仪，不仅要瞄准，双手抛，还要观察"炸药包"的路线，让"炸药包"向上"飞"进屏蔽仪。

师：请你们用这个方法再试一试吧！

【幼儿用小结中提及的方法再次游戏，持续大约3分钟。教师巡回指导。】

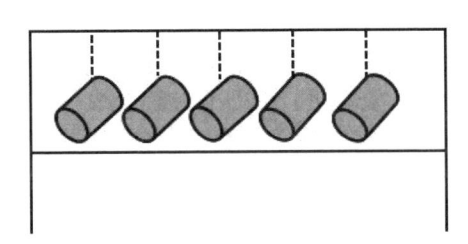

3号区域地示意图

（四）用适合的方法将"炸药包"抛进不同角度屏蔽仪

师：祝贺你们顺利完成排爆训练，那这次我们要进行一个小比赛，看一看哪个士兵的本领更强。你们有信心吗！

师：1—3号区域内有不同角度的屏蔽仪，你们都能成功挑战吗？

师：听游戏规则——三分钟时间内，排爆兵们将炸药包抛进三种角度的屏蔽仪到达无人区内，比一比谁成功的次数最多。

【幼儿参加排爆行动，游戏续持大约3分钟。】

师：你们都成功了吗？

师：有没有站在安全线2或者安全线3后面成功的？

师：表扬顺利完成排爆行动的排爆兵，尤其是站在安全线2、安全线3后面完成任务的排爆兵，勇于挑战！

【幼儿比赛1—2次。】

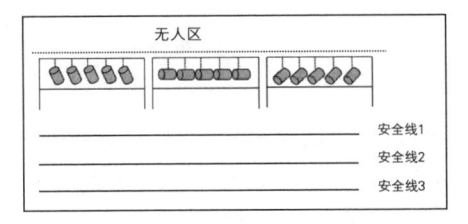

排爆行动场地示意图

（五）结束环节 师：各位排爆兵的任务完成得都很棒，都能够主动尝试、勇于挑战，我们一起放松放松，休息一下吧！
活动建议
1. 根据幼儿游戏中手眼协调能力，适当调整游戏难度：设置不同角度、高度的圈。 2. 关注幼儿游戏情况，明确游戏规则，灵活调整游戏次数。 3. 关注幼儿在游戏中的情绪状态，表扬与鼓励幼儿坚持游戏、不怕困难等榜样行为，培养幼儿良好的学习品质。 4. 注重幼儿间的交流及反馈，教师从动作、表现等进行提炼、总结。

大班体育活动"勇敢的排爆兵——排爆小能手"（第三课时）

表4-23 运动类别

技能维度	达成情况
记忆类（空间记忆、言语记忆、数字记忆）	
专注类（视觉专注、听觉专注、视听整合）	√√
反应类（即兴判断、快速决策、灵活调整）	√
协调类（手眼协调、左右协调、手脚协调）	√√√
创新类（想象能力、计划能力、规则意识）	

表4-24 教学设计

活动目标	1. 在"排爆小能手"的情境中，能够用双手前抛的动作将"炸药包"抛进信号屏蔽仪，使其落在无人区内。 2. 尝试与同伴合作进行排爆任务，能够在接住"炸药包"并抛准的过程中，锻炼手眼协调能力。 3. 感受团队合作取得成功的骄傲与自豪，在游戏中感受团队合作的重要性。

活动 重难点	活动重点：熟练运用双手前抛的动作，手眼协调地将"炸药包"抛进屏蔽仪内。 活动难点：尝试与同伴之间进行合作排爆，能够接住并让"炸药包"精准地通过屏蔽仪，使其落在无人区内。
活动 准备	经验准备：有抛接物体的经验。 材料准备：屏蔽仪（圆筒直径33厘米、长度30厘米，距离地面1米的管道）8个，一人一个"炸药包"（重量为1.5千克、尺寸约为25厘米×25厘米），3条河（1.5米×25米）。 场地准备：大于15米×25米的空旷的场地，可悬挂屏蔽仪的网架。

活动过程

（一）回顾双手前抛的动作经验，激发幼儿活动兴趣

师：排爆兵们，我接到了一个比赛通知，你们想要参加吗？

师：那我们来看第一关——单兵作战。我们的面前有一条小河，需要将"炸药包"抛进河对岸的屏蔽仪，然后再落到无人区内，你们还记得我们排爆兵的本领吗？

（引导幼儿观察游戏场地，并回忆双手前抛的动作。）

师：请你们用行动告诉我，你们的本领还记得吗？

（引导幼儿面对屏蔽仪进行游戏尝试，回忆双手前抛的动作。）

【幼儿进行练习，游戏持续大约2分钟。】

师：你们成功完成任务了吗？

师：你们面对不同角度的屏蔽仪是怎么做的？

【请2—3名幼儿用动作进行示范，分别示范通过三种角度的屏蔽仪的方法。】

师：面对角度向上仰的屏蔽仪，我们要让"炸药包"落进屏蔽仪；面对这些平平的屏蔽仪，我们抛进去的时候需要让"炸药包"较平地"穿"过屏蔽仪；面对这些朝下的屏蔽仪，我们抛进去的时候需要让"炸药包"向上"穿"过屏蔽仪。

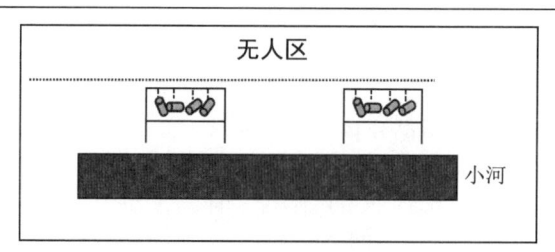

单兵作战场地示意图

（二）通过两种游戏，巩固抛准"炸药包"的方法

游戏一：联合作战。

师：单兵作战看来一点也难不倒你们，第二关的任务需要你们联合作战，先看前面有几条小河？

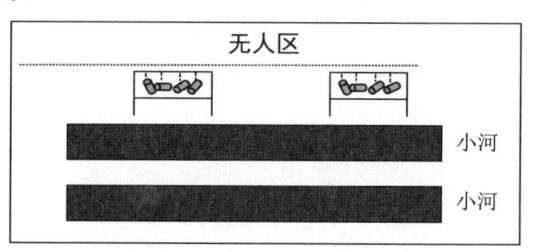

联合作战场地示意图

师：前面有两条小河，你们将分成两人一组，看要怎么才能完成任务？（引导幼儿观察场地并思考。）

【幼儿讨论并说出自己的想法。】

师：你们的方法听起来可真不错呢！那我们一起来试一试吧！

1. 第一次尝试。

师：你们遇到了什么问题？

师：谁能够帮助他解决这个问题？

（引导幼儿明白不仅需要抛准，还要准确接住"炸药包"，这样才能提高成功率。）

2. 第二次尝试。

师：这个好方法你们听明白了吗？我们再来试一试！

【游戏持续大约3分钟，教师巡回指导，重点引导幼儿手眼协调地抛准、接准。】

师：面对联合作战，你们有没有什么好方法？

【幼儿讨论，尝试小结好方法。】

小结：抛的时候要眼睛看，双手抛，接的时候要看着"炸药包"落下来的方向，稳稳地接住。

3. 第三次尝试。

师：请你们再试一试，用这个方法能不能提高任务成功率？

【幼儿再次进行游戏，持续大约3分钟。教师巡回指导。】

游戏二：排爆大比武。

1. 第一轮比赛。

师：能干的排爆兵们，欢迎你们参加这次排爆大比武。排爆大比武中表现出色的士兵将获得"排爆小能手"的称号，你们要迎接最后的挑战吗？

师：听游戏规则——3分钟时间内，排爆兵两两组合进行联合排爆，炸药落地或未进入屏蔽仪则重新开始，成功一次将在计分板上为你们的队伍积上一分，分数最高的一队获胜！

【幼儿参加排爆大比武，游戏持续3分钟。】

师：恭喜这一队获胜，队员将获得"排爆小能手"的称号！你们是怎么得到这么多分数的？

【获胜队伍分享经验。】

师：抛的时候要眼睛看、双手抛，接的时候要看着"炸药包"落下来的方向，稳稳地接住。原来不仅要抛得稳，也要接得稳才行！

2. 第二轮比赛。

师：他们分享的经验你们记住了吗？让我们再来一次比武，看看这一次会不会出现新的"排爆小能手"！

【幼儿参加排爆大比武，游戏持续3分钟。】

师：表扬顺利出色的排爆手，尤其是比武中一次也没有懈怠的排爆手。

【幼儿开展比赛1—2次。】

（三）结束环节

师：这次的排爆大比武，让我看见了认真努力的排爆手们，为你们点赞！我们一起放松放松，休息一下吧！

活动建议

1. 根据幼儿游戏中手眼协调的能力，适当调整游戏难度：设置不同角度、高度的圈。

2. 关注幼儿游戏情况，明确游戏规则，灵活调整游戏次数。

3. 关注幼儿在游戏中的情绪状态，表扬与鼓励幼儿坚持游戏、不怕困难等榜样行为，培养幼儿良好的学习品质。

4. 注重幼儿间的交流及反馈，教师从动作、表现等进行提炼、总结。

2. 活动案例分析

（1）促进大班幼儿脑智发展

我们以《纲要》和《指南》为理论基础，结合幼儿脑智、动作及社会情感发展的专业量规，设计了三个课时的"勇敢的排爆兵"大班体育游戏活动并进行教学实践。通过近两个月的持续执教、细致观察与分析，我们适时调整活动设计，确保能够直观且准确地评估幼儿成长。量规的应用显著提升了幼儿的综合能力，有效促进了其全面发展，同时，细化的观察指标使得我们在脑智、动作与社会情感三个关键领域内的反馈更加精准。

"勇敢的排爆兵"系列活动分为第一课时"争当排爆兵"、第二课时"排爆行动"、第三课时"排爆小能手"，我们根据幼儿的特点进行了有层次性的活动设计，具体如下。

第一课时的活动目标围绕"尝试用自己的办法估算抛的位置和距离，探索将'炸药包'抛进不同角度的圈内的方法"进行，通过层层递进的游戏提升幼儿双手前抛的准确性。针对抛准这一目标，游戏一分别设计了将炸药包抛向圆心与眼睛高度一致的"30度后倾角度的圈""垂直角度的圈""30度前倾角度的圈"这三个层次。在协调能力中抛接能力这一方面能够达到水平2"无法在固定位置抛或接住一定重量的物体（如前抛、上抛等）"的幼儿占80%，其中90%的幼儿能够通过调整位置达到抛准的目标。达到水平3"能在固定位置抛或接住一定重量的物体（如前抛、上抛等）"的幼儿占33%。在游戏四中，幼儿通过自己调整距离来努力完成任务，合作排爆成功的幼儿高达80%，处于水平2与水平3之间。

第二课时的活动目标围绕"在'排爆兵排爆炸弹'的情境中，尝试让'炸药包'通过不同角度的信号屏蔽仪，落在无人区内"展开。幼儿在第一课时的经验铺垫下，顺利采用双手前抛并瞄准的动作进行排爆任务。在面对第一个排爆任务的时候，80%的幼儿能让"炸弹"落在无人区里，20%的幼儿经过再次尝试，也能够完成第一关的任务。在第二关任务的挑战过程中，面对不同角度的屏蔽仪（向上的屏蔽仪、与地面平行角度的屏蔽仪、向下的屏蔽仪），需要探索不同的方法，这是本次活动的难点。幼儿需要观察屏蔽仪的不同角度，并思考如何使"炸药包"通过这些屏蔽仪并到达无人区，所有幼儿都能够发现屏蔽仪的不同，但在探索方法时，大部分幼儿出现了困难。

针对第二课时出现的大部分幼儿出现困难的情况，我们继续围绕第二课时进行延伸，设计了"排爆小能手"的游戏。第一关，面对不同角度的屏蔽仪进行排爆，巩固幼儿面对不同角度的屏蔽仪时排爆方法的运用。第二、三关加入合作元素，面对被两条"小河"隔开的屏蔽仪，幼儿合作抛接"炸药包"，不让"炸药包"落地。面对要抛准1.5千克的"炸药包"，幼儿不仅仅需要幼儿手眼协调，更要协调全身的力量。综合第二课时与第三课时的游戏效果来看，能够达到协调能力中抛接能力水平2的幼儿占幼儿总数的67%，能够达到水平3"能在固定位置抛或接住一定重量的物体。（如前抛、上抛等）"的幼儿占33%。

（2）提升大班幼儿抛接的能力

在"勇敢的排爆兵"情境中，我们不断给予幼儿富有挑战性的任务。首先是在材料调整的方面，由一开始的活动前摸底入手，发现幼儿使用1千克以下的"炸药包"较轻松。所以在后期活动进行时，将"炸药包"的重量调整为1.5千克，观察幼儿在游戏任务中的完成度。1.5千克的重量对于幼儿进行双手前抛的动作时，存在挑战性，能够激发幼儿挑战的兴趣。在设置目标物的时候，采用了可调节的圆形通道，基本高度为130厘米至140厘米之间，尽可能与幼儿的视线一致。幼儿距离目标物设置了区间包括1米、1.5米、2米的挑战难度，以便满足不同的幼儿需求。

（3）增强大班社会情感

"勇敢的排爆兵"游戏让幼儿获得了身体锻炼和能力成长的宝贵机会。我们营造出幼儿能够认同的、贴近现实又富有教育意义的游戏环境，确保游戏的复杂度与幼儿的认知发展阶段相匹配。活动中的每个幼儿都会被赋予排爆兵的角色，通过沉浸式的角色扮演，幼儿能够深入理解责任与勇气的内涵，同时促进体育活动与日常社会互动之间的有机融合。与此同时，促进其身体协调性的发展，并触及他们内心的情感层面，确保他们在快乐中学习、在实践中成长，持续激发他们对周围世界的探索欲和自我表达的能力。

在游戏的不断进阶和师幼迭代性对话中，在完成一次次排爆任务的过程中，他们能够达到自我意识中水平3的层次"主动承担任务，遇到困难能够坚持而不轻易求助"，遇到困难时面对人际关系方面的技能能够达到"活动时能与同伴分工合作，遇到困难能一起克服"。

图4-7 "勇敢的排爆兵"

五、创新类

1. 活动案例

以下将结合体育游戏"抛接小能手"中的教学实践，进一步阐述如何设计、实施脑科学视角下的创新类体育游戏。

过程一：调动幼儿内在动机，触发创新引擎。

（1）创设游戏情境，联结运动要点与幼儿经历

游戏开始时，幼儿对抛接球有一定的兴趣，但随着游戏的深入，重复的动作练习使幼儿专注度、兴趣度下降。于是，教师基于脑科学视角，重新调整活动，对幼儿的创新动机予以必要引领、对幼儿的创新玩法予以必要指导。这意味着不仅教师需要有创新教育的意识，幼儿也需要有创新的欲望。围绕"激发兴趣""发展想象"等关键能力，教师在游戏导入时把抛、接、投掷等动作技能和幼儿以前所经历过的游戏联系起来，创设收获粮食的游戏情境。在这新颖又有迹可循的游戏情境中，幼儿主动代入农夫的角色，将球当作粮食，积极练习，游戏兴趣明显提升。

（2）给予适当空间，平衡既定规则和自由探索

教师不仅要使幼儿在游戏中遵守规则、掌握动作要领，还要尊重幼儿的创造性表现，给予幼儿自由探索的空间。在游戏顺利、有序开展的前提下，教师可引导幼儿围绕抛、接、投掷等动作技能尝试其他创新玩法，支持幼儿的自主探索，激发幼儿的创新意识。

（3）尊重个体差异，给予幼儿积极的情感体验

游戏的初始设计为定点抛球，即幼儿站在固定位置将球抛入筐中。对一部分运动能力较强的幼儿来说，这没有难度，同等距离下的反复练习，使幼儿的游戏兴趣下降且对幼儿动作发展的促进收效甚微；对另一部分运动能力较弱的幼儿来说，该距离较远，多次抛接中仅有一次或几次成功，如再使用这一距离，幼儿会出现畏难情绪，游戏兴趣也会下降。于是，教师将同一距离的定点抛球改为幼儿可根据自己的能力情况自由调整距离。该挑战性任务发布后，运动能力较强的幼儿不断调整距离，到更远的地方练习抛球，形成能力进阶；运动能力较弱的幼儿则主动缩短距离，以保证自己能用抛的方式将球投入筐中，既体验到游戏的乐趣，又收获了相关经验。在游戏过程中，幼儿通过自身体验便能明确感知自己的能力水平，完

成自我评价；同时，幼儿在自我评价过程中不断提升经验、感受成功，进一步激发了游戏兴趣。

（4）保障幼儿主体地位，培养自主创新能力

在幼儿已初步掌握抛接游戏的玩法后，教师围绕关键技能，创设一个更大的空间让幼儿自主探索。这一阶段游戏的初步设计为四个幼儿一组，运用抛接的相关运动技能，将球从起点运至终点，小组内可根据成员的能力水平自由分配运送距离。但在实际游戏中，幼儿完全遵守教师创设的规则，各小组运球形式基本相同，无法发展幼儿的创造性。此外，该游戏以竞赛形式进行，组内个别运动能力较弱的幼儿容易被同伴指责，幼儿的游戏体验感较差，游戏的兴趣度也会降低。于是，教师便引导幼儿运用已有经验，围绕抛接的动作技能，创新游戏规则并自由分组。此时教师逐渐退位，让幼儿成为游戏的主人，充分发挥幼儿的创造力。在一轮游戏后，幼儿往往对自己的能力水平有了更加清晰的评估与定位，教师可引导幼儿思考刚刚游戏中出现的问题以及怎么改进，再次游戏。整个阶段游戏结束后，教师再组织各小组交流展示，通过有层次、有深度的提问和回应，引导幼儿深入思考、反思不足，使其回顾游戏经验，提升抛接水平。

过程二：支持幼儿积极加工，促进主动创新。

第一阶段游戏结束后，以抛接为关键技能，在幼儿已经掌握该技能的基础上，教师给予适宜引导，让幼儿发挥创新能力，设计出新的游戏活动。

（1）多层次定点抛球

幼儿结合抛球的关键技能，并根据自身水平自由设置了更远距离的抛球游戏。部分幼儿调整了游戏场地和器材，将原先口径较大的筐替换为口径较小的筐，多方面提升游戏难度。在这一过程中，教师为幼儿提供材料支持，并引导幼儿明确抛球要点、调整游戏规则。

（2）多人抛接球

在能熟练完成同伴间相互抛接的基础上，幼儿积极挑战难度更大的游

戏。由原先的两人之间的抛接，转变成多人之间的抛接，在抛接的过程中还明确了"球不能落地，落地就失败"的游戏规则，大大增加游戏难度。在这一过程中，教师关注到幼儿已具备基本抛接能力，便适时退位，让幼儿自由练习。游戏后，教师请完成较好的小组进行展示，并通过有效提问帮助幼儿总结提升已有经验，促进幼儿动作发展。

（3）抛接大挑战

经过前两个创新游戏的练习，幼儿已能熟练掌握抛接这一技能。因此，教师进一步激发幼儿的创新能力，仅明确"运用所学抛接技能"和"保证球不落地"两项基础规则，让幼儿自创游戏玩法。有的小组设计了游戏"爱的魔力转圈圈"，幼儿围成一个圆圈，用一个球自由进行抛接；有的小组设计了游戏"车轮式传球大赛"，幼儿排成一列，前后组员间依次抛接传球，最后一名队员将球抛进筐中。在这一过程中，教师再次退位，观察幼儿的游戏行为和表现，对幼儿进行即时性评价，为幼儿提供适时的反馈和支持，调动幼儿的游戏兴趣，激发幼儿的创新意识。

2. 活动案例分析

创新类体育游戏在实施中需要关注三个方面。第一，调用经验，主要表现为对经验进行积极加工的能力，这需要教师有意识地鼓励、引导幼儿运用已有经验解决问题，并提出创造性的解决方式；第二，适时支持，创新过程是对经验再组织和加工的过程，在这个过程中，教师要给予幼儿不具"限制性"的时间和空间；第三，即时评价，教师要关注活动过程中的评价环节，及时帮助幼儿回顾反思、优化提升。

综合三个方面的要求，教师在具体的教学实践中可采取以下措施：

一是突破教育界限，关注幼儿学习与发展的整体性。所谓突破教育界限，就是教师要有跨领域、跨学科尝试的勇气，注重幼儿学习的动态过程，实现领域之间、目标之间的相互渗透和整合。借助脑科学的相关研究，教师可明晰人是如何学习、学习如何发生等系列问题，更好地理解幼儿的学习方式和特点，从而运用更科学的方式开展教育。

二是营造积极的心理氛围，激发内在动机。首先，要营造健康积极的环境氛围。宽松、愉悦和安全的环境氛围，有利于幼儿创新能力的培养，在没有压力的环境下，幼儿会更投入地参与游戏活动，主动创新游戏玩法和规则。其次，要建立宽容和自由的沟通渠道。"心理自由"和"心理安全"是创新氛围形成的两个重要因素。教师需要理解幼儿行为背后的原因，以宽容的态度理解、尊重幼儿的想法。当幼儿出现新的想法和方法时，教师要予适时的评价和反馈，强化他们创新的意识，增强其内在动机。

三是运用适宜的评价方式，促进积极加工。为使游戏效益最大化，教师要有目的、有意识地利用好各阶段的评价环节，准确判断幼儿在活动中的水平和状态，第一时间给予幼儿适宜的回应，充分调动幼儿的游戏积极性，激励幼儿自主创新，帮助他们在原有水平上有所提升，在原有经验的基础上不断更新。

第二节

体育游戏促进幼儿脑智发展的儿童个案分析

一、记忆类体育游戏个案

表 4-25　幼儿基本情况记录表（大宝）

幼儿姓名	大宝	性别	男	年龄段	大班	指导教师	葛老师
具体行为表现	情绪						

幼儿姓名		大宝		性别	男	年龄段	大班	指导教师	葛老师
具体行为表现	情绪	情绪稳定，能够较好地控制自己的情绪，对老师和同伴的表扬感到高兴，对批评能虚心接受。								
	语言表达	语言表达能力强，能够用清晰、连贯的句子表达自己的想法和感受，喜欢听故事并尝试复述。								
	语言理解	对老师的指令和故事情节有深刻的理解，能够迅速捕捉关键信息并做出反应。								
	社会性交往	善于与同伴交往，乐于助人，能够主动分享玩具和食物，偶尔会有小争执但能够迅速解决。								
	运动能力（大肌肉）	运动能力强，喜欢参加户外活动，如跑步、跳跃、攀爬等，动作协调灵活。								
	精细动作（小肌肉）	能够熟练使用剪刀、画笔等工具进行手工制作和绘画，手部动作精细且准确。								
	固执行为	在某些事情上会表现出一定的固执，但经过老师的引导与同伴进行协商，通常能够改变主意。固执行为偶尔出现，但能够通过有效沟通得到解决。								

幼儿姓名	大宝	性别	男	年龄段	大班	指导教师	葛老师
具体行为表现	生活自理能力	能够独立完成穿衣、脱鞋、洗手等基本生活自理任务，但在整理个人物品方面仍需加强。生活自理能力较强，但仍有提升空间。					
家庭教育情况	家庭环境：家庭氛围温馨和谐，父母注重孩子的全面发展，经常陪伴孩子进行亲子活动。 教育方式：以鼓励为主，注重培养孩子的独立思考和解决问题的能力，同时关注孩子的情感需求。						
阶段发展目标	1. 引导幼儿学会使用记忆策略，如分类记忆、联想记忆等，以提高记忆效果和效率。 2. 通过游戏化的实践活动，让幼儿在实践中体验和掌握记忆策略的运用。						

表 4-26　个案观察记录表（大宝）

幼儿姓名	大宝	性别	男	年龄段	大班	指导教师	葛老师
观察时间	2024 年 3 月—6 月						
观察记录 1	幼儿在记忆阶段有些困难，需要多次回顾迷宫地图才能记住路径。向同伴询问了 3 次，但在寻宝阶段，他并没有放弃，而是不断尝试和调整自己的方向，最终成功找到了宝藏。这一过程中，他展现出了坚持精神和良好的问题解决能力。						
观察记录 2	多数幼儿对游戏表现出浓厚的兴趣，积极参与并努力记忆物品位置。他们之间的合作与竞争氛围良好，相互鼓励和支持。部分幼儿能够迅速且准确地记住多个物品的位置，并在寻找阶段迅速完成任务。而另一些幼儿则表现出较强的观察力和逻辑推理能力，通过排除法等方法找到目标物品。随着游戏难度的增加，部分幼儿遇到了记忆困难，但他们并没有放弃，而是尝试通过多次观察、询问同伴或教师等方式来克服困难。						

续表

幼儿姓名	大宝	性别	男	年龄段	大班	指导教师	葛老师
观察记录3（如果还有同类型行为的观察记录就继续往下增加表格）	大部分小组在游戏中展现出了良好的团队协作能力。队长认真记录信息，队员之间积极沟通，确保信息的准确传递。有些小组还采用了分工合作的方式，如有的负责记忆，有的负责传递，提高了游戏效率。在游戏过程中，一些小组遇到了记忆物被移动或混淆的情况，但他们能够迅速调整策略，通过重新观察、询问同伴或教师等方式来应对挑战。这种应对挑战的能力对于幼儿的发展具有重要意义。整个游戏过程中，幼儿的情绪高涨，积极参与，展现出了对游戏的浓厚兴趣和热情。即使遇到困难，他们也能够保持乐观的态度，努力寻找解决问题的方法。							
情况分析	"小羊送外卖"游戏不仅锻炼了幼儿的空间记忆能力，还促进了他们的团队协作能力、沟通能力和快速反应能力的发展。通过游戏，幼儿学会了如何与他人合作完成任务，如何面对挑战并寻找解决问题的方法。同时，游戏还激发了幼儿对学习的兴趣和热情，为他们的全面发展奠定了良好的基础。在未来的教学中，教师可以继续探索更多类似的记忆类体育游戏，以丰富幼儿的学习体验并促进他们的全面发展。							
指导策略	1.规则讲解与示范：在游戏开始前，教师详细讲解游戏规则，并通过示范来帮助幼儿理解游戏规则和玩法，确保每位幼儿都清楚游戏的目标和参与方法。 2.观察与引导：在游戏过程中，教师应密切观察幼儿的游戏行为，了解他们的兴趣点、难点和困惑，适时给予指导和帮助，引导幼儿积极参与游戏，并鼓励他们尝试解决问题。 3.鼓励团队合作：在记忆类体育游戏中，团队合作是非常重要的。教师应鼓励幼儿协作完成任务，培养他们的团队合作精神和社交能力。 4.增加挑战与激励：根据幼儿的游戏表现和能力水平，适时增加游戏的挑战性，以激发幼儿的潜能和积极性。同时，通过表扬和奖励等方式，激励幼儿更好地参与游戏并取得进步。							

续表

幼儿姓名	大宝	性别	男	年龄段	大班	指导教师	葛老师
家长工作	家长需要了解记忆类体育游戏对幼儿成长的重要性。这些游戏不仅能提升幼儿的空间记忆能力、观察力和反应速度，还能培养他们的团队合作精神和社交能力。家长可以在家中安排固定的游戏时间，与幼儿一起进行记忆类体育游戏的延伸活动。这不仅可以巩固幼儿在幼儿园学到的知识和技能，还能增进亲子关系。家长也可以在家中为幼儿创造一个有利于记忆的环境，如设置记忆角、摆放记忆卡片等。这有助于激发幼儿的记忆兴趣和潜能。						
指导后的表现（也可在下面继续增加表格，记录指导后的表现）	在游戏中，幼儿需要与同伴进行交流和互动，这有助于他们发展沟通、分享和解决问题的能力，提升社交技能。 记忆类体育游戏富有趣味性和挑战性，能够激发幼儿的好奇心和探索欲，使他们对游戏保持浓厚的兴趣。 当幼儿在游戏中成功完成任务或取得进步时，他们会感受到成就感和自豪感，这有助于增强他们的自信心。通过战胜游戏中遇到的挑战和困难，幼儿学会了坚持和勇敢，他们更愿意面对挑战并努力克服困难。						

表 4-27 幼儿基本情况记录表（丞丞）

幼儿姓名	丞丞	性别	男	年龄段	大班	指导教师	张老师
具体行为表现	情绪	情绪比较稳定，每天能开开心心地入园，与同伴相处融洽，能较愉快地参加各项活动，在活动中遇到困难会自己想办法，不随便发脾气。在成功找到玩具或完成简单的任务时，他会表现出喜悦和满足，通过大笑和手舞足蹈来表达自己的快乐。					
	语言表达	声音响亮，吐字清楚，能较完整地表达自己的想法，愿意和同伴、老师分享自己开心或不开心的事，喜欢交流。					
	语言理解	思维逻辑清楚，语言理解能力强，能听懂老师的指令，但在行动上不能较快地做到，执行力有所欠缺。					

续表

幼儿姓名	丞丞	性别	男	年龄段	大班	指导教师	张老师
	社会性交往		有自己固定的玩伴，每天在一起玩耍，与其他小朋友也能共同游戏，知道有困难要寻求帮助，表现出愿意与其他幼儿分享玩具和互动的倾向。他经常与其他幼儿一起玩耍，并在游戏中展现出合作与交流的迹象。他能表现出礼貌的行为，如说"请""谢谢"。他偶尔会与同伴有矛盾。
	运动能力（大肌肉）		运动能力强，喜欢跑、跳等活动，奔跑的速度、胆量、耐力等都比其他小朋友要强，展现出良好的协调性和灵活性。
	精细动作（小肌肉）		精细动作发展一般，不主动参加绘画、剪贴等活动，能用剪刀沿直接剪，但不熟练。在绘画活动中，他喜欢用彩色笔在纸上涂鸦，这显示了他对精细动作的兴趣和初步的协调能力。
	固执行为		自己认定的事一定要做，不能听从成人的劝解，跟随自己的想法做事，较为固执。例如，当他在玩耍时被要求停下来做其他事情，他可能会表现出强烈的反抗，坚持继续原来的活动。这种固执行为可能反映了他对自我的控制和自主性的追求。
	生活自理能力		生活自理能力较强，能快速地吃完所有的饭和菜并保持桌面干净，会穿脱衣裤并叠整齐。但在做事情的时候会出现丢三落四的情况，不能独立地完成完整的事情，需要老师去提醒并指导完成。
	记忆方面		短期记忆方面，在听到简单的故事或者指令后，能够短时间内记住并复述出来。例如，我们给他讲一个简单的故事，然后询问他故事的内容，他能够准确地复述出一些关键的内容来。 长期记忆方面，对过去的事情的记忆不是很稳定，容易受到外界因素的干扰。例如，询问他一周前发生的事情，他可能只能记住一些片段或者完全忘记。

续表

幼儿姓名	丞丞	性别	男	年龄段	大班	指导教师	张老师
家庭教育情况	孩子妈妈在家全职带孩子,在对待孩子的教育问题上,妈妈秉持放养的模式,只要孩子不犯原则上的大错,就不插手他的各种活动。							
阶段发展目标	1. 提升理解能力,能够看懂任务单的内容,能够主动地与同伴或者老师进行交流和沟通。 2. 提升记忆能力,包括空间记忆、语言记忆以及数字记忆等;会使用一些简单的记忆策略,如重复、分类、联想等提高记忆的准确性。 3. 提升自理能力,能够完整地完成一定的任务。							

表4—28 个案观察记录表(丞丞)

幼儿姓名	丞丞	性别	男	年龄段	大班	指导教师	张老师
观察记录1	在"小羊送外卖——初识外卖工作"的活动中,丞丞的眼睛一直看着老师,展现出了极高的热情和参与度。 在第一课时,我们主要引导幼儿了解外卖员的工作内容和工作要求,让幼儿体验做外卖员完成送货任务时成功的快乐。 在活动开始时,丞丞眼睛一直看着执教老师,听老师讲解外卖员的工作职责。 丞丞接过任务单后,仔细阅读并牢记了任务单中要送的包裹和目的地。丞丞认真地说:"我明白了,外卖员要像超级英雄一样快,确保物品准确地送达目的地。" 丞丞一边核对任务单,一边整理需要送出的物品,并小声念叨:"萝卜要送给小兔兔家,骨头送给小狗家,猫猫爱吃鱼,鱼鱼送给猫猫家,牛牛是吃草的,所以草儿送给牛牛家。" 丞丞拿着包裹,在5—8米的路程中迅速地奔跑。他身体稍微前倾,双手紧握包裹,眼睛注视着路线,表现出专注和努力的样子。他的小脸上满是认真的表情,仿佛一名职业的外卖员。最终他能准确地将包裹送到每个小动物的家中。							

续表

幼儿姓名	丞丞	性别	男	年龄段	大班	指导教师	张老师
观察记录1	丞丞在送完最后一个包裹后，激动地说："我做到了！我没有送错，我就像一个真正的外卖员一样完成了工作！" 完成任务后，丞丞满脸笑容，自豪地拍了拍胸脯，仿佛完成了一项重大的使命。他的眼睛里闪烁着光芒。 通过这个游戏活动，丞丞不仅理解了外卖员的工作内容，还锻炼了他的记忆力和执行力。同时，他也体验到了通过努力完成任务的快乐，培养了坚持和自信的品质。这个活动不仅让丞丞获得了知识，还让他感受到了成长的喜悦。							
观察记录2	有了第一节课时的体验，我们看到了幼儿对于这个活动的兴趣，我们进行了活动的升级。 在"送外卖技能大比拼"的活动中，活动开始前，丞丞认真听了教师的介绍，包括任务要求和送货顺序。丞丞被分配到A组，A组的任务是先送2根胡萝卜到小兔家，再送2根骨头到小一班。 他准备好自己的任务单和印章，等待老师的指令。活动开始后，丞丞迅速听录音，听完他沉思了片刻。丞丞自言自语地说："先送胡萝卜到小兔家，再送骨头到小一班，这样走最节省时间了。"于是，他通过画图，规划了自己的送货路线。 接着他走到货物仓库，进行货物的清点和打包。他先数出两根胡萝卜，小心翼翼地放进一个透明的塑料袋里，然后把袋子系好，放在一边。接着，他又拿起2根骨头，同样打包好。丞丞一边打包，一边小声说："包装要牢固，保证货物在送货过程中不会损坏。"他看着旁边的幼儿也在打包骨头便问他送去哪里。两位幼儿交流完后，分别拿着自己的物品进行工作。 他拿起胡萝卜，跑到小兔家。 丞丞送完货然后转身跑向下一个目的地，继续他的送货任务。 然后，丞丞沿着送货路线，迅速跑向下一站——小一班。他敲门后，小一班的老师接过骨头，但是，老师打开包裹发现，里面只有1根骨头。这时丞丞连忙道歉，说："非常抱歉，我可能在打包的时候数错了。我这就回去拿骨头给您。"							

续表

幼儿姓名	丞丞	性别	男	年龄段	大班	指导教师	张老师
观察记录2	\multicolumn{7}{l}{小一班的老师露出理解的表情，说："没关系，你去拿吧，我们在这里等你。" 丞丞感激地点头，然后转身快速跑回货物仓库。他找到另一根骨头，快速放进另一个塑料袋里，再次跑向小一班。 丞丞再次敲门，小一班的老师开门后，他递过装有骨头的袋子，说："老师您好，这是你们要的骨头。"}
观察记录3	\multicolumn{7}{l}{为了进一步提高幼儿们的记忆能力，特别是空间记忆和数字记忆，我们再次对活动的难度进行了升级。我们改变了送货的路线和增加了货物的数量，让幼儿自主地规划送货顺序和打包货物的方法。 丞丞听完后，开始认真思考自己的送货策略。他首先想到了小猫家和小菜地的位置，然后在图中画了几条自己可能的送货路线。经过仔细的考虑和计算，他决定先送鱼到小猫家，因为小猫家离起点比较近，这样可以节省时间。然后他再送骨头到小菜地，因为这两个地方是相对独立的，不需要返回起点。"我决定先送鱼到小猫家，然后送骨头到小菜地。这样路线最优化，可以节省时间。" 丞丞首先拿起2条鱼，小心地放进一个塑料袋里，然后把袋子系好。他一边打包，一边小声说："有了上一次送错的经历，为了不送错，我要在包装上标上显眼的提示，这是小鱼。"然后，丞丞拿起2条骨头，同样打包好。他再次检查了自己的任务单，确认了送货的顺序和数量，然后开始按照规划好的路线送货。 丞丞将物品送到小猫家后数了一下物品数量，自言自语道："我得抓紧去送下一家了。"然后转身跑向下一个目的地，继续他的送货任务。通过这次经历，丞丞不仅提高了自己的空间记忆和数字记忆能力，还锻炼了自己的沟通和服务能力。他学会了如何与客户良好互动，并确保服务质量，培养了自信和自豪感。 整个过程中，丞丞表现出了高度的专注。他规划路线时认真思考，送货时快速行动，确保货物准确送达。在活动结束后，丞丞和其他幼儿一起回到了教室。教师询问哪个组的送货更快更好，丞丞自信地举起手，表示自己组的送货是最出色的。}

续表

幼儿姓名	丞丞	性别	男	年龄段	大班	指导教师	张老师
观察记录3	通过这个活动，丞丞不仅锻炼了自己的听力和执行力，还学会了规划和优化路线。他体验到了通过努力和规划完成任务的快乐，并培养了自信和自豪感。							
情况分析	这些活动是以提高语言记忆、空间记忆和数字记忆能力等展开的游戏活动。在丞丞参与活动的过程中，我们发现他有以下几方面的提高： 1. 提高了他的空间记忆能力：在"小羊送外卖"活动过程中，他需要记住任务单上的物品和数量以及送货地点的顺序。这个过程中，他锻炼了空间记忆能力，将任务单上的信息在大脑中形成一个清晰的空间结构，以便于记忆。 2. 培养了他的数字记忆能力：这些活动中的任务单包含了数字信息，如食物的数量和投掷的距离。他需要记住这些数字，并在投掷过程中正确地应用它们。这个过程有助于提高他的数字记忆能力。 3. 锻炼了他的注意力：在"最强大脑"亲子活动过程中，他需要关注有关动作的信息。这有助于提高他的注意力，使他能够更好地应对复杂的任务。 4. 学会了合作与沟通：活动中的小组讨论和合作完成任务环节，让他学会了与他人合作和沟通。他们需要分享自己的想法，倾听同伴的意见，并共同解决问题。 5. 迁移运用记忆策略：在活动中，他学会了运用一些记忆策略，如联想小动物爱吃什么而他点的外卖是什么等。这些策略不仅在这个活动中有效，还能够帮助他在其他学习和生活中更好地记忆信息。 6. 增强了自信心和自主性：通过完成各项游戏活动，他感受到了自己的成就，从而增强了自信心。同时，他在活动中学会了独立思考和解决问题，提高了自主性。 总之，这些活动有助于幼儿提高空间记忆、数字记忆、注意力、合作沟通能力和自主性。在今后的教育教学中，我们可以继续运用此类活动，以促进幼儿的全面发展。							

续表

幼儿姓名	丞丞	性别	男	年龄段	大班	指导教师	张老师
指导策略	\multicolumn{7}{l}{对于大班幼儿而言，他们的空间记忆、数字记忆和语言记忆已经有了一定的发展，为了提高记忆的准确性，我们需要在活动的设计上，通过教师显性的引导和环境隐性的提示，进一步提高幼儿记忆的准确性。 1. 教师的有效引导：每一层次中对任务卡的关键提问要准确清晰，师幼要讨论任务卡上的信息，语言既要清晰又得简练，如果幼儿的理解、记忆出现问题，可以再来一次。活动就是发现问题、解决问题的过程。 2. 优化任务单的设计和布局：任务单要结合图标，要有格子，这样每个幼儿写在格子里的内容才清晰。 3. 优化场地的设计：在不同游戏的场地的布置也需要进一步的优化，要有明显的标识，帮助幼儿观察明显的标记，引导幼儿通过多方面的观察进行记忆，提升记忆能力。}
家长工作	\multicolumn{7}{l}{为了更好地锻炼丞丞对于语言的理解和记忆能力，我们进行了家园共育活动，家长在家中可以让幼儿完成简单的任务，如让幼儿自主地收拾自己的学习物品，把用完的物品清点后放回原处，这也是为小学生活打下基础。通过日常生活中关于空间、语言、数量记忆的锻炼，进一步促进幼儿脑智的发展。 我们让家长在家中也准备进行一些记忆类亲子小游戏活动，锻炼幼儿的记忆能力，如"最强大脑"的进阶版、互动性记忆类游戏等，通过趣味的形式巩固幼儿的记忆能力和专注力。如此，让幼儿在玩中学习和锻炼记忆能力。}

二、专注类体育游戏个案

表 4-29 幼儿基本情况记录表（悦悦）

幼儿姓名	悦悦	性别	女	年龄段	中班	指导教师	吕老师
具体行为表现	情绪	每天情绪稳定，在与同伴交流中时刻保持愉悦。						
	语言表达	喜欢和同伴聊天，但与同伴交流时语言不清晰且不能使用完整的句子沟通。和老师很少交流，不太愿意在老师面前说出自己的想法。						
	语言理解	专注力缺乏，在老师提要求后，眼神游离分散，在重复三四遍后，才能慢慢理解老师说了什么。						
	社会性交往	无固定的玩伴，对性别的认知开始明确，非常乐于助人。						
	运动能力（大肌肉）	喜欢运动，拍球能力增强，尤其双手交替拍球熟练，但平衡、攀爬、跳跃能力等较弱。						
具体行为表现	精细动作（小肌肉）	掌握正确的握笔和抓筷子姿势，会用笔画简单的人物线条，在纸上经常画出数字。						
	固执行为	当我们问她问题的时候，每次都闭口不说，无论怎么引导都不愿意跟我们讲。						
	生活自理能力	能够自己穿脱、吃饭，但偶尔会分不清正反。						

幼儿姓名	悦悦	性别	女	年龄段	中班	指导教师	吕老师
家庭教育情况	向家长了解到，幼儿在家里是个比较活泼开朗的孩子，该幼儿为家中二胎，与哥哥在一起玩的机会较多，由于哥哥在读小学，父母多关注哥哥的学习，甚少陪伴该幼儿游戏、运动、学习等，多数时间是让幼儿一个人无目的地游戏，甚至家长让她自己一个人长时间看动画片。奶奶主要负责照顾其生活起居，奶奶和爸爸性格急躁，若该幼儿在生活中有一些不良习惯及行为，两位成人缺乏耐心与幼儿沟通，多是用责备、大声呵斥、包办等方式，因此幼儿的语言、专注力等能力较弱。							
阶段发展目标	1. 通过日常体育游戏、集体教学活动，使其能够听懂游戏规则并有目的地游戏，提高自控力及专注力。 2. 在体育游戏中，学会认真观察、倾听周围既定的事物或指令，发展视觉专注、听觉专注。 3. 尝试在集体中和同伴相互配合，共同完成游戏任务，通过团队协作更加愿意投入游戏，从而锻炼专注力。							

表 4–30　个案观察记录表（悦悦）

幼儿姓名	悦悦	性别	女	年龄段	中班	指导教师	吕老师
观察时间	2024 年 3 月—6 月							
观察记录 1	在"超市购物"这一体育游戏活动中，幼儿需要看任务单和听任务信息去完成一定距离及重量的拖拉物品折返跑的任务。第一环节看任务单时，悦悦拿着任务单，先是左看看、右看看，接着快速瞄了一眼自己的任务单，然后又东张西望，我问她："你看懂自己的任务单了吗？"悦悦摇摇头不说话。我接着又问："你有哪里不懂的，需要我帮忙呢？"悦悦又低下了头不说话，双手捧着任务单，眼睛转来转去。我和她单独解释了一遍任务单的意思后，她用手指开始进行了点数，听到哨声，她拿着任务单、拖着购物篮出发了。							

续表

幼儿姓名	悦悦	性别	女	年龄段	中班	指导教师	吕老师
观察记录1	过了一会儿，到了验证的环节，她一会儿点数任务单上的物品数量，一会儿又看看自己所拿的物品，最后告诉我："老师，我拿对了。"我一看，物品种类拿对了，但所拿的数量与任务单并不匹配，因此，我引导她先确定好物品的数量，在拿物品时要边拿边数。在第二环节中，悦悦拿到任务单后又是一会儿左右看同伴的任务单，一会儿看看周围空旷的场地，眼神不聚焦在自己的任务单上，因此，在第二轮游戏中又拿错了。到了第三个环节，需要听任务信息时，悦悦一会儿看看天空，一会儿看看四周，问她："悦悦，你听到了什么任务呢？需要去超市拿几个什么呢？"悦悦看了我一眼，默默说了一句："不知道。"因此，我又放了几遍录音，再问她时，通过旁边小朋友的提醒，她说："拿五瓶牛奶。"在她拿物品的过程中，同伴告诉她："你拿错了，要五瓶！"悦悦又返回去拿了一瓶放购物篮里。另一个同伴告诉她："不对，你这是四瓶。"接着同伴又帮悦悦拿了一瓶放在了她的购物篮里。							
观察记录2	由于需要帮助悦悦提高专注力，因此又开展了一个"寻宝"体育游戏，幼儿也需要观察和听信号、折返跑，完成数量和颜色匹配的游戏任务。第一环节，需要听老师的数字指令拿相应数量的沙包。"请仔细听。拿1个蓝色的沙包。"悦悦先是东张西望，看别人出发后，她也出发。拿了一个黄色的沙包回来后，她的同伴说："老师，悦悦拿错了。"悦悦低头看看自己的沙包，再看看其他小朋友的沙包，发现颜色不对，就重新拿了个蓝色的沙包跑回来。同伴对她说："你要仔细听任务！"悦悦笑着不说话。在接下来两轮游戏中，悦悦根据听到的指令，先是观察别的小朋友拿了什么颜色，接着她就拿起了相应颜色的沙包，但数量还是错误的，不是多拿就是少拿。同伴对她说："你看看我拿的。"到了看信号旗挥动几下就拿几个沙包的环节，需要全神贯注看着旗子了，悦悦这次偶尔会看着旗子，但还是眼神分散，所以并没有观察到旗子挥动了几下，游戏任务还是没有完成。在老师和同伴的提醒下，再参与一轮游戏时，悦悦一直盯着旗子，虽然拿的数量还是不对，但将视线停留在旗子上的时间持长了些，并一听到信号就出发，拿取对的颜色的沙包，还帮助别人找沙包。							

幼儿姓名	悦悦	性别	女	年龄段	中班	指导教师	吕老师
观察记录3	\multicolumn{7}{l}{　　为了继续帮助悦悦提高专注能力，户外体育游戏中，我带着孩子用泡沫软棒进行一系列的体育游戏。先是听哨声站在贴有相应数字标记的泡沫棒后，听到几声哨声，就站在相应数字的泡沫棒后。悦悦出发虽然慢了一些，但看到大部分小朋友都往有数字"2"的泡沫棍那里跑时，她也跟着一起跑过去。第二个游戏是看图取泡沫棒，在开始看数字信号的提示牌时，悦悦的眼神一直看着数字，并念出来："1、2、3……3个红色的。"当听到哨声出发后，悦悦在地上搜寻了一会儿，接着拿起1根红色泡沫棒，2根、3根，然后停住了，数了数自己手上的泡沫棒，再看一眼图片："1、2、3，是3根。"她拿着3根红色的泡沫棒回到了指定位置。验证时我表扬了她，并请她分享自己的好方法。"要认真观察！图上是几个就拿几个。"她笑着说。在后面两轮游戏中，她已经能独立完成游戏任务了。第三个游戏是观察泡沫棒的运动方向，并快速做出反应。当我带着泡沫棍到悦悦身前时，我先是缓慢地将泡沫棒平行于地面10厘米的地方扫过去。悦悦一开始没有反应过来，在泡沫棒到了她腿边时，我停顿了一会儿，给她充足的时间进行跳跃动作。她在我等待的期间跳跃过棒子；当我拿着泡沫棒平行于地面60厘米高度慢慢扫过去时，悦悦一直关注泡沫棍的位置，迅速蹲了下去。
情况分析	\multicolumn{7}{l}{　　体育游戏作为一种有效的教育手段，在提高幼儿专注力方面具有独特的优势。通过选择适合幼儿的体育游戏、设定明确的游戏规则、创设有趣的游戏情境、给予及时的反馈和鼓励以及合理安排游戏时间等方法，可以充分利用体育游戏的优势，帮助幼儿提高专注力。针对悦悦在游戏、学习、运动等一日活动中缺乏专注力的表现，我们利用集体体育教学活动、有趣的体育游戏这些方式，追踪观察其专注力的提升情况，发现她在各项活动中视觉专注、听觉专注的水平较低，原因在于以下几点： 　　1. 生理因素：幼儿大脑和神经系统在学前阶段快速发展，神经细胞的连接和功能也在完善过程中，这为幼儿专注力的提高提供的基础条件。然而幼儿大脑发育的速度不一，有快有慢，因此出现像悦悦这样专注力不足的现象也是正常的。}

续表

幼儿姓名	悦悦	性别	女	年龄段	中班	指导教师	吕老师
情况分析	2.环境因素：父母的行为和教养方式对幼儿专注力的培养具有直接影响。悦悦的家庭教养方式忽略为多，家长缺乏陪伴的耐心。让悦悦长时间地看动画片也是影响孩子注意力集中的重要因素，电视的单向交流性质可能导致幼儿产生依赖，认为无须动脑，从而影响她的认知发展和记忆力提升。							
指导策略	1.根据幼儿之间的个体差异，有目的、针对性地创设教学活动。设定明确的游戏规则：在游戏开始前，向幼儿讲解游戏规则，确保他们明白并遵守规则。通过实现无意注意与有意注意的转换、加强幼儿的自我控制能力等途径来维持注意的持久性。 2.创设有趣的游戏情境：创设有趣的游戏情境，使幼儿在游戏中能够全身心投入。例如，可以将幼儿分成不同的小组，让他们进行小组竞赛；或者将游戏与故事、音乐等元素结合，增加游戏的趣味性。 3.给予及时的反馈和鼓励：在游戏过程中，给予幼儿及时的反馈和鼓励，让他们感受到自己的进步和成就。这有助于增强幼儿的自信心和动力，进一步提高专注力。 4.合理安排生活时间：合理安排生活时间，避免幼儿长时间观看电子产品或过度游戏、运动。可以根据幼儿的年龄和兴趣，适当帮助其调整游戏、运动、学习的时间和难度。							
家长工作	通过一直与其家长沟通、合作，引导家长在家庭教育方面要与幼儿园一致，也向悦悦的父母、奶奶建议平时可以带孩子做的一些运动，通过以下家园合作帮助孩子得到专注力的提升： 1.要求孩子看电视的时间不宜过长，经常给孩子以正向刺激，多鼓励和表扬孩子。同时，家长和老师要保证孩子有充足的睡眠，这些都是增强孩子注意力的有效措施。							

续表

幼儿姓名	悦悦	性别	女	年龄段	中班	指导教师	吕老师
家长工作	\multicolumn{7}{l}{2. 同时，家长也应该关注孩子在游戏中的表现和感受，不是放任孩子自己一个人孤独地游戏，要根据孩子的游戏需求及成长需要，及时调整游戏策略和方法，确保幼儿在游戏中得到全面的发展和成长。 3. 将幼儿园进行的体育活动和体育游戏推荐给家长，家园合作，形成对其专注力有帮助的家庭体育游戏，进行巩固提升。}
指导后的表现	\multicolumn{7}{l}{在一系列的体育教学活动、户外体育游戏、晨间锻炼、家庭亲子游戏等方式的有机结合下，悦悦有了一些成长变化： 1. 比如在涉及泡沫棒的体育游戏中，悦悦在这样一会儿需要跳、一会儿需要蹲的游戏过程中，她的眼神越来越坚定，越来越专注，虽然动作还没有那么灵敏，但都能独立完成。 2. 在班级的数学区游戏里，经常看到悦悦的身影，她愿意和同伴谈论各种分类方法，和同伴比赛按数取物，研究图形的组合方式等，在这一过程中，悦悦的专注力得到了体现。 3. 晨间锻炼时，不再漫无目地四处观望，渐渐有了锻炼的目标，每天第一个打卡的锻炼项目必然是自己最擅长的拍球运动，其次是攀爬、骑行等，对自己的运动灵活性和协调性有了发展要求。 4. 根据家长反馈，在家庭教育中，每天不仅看电视、手机的频率减少，在父母的耐心陪伴下，思维发展的练习、体育游戏、生活作息合理安排等方式，都有效地帮助悦悦提高了视觉专注、听觉专注的能力，如能简单复述听到的故事和观察的画面、念古诗、绘画、写数字、踢足球、打羽毛球等。}

表 4-31 幼儿基本情况记录表（轩轩）

幼儿姓名	轩轩	性别	男	年龄段	中班	指导教师	杨老师
具体行为表现	情绪	\multicolumn{6}{l}{经常保持愉快的情绪，不随便生气。与同伴相处和睦，遇到困难不主动找老师帮忙，会选择自己消化缓解。}
	语言表达	\multicolumn{6}{l}{声音响亮，吐字清楚，能较完整地表达自己的想法，愿意和同伴、老师分享自己开心或不开心的事，喜欢交流。}

续表

幼儿姓名	轩轩	性别	男	年龄段	中班	指导教师	杨老师
具体行为表现	语言理解		别人说话时,能用眼神和对方交流,善于倾听并做出回应。能理解小朋友和老师说的话。				
	社会性交往	有自己固定的玩伴,每天在一起玩耍,与其他小朋友也能共同游戏,知道有困难要寻求帮助。					
	运动能力(大肌肉)	运动能力强,喜欢跑、跳等活动,奔跑的速度、胆量、耐力等都比其他小朋友要强。					
	精细动作(小肌肉)	精细动作发展一般,喜欢绘画、做手工等,但在进行需要将边线对齐的折纸时仍有所欠缺。					
	固执行为	乐意听从别人的建议,对老师和同伴提出的想法能够理解并配合,并积极帮助解决。					
	生活自理能力	生活自理能力较强,能快速地吃完所有地饭和菜并保持桌面干净,会穿脱衣裤并叠整齐。					
家庭教育情况	轩轩的父母对孩子的教育比较重视,平时他由外婆接送,妈妈下班回家就负责他的生活,爸爸工作较忙,但一有时间就会陪伴他。父母对他的行为习惯和学习习惯要求较高,所以轩轩在自理能力方面一直在班级领先,学习也很主动,善于思考。						
阶段发展目标	1. 能够较长时间内保持玩一种玩具。 2. 能够专注地倾听活动要求,并按要求进行相应的游戏。						

表 4-32　个案观察记录表（轩轩）

幼儿姓名	轩轩	性别	男	年龄段	中班	指导教师	杨老师
观察记录 1							

观察记录 1	在集体活动"海洋之旅"中，老师提出：拿四个和篮筐同色的宝贝时，他看了一眼脚旁边红色的筐子，然后去场地中间拿了四个宝贝回来。在玩大转盘游戏时，他根据指令很快站到一个篮筐的后面，随后老师立即吹哨示意拿宝贝，他站在篮筐后面不动，发现同伴们都去场地拿宝贝，他也跑进场地，拿了四个和篮筐同色的宝贝。"不是四个，拿三个。"旁边的小朋友提醒他，他听到后又放回去一个宝贝。老师提问："在找的过程中你有遇到什么问题吗？怎么才能找得又快又准确？"当别的小朋友在回答这些问题时，他站在原地晃悠，并没有听。当再次游戏时，他在场地中拿宝贝时动作较慢，一边拿一边看旁边的小朋友拿了几个，并和他拿一样多的回来。
观察记录 2	轩轩搬出长长短短的木条，找出一张图示卡开始学搭卡片上的造型。他随意在盒子里拿出蓝色和红色的木条，把它们的一端靠在一起，再拿出绿色和黄色的木条，搭了一会后他发现怎么也拼不成一个爱心的造型。"老师，这个搭不起来。"他向老师求助。"你仔细看爱心的上半部分用了哪些颜色的木条。""有红色、蓝色、绿色、黄色。"他一一说出来。"它们是一样长吗？""是的"，轩轩看都没看就直接出说来。"你再仔细看一下。"老师把图示卡放在他面前。看了一会后，他说："蓝色和绿色一样长，红色和黄色一样长。"我们一起在盒子里找出相应的木条出来。"它们拼在一起时，哪个颜色在上面，哪个在下面。"老师又问。轩轩没有回答，而是一边认真看图示卡一边拿出蓝色和绿色木条摆起来，摆好后他又看看图示卡接着摆放红色和黄色木条。最后，他找出两个长木条完成了爱心造型的拼搭。
观察记录 3	游戏时间，轩轩选择"美丽的翅膀"这一游戏，把它搬到桌子上开始玩起来。他拿出一张蝴蝶的图片，看了看它身上的翅膀便在框里寻找。不一会儿，他拿着蝴蝶图片和拼好的翅膀给老师看："老师，你看我把蝴蝶翅膀拼好了。"老师一看就发现了问题，于是问："你看图片上翅膀颜色的部分是靠近蝴蝶的身体还是离身体远远的？""靠近蝴蝶的身体。"他看了看图片说道。"那你这个

续表

幼儿姓名	轩轩	性别	男	年龄段	中班	指导教师	杨婷婷
观察记录3	是不是要调整一下？"老师指了指他摆放的蝴蝶。他点点头拿回去调整了。过一会儿又拿来给老师看，老师提醒他蝴蝶下面的一对翅膀也需要调整。他拿下一个翅膀，左转右转也没法像图片上的样子摆放，最后停在那不动了。"你可以试试把两边翅膀的位置调换一下。"在老师的提醒下，他调换翅膀的位置，并通过旋转摆放好了蝴蝶的翅膀。						
情况分析	轩轩在体育活动和游戏活动中都表现出专注力不够的现象，体育活动中对老师下达的指令不能有效地听到数量信息，游戏活动中对图片的观察不仔细，在听觉专注和视觉专注方面都有待提高。这些情况有可能是注意力分配不合理，也有可能是环境干扰和兴趣不足等方面的因素。						
指导策略	1. 优化活动环境，提供一个安静、无干扰的活动环境，让他能专注于当前的活动。 2. 根据幼儿的兴趣和爱好，设计有趣的且富有挑战性的活动，让他在愉快的氛围中提高专注力。 3. 提供有明确任务目标和时间限制的游戏，让他在规定时间内完成任务，从而提高他的专注力。 4. 在他表现出良好的专注力时，及时给予肯定和表扬，以增强其自信心和成就感。						
家长工作	1. 关注孩子的专注力情况，并制订相应的教育计划。 2. 在家庭中，为孩子的游戏和学习营造一个安静、整洁、有序的环境，减少不必要的干扰和刺激。 3. 为幼儿提供需要专注的游戏材料，与幼儿一起完成有难度的挑战，在亲子互动中提高专注力。						

续表

幼儿姓名	轩轩	性别	男	年龄段	中班	指导教师	杨婷婷
指导后的表现	游戏时间，轩轩在图书区看《好吃的月亮》。快速翻过一遍后他合上书准备换一本。"这本书里有什么好玩的？"老师问他。他一时间回答不上来，就又重新打开书一页一页地翻看。过了一会儿，他跑到老师面前，结合每页的画面，编成一个故事讲给老师听。							

三、反应类体育游戏个案

表4-33 幼儿基本情况记录表（哲哲）

幼儿姓名	哲哲	性别	男	年龄段	大班	指导教师	谢老师
具体行为表现	情绪	平时情绪比较稳定，跟同伴一起游戏，遇到问题时会大喊并哭，伴随抢回自己玩的玩具等行为。					
^	语言表达	经常积极主动地表达自己的想法，语言清楚、较为连贯。					
^	语言理解	能够理解他人的语言，根据自己的想法，有时会有回应，有时会说出自己其他的想法。					
^	社会性交往	可以单独自主、独立游戏，在他人邀请时，也会加入同伴的游戏，说出跟哪些同伴是好朋友。					
^	运动能力（大肌肉）	在平衡木游戏中，可以双臂打开走到终点，速度不是很快，骑平衡车速度较快。 在跑的方面都能够大胆尝试，但速度较慢；在跳方面，单脚跳能够跳到4米左右，可以双手挂杆，坚持10秒左右。					
^	精细动作（小肌肉）	在剪纸活动中，能够沿着线剪出图案，边缘不圆滑。初步学会系鞋带。					

续表

幼儿姓名	哲哲	性别	男	年龄段	大班	指导教师	谢老师
具体行为表现	固执行为	遇到问题时，会大喊。					
	生活自理能力	能够自己穿衣、穿鞋，速度很慢，吃饭时有一些挑食。					
家庭教育情况	平时的生活，大多数都是外婆照顾，很多都是外婆包办，经常会在小区里接触其他小朋友，一起玩追逐游戏等。外婆比较宠爱他，他在遇到问题时，会有发小脾气的现象。						
阶段发展目标	通过多种体育游戏活动，针对幼儿的反应能力进行帮助与引导，帮助幼儿在倾听、观察后，即刻做出判断，并能较快决策。						

表 4-34　个案观察记录表（哲哲）

幼儿姓名	哲哲	性别	男	年龄段	大班	指导教师	谢老师
时间	2024 年 4 月—6 月						
观察记录 1	在这次的集体活动中，哲哲在红队里。参与第一个游戏时，哲哲还没有听到哨声就跑了，中途折返后，听哨声再跑。听到哨声后，哲哲是第一个跑出去的，拿到大米后，哲哲直线跑回，是第一个到达的，跑步速度非常得快。在第二个游戏中，听颜色拿大米，哲哲在到达粮仓后，找了找，才拿到两粒大米，然后返回。在躲避同伴时，跑步速度很快，躲避时有时也会碰到同伴。哲哲需要寻找跟自己有着一样序号的同伴位置，进行第三次游戏时，哲哲能够迅速找到同伴的位置，并跟他交换，在跑动的过程中，速度很快，会碰到其他跑动的同伴。						

续表

幼儿姓名	哲哲	性别	男	年龄段	大班	指导教师	谢老师
观察记录2	在晨锻活动中，哲哲选择了足球游戏活动。在活动中，哲哲先是在场地自由带球跑动，然后距离球门一定的位置射门，在几次游戏后，哲哲当上了守门员，在游戏中，哲哲左右移动，把同伴的球用脚踢走。在玩民间游戏"木头人"时，哲哲在同伴说完口令后立刻向前移动。同伴转头时，哲哲还向前移动，结果被发现。在游戏难度升级后，结合足球游戏，带球移动的活动，哲哲一边带球一边听完口令后往前移动，观察到喊口令的同伴一转头，就立刻向前移动，但是哲哲的脚没有踩定足球，在追赶足球时，总是被发现。经过几次游戏后，哲哲试着带球的步伐变小，然后在听到指令后立刻定住不被发现。反复几轮游戏后，哲哲渐渐加快了自己移动的步伐，并且在同伴转身时，尝试让球停住。							
观察记录3	今天的民间游戏，商量一起玩"老鼠笼"游戏，讨论好分组轮流扮演小老鼠后，开始圈内圈外的自由跑动，在听到"捉住它"时跑出圈外。哲哲先是手牵手围圈，一边念儿歌，一边观察小老鼠跑动的方向，当念到"捉住它"时，哲哲立刻做出反应拉着同伴一起蹲下。几次游戏后，哲哲扮演小老鼠，在圈内圈外一直在跑动。哲哲发现只要不进入圈，一直在圈外就不会被捉住，所以哲哲就一直在圈外跑，当听到"捉住它"时，依旧在圈外跑动。随着游戏难度的升级，增加猫咪的角色，哲哲又扮演猫咪的角色，只见哲哲在圈外绕圈跑，当看到"老鼠"时往相应的方向跑，去捉"老鼠"。							
情况分析	该幼儿是一个活泼开朗的男孩子，对于体育运动游戏非常喜欢并积极参与其中。这几次活动，可以看出该幼儿在身体协调方面较好，可以带球一起移动，并会踩停球。在跑动方面，速度较快，但是倾听能力还需要提升，当倾听规则时，他会不专心，从而影响到反应。因为不清楚指令，在追逐跑时，看到同时出现多个目标，他没有做出最快的判断，所以左右追逐后，并没有达成目标。							

续表

幼儿姓名	哲哲	性别	男	年龄段	大班	指导教师	谢老师
指导策略	<td colspan="7">1. 通过多种倾听类游戏，如"请你跟我这样做"，提升其倾听能力，模仿该幼儿做出相应的动作，并邀请他作为领头羊，及时更换动作，提升其反应能力。 2. 在晨锻游戏中，鼓励幼儿进行反应类游戏的活动，并在游戏后及时讨论游戏过程，以及在同伴相互学习下，学习如何快速判断，做出决策。 3. 在平时游戏中，增加切西瓜、相反口令等游戏，让幼儿在游戏过程中，提升反应力。</td>
家长工作	<td colspan="7">1. 与家长沟通幼儿游戏过程中的行为表现，家园共育，共同探讨，结合一些绘本等，帮助幼儿提升倾听能力。 2. 结合亲子体育游戏，在家里利用矿泉水瓶、毛绒娃娃等材料，进行游戏，在游戏中提升反应能力。 3. 鼓励家长与幼儿玩一玩手指、听指令拿物品等小游戏，帮助幼儿快速判断，做出决策反应。</td>
指导后的表现	<td colspan="7">经过一段时间的游戏渗透，该幼儿有了明显的进步。在游戏中，能耐心倾听完游戏规则后，作出相应的反应，如：听哨声后出发、拿几个物品回到起点，能够较快速地拿到相应指令的物品，并在躲避障碍物时，快速躲避，找到其他的路回到起点。在完成任务单前，会先去观察物品的位置与路线，然后选择近的位置拿取。在追逐游戏中，从一开始没有目标地跑，到向着目标相应方向地跑动，逐渐出现逆向跑动。</td>

表 4-35　幼儿基本情况记录表（球球）

幼儿姓名	球球	性别	男	年龄段	大班	指导教师	杨老师
具体行为表现	情绪	<td colspan="6">情绪较为亢奋，持续性较强，每天情绪状态较为饱满。对于教师与班级中的小朋友都能保持一个愉悦的情绪。</td>

续表

幼儿姓名	球球	性别	男	年龄段	大班	指导教师	杨老师
具体行为表现	语言表达			语言表达能力稍有欠缺，难以完整地表述一件事情。在进行表达的时候多使用短句进行表达。			
	语言理解			对于教师的语言基本能理解，对于同伴之间的语言大都也都能理解，但执行力稍有欠缺。			
	社会性交往			社会性交往能力较好，愿意与老师、同伴进行交往。在游戏中大多数时候也能与同伴友好相处，但解决问题或加入游戏方面还需进步。			
	运动能力（大肌肉）			运动能力较强，腿部肌肉发育较好，在户外能进行快速奔跑、攀爬等活动。			
	精细动作（小肌肉）			手部肌肉发展一般，筷子抓握的方法需要成人引导，进行绘画等活动时握笔动作也需要教师多加引导。			
	固执行为			咬指甲、易兴奋。			
	生活自理能力			生活自理能力较强，穿脱衣服、鞋子，卷袖子等活动都能自己独立完成，无须老师帮助。			
家庭教育情况				父母对于球球小朋友的教育较为严格，在严格的同时也给予幼儿一定发展的空间，让幼儿尽可能在自由的状态下进行发展。但由于父母工作较忙，且家中还有一位哥哥，因此对于幼儿的管教较难做到及时性的教育，幼儿会出现一些不良的行为习惯。但家中父母非常配合班级教师，能做到根据教师反馈情况及时教育。			
阶段发展目标				根据球球进入幼儿园后的状态及他在班级中的表现情况，针对他的身体的控制能力与规则意识方面进行系统性的帮助和引导。鼓励幼儿在遵守规则的情况下进行活动，同时针对幼儿在活动中常常不知道如何加入游戏的行为进行针对性的指导，帮助幼儿在活动中能较好地加入游戏，并能与同伴友好进行交往。			

表 4-36　个案观察记录表（球球）

幼儿姓名	球球	性别	男	年龄段	大班	指导教师	杨老师
观察时间	2024 年 3 月—6 月							
观察记录 1	在游戏当中，小螃蟹只可在规定位置移动，小鱼需要通过自己的观察找到合适的位置躲避螃蟹的抓捕，并且取得食物后用脚背运球带至起点位置。在游戏和教学中幼儿需要始终将视线保持在足球上，需要高度专注。当每次教练在说话的时候，球球可以从头到尾认真听教练发出的指令性语言，并从队伍的 最后走到前面或站在队伍旁边看教练的示范，对于教练的回应不够积极。 　　球球对于教练的具体要求或游戏规则，在教练的提问能下能够作出简单回应，能够按照求游戏规则完成任务，整体理解语言和规则的任务达成度较高。						
观察记录 2	今天的足球课程中，教练带领幼儿进行带球绕障碍练习，教练将孩子们按性别分成两队，两头接力，球球为首的男生队伍摩拳擦掌。教练教完了动作要领，孩子们自由练习。球球在练习时，鼓足了劲儿，摆出"武松打虎"的架势……当两队进行比赛的时候，男孩子们热火朝天地呐喊加油，球球因为过于激动、兴奋导致没接到球而十分懊恼，很多男孩子早早上去迎球。女孩子中的很多人都是将球稳稳当当地送到对方脚底，才开始接力。						
观察记录 3	今天新投放了滑板车。户外活动开始了，孩子们纷纷选择了自己喜欢的体育器械，尤其是男孩子们对新投放的滑板车产生了浓厚的兴趣。只有阿文没有选择器械，而是站在边上观看小朋友玩滑板车。两分钟过去了，他突然跑过去拦住了正在玩的球球："我们轮流玩好吗？"球球点点头并松开手，把滑板车递给了阿文，站在一边观看。阿文扶住车把手尝试着把一只脚放上去，另一只脚就向后蹬，车子向前滑动了，但是车总是歪歪扭扭的。他尝试着将另一只脚也放在踏板上，并小心地用手扶着车把，重心没把握好，他整个人就向前倒了下去。他尝试了次，还是不行。他又反复尝试了几次，都没能让两脚站稳在滑板车上。球球跑过来边说"应该这样骑"边做示范，阿文就照着球球说的再次尝试。滑板车开始慢慢地向前进了，一只脚、另一只脚……在球球的帮助下，阿文已经能够站在滑板车上滑行了，车速也慢慢地快起来。						

续表

幼儿姓名	球球	性别	男	年龄段	大班	指导教师	杨老师
情况分析	通过幼儿上述表现可以看出，该名幼儿身体素质较为优异、动作发展较好、身体协调灵活，在活动中可以听清教练的规则与活动的要求。但在遵守规则方面受到很多因素的影响，例如当自己在游戏中玩到兴奋之处时，便会出现忽略规则的现象；当自己的队伍将要失败时，也会做出忽略规则的行为。出现此类现象时，需要教练、老师的多次点名提醒，才能使该幼儿再次依据规则进行游戏。同时可以看出，该名幼儿的自我中心性较强，一个团队的游戏，他却并未选择与队友进行合作，而是选择自己一个人"单打独斗"，甚至很多时候还"抢"了队友的工作。在与他人发生矛盾冲突时，处理的方式方法也较为匮乏。							
指导策略	1. 围绕"团队配合"开展新的课时的足球游戏，在开设新的团队游戏时，尽量减少游戏本身的规则对幼儿的影响，让幼儿在一个开放式的规则下进行团队游戏，从而更好地让幼儿明白团结协作的重要性。 2. 创设直接接触的机会，为幼儿提供社交的空间与时间。同时当幼儿间出现问题时，引导幼儿正确处理自己的情绪，当出现矛盾与冲突时，学会友好地解决。 3. 通过教师谈话、听故事、看动画等形式，帮助幼儿树立正确的胜负意识，引导幼儿不要因为一味地追求胜负而忽略规则与任务。 4. 在班级日常生活中，教师多创设团队配合的游戏，让幼儿多多融入集体游戏，有集体意识。 5. 通过故事、儿歌等形式，引导幼儿学会团结协作，不再以自我为中心。							
家长工作	1. 向家长反馈在幼儿园的表现，请家长在家中进行引导，帮助幼儿逐步适应集体游戏。 2. 请家长配合，与家中的哥哥一起，开展一些配合类、反应类、合作类的游戏，为后续幼儿逐步适应奠定基础。 3. 在家中可带着幼儿一起听、看一些团队配合类的故事，玩一些反应类的小游戏。							

续表

幼儿姓名	球球	性别	男	年龄段	大班	指导教师	杨老师
指导后的表现	经过为期一个月的外界干预，该名幼儿在视觉、听觉注意上有了一定的改善，但效果不佳，其视听觉的专注程度很大一部分取决于自身对胜利的渴望，当他渴望胜利时，往往会降低其视听觉的专注程度；幼儿的空间、言语、数字工作记忆等方面，经过外界有意识地干预，有了一定程度上的改善，可以记清游戏中与数字有关的信息要求，并能按照游戏中的规则、空间路线等进行游戏；幼儿在情绪能力、社会能力、合作能力、规则意识上，改变得不是太明显，其原因还是幼儿的好胜心太强，且不愿意与他人进行合作，更多的愿意以自我为中心发起游戏，忽略了团队的存在。后期我们仍需通过相关课时、游戏等形式帮助幼儿进行改善。						

四、协调类体育游戏个案

表 4-37 幼儿基本情况记录表（丁丁）

幼儿姓名	丁丁	性别	男	年龄段	大班	指导教师	阎老师
具体行为表现	情绪	活泼外向，阳光开朗，爱撒娇，容易生气。					
	语言表达	愿意与他人交谈，能基本完整地说出自己的所见所闻。					
	语言理解	能讲出所听故事的主要内容，对看过的图书、听过的故事有自己的看法。					
	社会性交往	有自己的好朋友，也喜欢结交新朋友。有高兴有趣的事愿意与大家分享。					
	运动能力（大肌肉）	在走、跑、跳、钻、爬以及平衡等方面都表现出了一定的熟练度。动作的协调性和灵活性有待提高。					

幼儿姓名	丁丁	性别	男	年龄段	大班	指导教师	阎老师
具体行为表现	精细动作（小肌肉）	筷子和剪刀的使用有待加强。					
	固执行为	爱发脾气。					
	生活自理能力	愿意自己的事情自己做，掌握生活自理的基本方法。					
家庭教育情况	孩子平时由奶奶接送，父母下班后陪伴时间较多，父母对孩子的教育比较重视，平时会经常主动与老师沟通交流孩子在园在家的表现。						
阶段发展目标	1. 改进自然走步动作，做到步幅大而均匀，落地轻，摆臂自然协调，节奏稳定，躯干正直，姿态端正，有精神。 2. 熟练掌握跳跃动作，起跳有力，动作协调，落地轻稳，姿态优美。 3. 通过游戏和练习，提高手眼协调能力，在做精细动作时更加准确和流畅。增强身体平衡感，在进行各种运动时能够更加稳定。 4. 提高灵活性和协调性，在面对各种复杂动作时能够迅速适应并准确完成。						

表4-38 个案观察记录表（丁丁）

幼儿姓名	丁丁	性别	男	年龄段	大班	指导教师	阎老师
观察时间	2024年3月—6月						
观察记录1	下午的户外体育活动时间，丁丁手握跳绳两端，双眼紧盯着脚下，但脚步与手的摇绳动作似乎并不那么同步。绳子时而高高跃起，却在他即将跃起时落下；时而又在他已跳起时还未到达脚下。他似乎难以掌握稳定的节奏，跳绳的速度时快时慢，导致绳子经常绊到脚或无法顺利完成跳跃。他的小脸蛋上满是认真，偶尔露出一丝因绳子绊脚而略显尴尬的笑容。周围的小朋友欢声笑语，而丁丁则在一次次尝试中，不断调整着自己的节奏和动作，努力让跳绳的每一个动作都更加流畅和协调。						

续表

幼儿姓名	丁丁	性别	男	年龄段	大班	指导教师	阎老师
观察记录2	篮球活动中，孩子们在进行绕障碍运球的游戏。丁丁手臂轻轻一挥，篮球离开了掌心开始在他的控制下运动。他的手腕转动不够流畅，每次拍动篮球时都显得有些僵硬，导致篮球的弹跳高度和方向都难以控制。有时，篮球会因为他用力过猛而高高跃起，超出他的控制范围；有时，又会因为他力度不够而紧贴地面缓缓滚动，缺乏应有的速度和力度。在运球的过程中，他的步伐显得有些凌乱，双脚也没有跟上篮球的节奏。他试图通过脚步的移动来控制篮球运动的方向，但往往因为力度不均或时机不对，而让篮球偏离了预定的路线。他的步伐显得凌乱而匆忙，有时甚至会与篮球的运动轨迹发生冲突，导致自己差点摔倒。							
情况分析	1. 跳绳时，手脚需要高度配合，手部摇绳的速度与脚部跳跃的节奏必须保持一致。丁丁在跳绳过程中，绳子与脚步的配合显得不够默契，导致绳子经常绊脚或无法在他跳跃时到达脚下。此外，节奏感是跳绳中的关键因素之一。丁丁在跳绳时速度时快时慢，表明他对跳绳的节奏感掌握不够精准，无法保持稳定的跳绳速度。跳绳要求身体保持一定的稳定性和控制力。丁丁在跳绳时可能由于身体控制能力不足，导致动作不够流畅和协调。 2. 丁丁在运球时手腕转动不流畅，这直接影响了他对篮球的控制能力。僵硬的手腕动作导致篮球的弹跳高度和方向难以预测，增加了运球的难度。他时而用力过猛，时而力度不够，这种力量控制的不稳定性使得篮球的运动轨迹变得不可预测。过猛的力量会导致篮球失控，而力量不足则无法给予篮球足够的动力。丁丁的步伐显得凌乱且没有跟上篮球的节奏。这表明他在运球时身体各部分的协调性不足，无法有效地将手臂、手腕和脚步的动作协调起来。 3. 在投掷活动中，丁丁的手臂摆动虽然有力，但缺乏流畅性，说明他在投掷过程中没有充分利用身体其他部位的力量来辅助手臂的动作。在投掷瞬间，腰部和背部的扭转力量与手臂的摆动之间存在脱节，这表明他的身体各部分在动作配合上存在不足，未能形成有效的力量传递链。由于上述的身体协调性问题，投掷物往往无法准确飞向目标，而是偏离预定轨道，这进一步证明了他的身体协调性需要加强。							

续表

幼儿姓名	丁丁	性别	男	年龄段	大班	指导教师	阎老师
指导策略	\multicolumn{7}{l	}{1. 全面观察丁丁在各种活动中的表现，特别是注意他在运动、游戏和日常生活中的动作协调性。 2. 在日常活动中开展相关游戏活动，如使用筷子夹豆子、抛接球、走平衡木、单脚站立等游戏，提高手部和眼部的协调配合能力，增强身体的平衡感和稳定性，提高身体的灵活性。 3. 采用多样化教学方法，以游戏为基本活动，使幼儿在愉快的氛围中学习和提高。例如，设置障碍赛跑、接力赛等游戏，激发幼儿的兴趣和参与度。 4. 教师和家长应做好示范动作，让幼儿通过观察和模仿来学习正确的动作模式。同时，鼓励幼儿之间相互学习和交流。及时给予幼儿反馈，指出他们的进步和不足，并根据实际情况调整训练计划和方法。}
家长工作	\multicolumn{7}{l	}{1. 引导家长细心观察丁丁在日常生活中的动作表现，注意他在哪些方面存在协调性不足的问题。及时与家长保持密切联系，了解丁丁在家的表现，共同商讨提升协调性的方法。 2. 鼓励家长在家与丁丁进行一些亲子游戏，如玩拼图、串珠子等，提高手眼协调能力。利用家中的平衡板或椅子进行平衡训练，如单脚站立、走直线等。还可以进行简单的拉伸和柔韧性练习，增加关节的灵活性和运动范围。 3. 让丁丁参与一些适合他年龄的家务活动，如整理玩具、摆放餐具等，这些活动可以在日常生活中锻炼他的协调性。 4. 鼓励丁丁尝试新的运动或活动，即使最初他可能不擅长或感到害怕。通过不断地尝试和挑战，他可以逐渐克服障碍并提高协调性。 5. 给予丁丁足够的情感支持，让他感受到家长的关爱和信任。当他遇到困难或挫折时，家长应耐心倾听并鼓励他坚持下去。同时及时给予丁丁正面的反馈和表扬，肯定他的努力和进步。}
指导后的表现	\multicolumn{7}{l	}{1. 丁丁在跳绳时，动作更加流畅和连贯，减少了因协调性不足而导致的绊绳或中断现象。他能够更好地控制跳绳的节奏和速度，使跳绳动作更加稳定。协调性的提高有助于丁丁在跳绳过程中保持更好的平衡。他能够在快速转动跳绳的同时，保持身体的稳定，减少因失去平衡而摔倒的风险。}

续表

幼儿姓名	丁丁	性别	男	年龄段	大班	指导教师	阎老师
指导后的表现	\multicolumn{7}{l	}{2. 在篮球运动中，丁丁能够更好地完成各种技术动作，如传球、运球、投篮等。他的手脚配合更加默契，动作更加流畅，减少了因协调性不足而导致的失误。协调性的提高使得丁丁在防守和移动时更加灵活和敏捷。他能够更快地做出反应，并更好地与队友配合。 3. 丁丁在投掷时，能够更准确地控制投掷的方向和力度。他的手臂、手腕和手指等部位会协调一致地发力。协调性的提高也有助于增强丁丁的投掷力量。他能够更有效地利用全身的力量进行投掷，使投掷物达到更远的距离或更高的高度。在投掷过程中，丁丁能够保持身体的稳定，减少因晃动或失衡而导致的投掷失误。他的投掷动作更加平稳和可靠，提高了投掷的成功率。 4. 丁丁在完成各种动作时，显得更加自然和流畅。无论是日常生活中的小事，如穿衣、吃饭，还是体育活动中的跳跃、转身等，他都能更加协调地完成。 5. 随着协调性的加强，丁丁感受到自己的成长和进步，从而增强自信心。他更加愿意尝试新的运动或活动，不再害怕失败或挑战。在参与集体活动或团队运动时，他更好地融入团队，与同伴建立更好的合作关系。这促进了他的社交能力的发展，使他更加善于与人沟通和协作。}

表 4-39 幼儿基本情况记录表（安安）

幼儿姓名	安安	性别	女	年龄段	中班	指导教师	余老师
具体行为表现	情绪	\multicolumn{6}{l	}{经常保持稳定的情绪，表达情绪的方式适度，知道引起自己某种情绪的原因，并会尝试缓解。}
	语言表达	\multicolumn{6}{l	}{能与他人讨论问题，不太愿意在众人面前表达。}
	语言理解	\multicolumn{6}{l	}{能在集体中注意听老师或其他同伴说话，不懂的地方有时不会主动提问。}
	社会性交往	\multicolumn{6}{l	}{会听取同伴的分工，尝试合作解决困难。}

续表

幼儿姓名	安安	性别	女	年龄段	中班	指导教师	余老师
具体行为表现	运动能力（大肌肉）	能单手将沙包向前投掷4米左右。					
	精细动作（小肌肉）	能使用简单的劳动工具或用具。					
	固执行为	喜欢看滚筒洗衣机。					
	生活自理能力	能主动参加体育活动。					
家庭教育情况	他们是二胎家庭，安安是姐姐。她很喜欢照顾自己的妹妹，和家人相处和谐温馨。父母平时带她出去活动较少，爷爷奶奶会带她在家门口的小广场玩，在家庭的大多数的锻炼就是在小广场完成的。父母没有专门指导安安一些体育技能技巧，例如拍球、玩滑板车等等，所以安安的运动能力在班级处于中等水平。安安和父母玩一样，比较内敛，虽能和他人友好相处，但有时不愿积极交流。家人比较重视她学习方面的培养。						
阶段发展目标	1. 提高安安的身体素质、运动能力和手眼协调能力。 　　2. 能够在游戏中估算、衡量自己的力量等等，能积极地思考。 　　3. 在一系列的活动中，锻炼安安和他人合作的胆量，使其敢于表达自己的想法，体会在体育游戏中获得的成就感与自豪感。						

表 4-40　个案观察记录表（安安）

幼儿姓名	安安	性别	女	年龄段	中班	指导教师	余老师
观察时间	2024 年 3 月—6 月							
观察记录 1	在第一次的尝试中，她双手举起沙袋到接近头顶的位置，然后使劲向前扔去。沙袋正好穿过了圈，她浅浅笑了一下。再次尝试时，由于沙袋太重，她的力量不够，没有举得很高，导致第二次尝试失败了。她没有什么反应，继续试了几次，一共成功两次，失败三次，这时老师吹响了哨子。当看到同伴展示用抛的方式连续抛去两次后，她也模仿老师的动作，身体微微弯曲，两只手在下方，再往斜上方抛。 　　第二次在调整了圈的方向后，她没有再用扔投的方式，而是立刻改用老师说的抛的方式。她的姿势较为标准，但力气用小了，沙袋没有穿过圈。她又重新排队，一边排一边看着别人的姿势，也在小幅度地模仿。轮到她的时候，她先仔细地盯着圈，然后拿着沙袋在身体下方晃了两下，抛过去了。这次沙袋精准地穿过圈，她成功了。她没有表现得非常激动，但脸上有一点笑容。在后来的尝试中，她只失败了一次。在分享环节，她没有主动回答老师的问题，但一直都在认真聆听别人的话，当老师和别人说话时，她的眼睛会盯着说话的人。 　　第三次，圈朝下，每次轮到她时，她都会盯着圈，然后手上晃两下再抛出去。一次沙袋没拿稳提前脱离了右手，没有进，还有一次身体没有微弯，沙袋出手太高撞到了圈，也没有进。其他几次都进了。 　　在合作环节，她听从另外一个女生的安排站在了中间。前两次她没有接住别人抛来的沙袋，有一次把沙袋抛偏了导致别人没有接到，后面的几次都能够接住并抛出去。						
观察记录 2	在刚开始自己将"炸药包"抛进"河"对岸的屏蔽仪的环节中，她盯着目标屏蔽仪，手中的沙袋轻微晃一下就抛出去了。沙袋第一次抛得太近，第二次抛偏了，都没有进。第三次，她往前站了一点，身体微微向前倾，抛成功了。当再次轮到她的时候，她用前面的方法，但沙袋进入斜上的屏蔽仪后，又滑落出来导致失败了。						

续表

幼儿姓名	安安	性别	女	年龄段	中班	指导教师	余老师
观察记录2	\multicolumn{7}{l}{　　在两两合作环节，阳阳主动站在前面，对安安说："你抛给我，我来把"炸药"扔进去。"安安点了点头，说："那你接好了啊。"游戏开始时，安安快速地拿起沙袋抛给阳阳，阳阳一下没接住，又立刻捡起来，转身去抛，但也没抛进。安安摸了摸脑袋，笑着说："哎呀！再来接好了！"她又拿沙袋，看着阳阳手晃了一下就抛过去了。阳阳这次接到了，但他还是没能成功抛进屏蔽仪里。他们最终成功了一次。在分享交流环节，安安和阳阳都没有发言，他们之间交流了。安安说："一会我来扔炸药，你把炸药抛给我。"阳阳点点头表示同意。 　　第二次合作尝试，安安能够接住阳阳抛来的沙袋，只有一次没有抓稳。她准备把"炸药包"抛进屏蔽仪时，都会安静地盯着屏蔽仪，然后晃一下之后抛出，最终成功了三次。结束后，她开心地和阳阳笑着拍手。}
观察记录3	\multicolumn{7}{l}{　　安安今天来得很早，来了之后就立刻加入了晨间锻炼。她对同伴说："我来早点就能早点来锻炼了，妈妈说我最近个子都长高了。"她选择了"智勇大闯关"这一锻炼协调能力的游戏。她背上背篓，选择了一段两折的绳梯，在起点确定好位置后，立刻出发，单双脚连续向前跳。到第一个转弯处时，她停顿了一下，眼睛看了下一个方向，脚又跳了过去，到第二转弯处，同样又停顿了一下。最后，她把玉米放进了粮仓里。她又回到了起点，重复游戏。 　　重复了两次后，她选择了只有一折的绳梯，玩了一会儿。过了一会儿，她又回到最难的两折绳梯起点处，背上背篓开始游戏。这次到转弯处，她眼睛始终看着要跳的方向，很快脚就跳了过去，穿过了第一个转弯，第二个转弯同样穿得很快，没有什么停顿。}
情况分析	\multicolumn{7}{l}{　　安安在一开始并没有掌握抛的方法，不太会瞄准和估算距离，手眼协调能力不足。但在"勇敢的排爆兵"系列活动后，她逐渐掌握了瞄准和估算的技巧，多数情况下能够完成游戏的任务，这说明她的手眼协调能力有了一定的发展。 　　安安在晨锻中能够坚持这样自己觉得有困难的游戏，一开始由于不熟练，在过弯处身体协调性不够，她会有停顿。但在一段时间的自我训练中，她的协调性明显提高，能够顺畅地单双脚连续跳过转弯处。这也说明该晨锻游戏的设置能够激起幼儿的兴趣，同时能够锻炼幼儿的身体协调能力。}

续表

幼儿姓名	安安	性别	女	年龄段	中班	指导教师	余老师
情况分析	安安从一开始听从别人的安排，到后来主动地提出自己的想法，从中能够看出她在这段时间的活动和游戏中，收获了运动带来的自信和快乐。						
指导策略	1. 鼓励安安在晨锻或下午户外时，再选择一些投掷、抛接的游戏，能在游戏中较为准确地瞄准、估算距离和自己的力量，锻炼她的手眼协调能力。 2. 帮助安安再分解抛的动作，掌握正确的动作技能，为身体协调性的提升打下基础。 3. 教师可以根据孩子的兴趣和需求，设计更多元化的活动，如平衡木行走、单脚站立、攀爬游戏等，以全面锻炼幼儿的身体协调性。 4. 在安安完成动作或取得进步时，及时给予她鼓励和表扬，增强她的自信心和积极性。 5. 定期对安安进行评估，了解她的进步情况。						
家长工作	1. 和安安父母沟通，共同关注她身体协调发展情况。引导他们不仅要关注安安的学习方面，也要关注她的身体素质和运动能力的提升，帮助他们认识到"运动可以让孩子更聪明"。 2. 让家长了解班级近期开展的"勇敢的排爆兵"集体活动以及相关的协调能力训练的游戏，让家长在家里对安安进行一些有针对性的指导。 3. 鼓励安安父母在家中进行一些其他协调能力的训练和指导，如投掷、拍球、走平衡等等，向他们传授一些相关的训练技巧，形成家园共育的良好氛围。						
指导后的表现	临近儿童节的一天下午，教师带幼儿进行拍气球的游戏活动，孩子们都很开心，安安也是。她把气球扔得高高的，然后眼睛盯着气球，脚步随着气球的方向挪动，当气球快要落到她能够得到的位置时，她的手也抬到了气球下落的方向。随着气球的下落，她的手向上一拍，气球又高高地弹起。她始终抬头看着气球，不停地挪动脚步和手臂，把气球一次又一次地拍起来。从中可以看出，通过这段时间的活动，她的手眼协调能力大大地提升了。						

第五章

促进幼儿脑智发展的体育游戏空间及资源建设

强联结的幼儿园体育资源主要指的是在幼儿园体育教育中，那些与幼儿园紧密合作、频繁互动，并且能够为幼儿园提供丰富、稳定体育资源的外部力量或内部资源。强联结的幼儿园体育资源是幼儿园体育教育中不可或缺的重要组成部分，通过外部资源的引入和内部资源的整合与优化，可以为幼儿园的体育活动提供更加丰富、多样和专业的支持，促进幼儿的全面发展。

幼儿园通过"快乐体操""快乐足球"等特色体育活动，建设园本"乐动"课程。幼儿园重视与外部资源合作，加强内部资源管理，共同构建高质量的体育教育体系，为幼儿提供丰富的体育资源，助力他们快乐成长。

第一节
强联结的体育课程资源的建设原则及方法

为凸显身脑智发展规律，我们确立了体育课程资源建设的四个原则：自然性、联通性、动作性、共享性。我们利用多变的地形、复杂的场域空间设计挑战性体育游戏，结合丰富多样的材料，为幼儿提供丰富的感官刺激，有效激活其大脑，发展其脑智。通过科学配置体育游戏资源，促进幼儿身体与大脑的协调发展，助力幼儿在体能、智力、情感等多方面的全面进步，充分体现体育游戏在刺激大脑发展中的重要作用。

一、自然性原则

幼儿园场地巧妙融合了自然元素，展现出丰富多样的地质风貌，融合了多地质、多变化、多生态的特点。

多地质：幼儿可以在松软的草地上奔跑，感受大地的温暖；可以在细腻的沙坑中嬉戏，体验沙子的流动与变化；或是在模拟的小山丘上攀爬，挑战自我。

多变化：场地设计注重季节性变化，随着四季更迭，幼儿能观赏到春花烂漫、夏绿成荫、秋叶斑斓、冬雪皑皑的自然美景，感受大自然的韵律与节奏。

多生态：我们还精心打造了一个多生态共存的环境。生态池塘中，鱼儿悠游，水生植物摇曳生姿，构成了一个微型的生态系统。多样化植物、动物呈现，让幼儿在观察中学习到生物多样性的宝贵知识。

场地以自然性为核心，通过多地质体验、多季节变化、多生态共存的设计，为幼儿营造了一个充满生机与活力的"快乐运动天地"。

二、联通性原则

联通性原则在幼儿园设计中至关重要，它倡导将园所空间全面打通，实现上下空间的流通、内外空间的联通、空间多功能联通。

上下空间的流通：设计上下楼层与室内外环境的无缝连接，确保每一寸空间都被充分利用。我们通过楼梯、滑梯、坡道等垂直交通设施，将不同楼层连接起来，形成上下贯通的流动空间，为幼儿创造一个自由流动、互动丰富的学习环境。这些设施不仅方便幼儿上下移动，还增加了空间的趣味性和探索性。

内外空间的联通：园舍建筑的一楼设计有向外延伸的平台，这些平台与户外草坪紧密相连。幼儿可以在平台上进行各种活动，同时又能感受到户外的新鲜空气和温暖阳光。这种设计既丰富了幼儿的审美体验，又提供了更多的活动空间，促进时间整合与区域开放。

空间多功能联通：通过整合时间和开放区域设置，幼儿园能够给予幼儿更多的自主空间和时间。幼儿可以根据自己的兴趣和需要选择不同的时间段和区域进行游戏和学习活动，这种灵活的时间安排和区域设置有助于培养幼儿的自主性和创造力。

三、动作性原则

我们以幼儿体育活动为核心，致力于幼儿生命健康、体质体能、社会性及情感的全面发展。我们精心配置了多样化的体育器械与器材，如平衡木、滑梯、攀爬架、球类等，以满足幼儿不同动作发展的需求。结合"走、跑、跳、钻、爬"等基本动作，我们设计了一系列科学合理的户外游戏活动。同时，我们还引入专项体育游戏，如足球、篮球等球类游戏活动，以及跑酷、体操等体育游戏项目，进一步丰富幼儿运动体验感。这些活动不仅促进了幼儿基本动作技能的掌握与提升，还激发了他们的主观能动性，培养了他们坚持不懈、勇于挑战的精神。

四、共享性原则

幼儿园体育资源的共享，体现在资源的优化配置上。通过统筹规划，将有限的体育资源（如运动场地、器材、教师资源等）进行合理配置，确保资源的均衡分布和高效利用。

提高资源利用率：通过资源共享，可以有效避免资源的闲置和浪费。例如，不同时间段内，同一块运动场地可以被多个班级或活动小组轮流使用；一些昂贵的体育器材也可以通过共享，减少单个幼儿园的购买成本。

促进交流与合作：资源共享不仅限于物质资源的共享，还包括师资力量的共享。通过组织联合教学活动、教师培训等方式，教师可以相互学习、交流经验，共同提升教学质量。

增强教育公平性：资源共享有助于缩小不同幼儿园之间的教育差距，特别是对于那些资源相对匮乏的幼儿园来说，通过共享优质体育资源，可以为幼儿提供更加均衡、全面的教育机会。

第二节
强联结的体育课程资源在地实践

体育活动不仅能够强健幼儿的体魄，更在于其深远的教育意义。通过这些活动，幼儿学会了团队合作、遵守规则，并学会了如何面对胜负，这些社会性行为极大地促进了他们的情感与社交能力的发展。因此，我们的体育活动是综合性的教育载体，不仅育体，还育心、育智、育能，为幼儿的全面发展奠定了坚实的基础。为了进一步提升体育活动的效果，我们根据幼儿的年龄特点和兴趣爱好，对课程内容进行了创新。我们引入了趣味田径、快乐体操等项目，同时我们还将游戏元素巧妙地融入体育活动中，以此提高幼儿的学习兴趣和参与度，使他们在愉快的氛围中学习和成长。

一、体育游戏场地和器材资源的建设与重构

"运动让孩子更聪明"的体育游戏资源，是具有促进脑智发展特质的，包括场地与材料两部分：场地即幼儿园室内和室外，需具备一定的挑战性、选择性、知识性等特质；材料即原有的继续用的、原有的进行改造的、没有的进行创造的，需具有重复性、再造性、环保性等。

根据园内晨锻、户外体育游戏、集体教学等不同类型体育活动的需求，依照其自选性、挑战性、规则性等特点，挖掘场地资源，打破空间界限，形成不同空间上的创新布排，发挥场地资源的支持性作用，渗透挑战性、选择性、知识性等促进脑智发展的变量，让幼儿在随机选择的过程中，潜移默化地获得发展。

（一）体育资源种类

我们坚持以幼儿体育活动为载体，关注幼儿生命健康、体质体能、社会性及情感发展，为幼儿配置多种类型体育器械、器材，同时结合幼儿走、跑、跳、钻、爬等基本动作，更加科学合理地设计户外游戏活动。

为支持幼儿运动能力的提升，促进幼儿身体健康发展，我们高度重视体育资源的配置与更新。幼儿园体育资源主要指用于支持幼儿体育活动开展的各类物质设施和设备、场地。具体涵盖以下几个方面（见表5-1）。

表5-1 体育运动资源列表

运动资源	类别	项目			
运动场地	操场	草坪	塑胶跑道	足球场	……
体育器械	太空滑道	攀爬架	滑滑梯	大树池子	……
体育器材	球类	篮球	足球	皮球	……
	小型运动	跳绳	毽子	沙包	……
	平衡类	平衡木	独木桥	梅花桩	……
	投掷类	飞盘	投掷靶	投掷桶	……
收纳设施	收纳柜	收纳架	置物箱	防雨油布	……

（二）体育游戏材料分类

我们精心挑选了多样化的体育游戏材料，并设计了丰富有趣的活动内容，旨在激发幼儿的运动潜能，让幼儿茁壮地成长。我们在原有的运动场地及体育器械、器材等的基础上，结合幼儿脑智发育的体育游戏的需要，自制了一批可持续使用、便于操作的体育器材，例如各活动标志图、场地图、水瓶、砖块等（如表5-2所示）。此类自制器材不仅能投入幼儿园日常体育锻炼中，也是开展幼儿体育运动的物质保障，更好地激发了幼儿参加体育活动的兴趣。

表 5–2　体育游戏材料的选择及活动内容的设计

体育游戏类别	运动材料选择	体育游戏活动内容
投掷	沙包	勇敢小兵：匍匐前进后，投掷"手榴弹"炸"碉堡"。
投掷	纸球	病毒大作战：在起点位置，瞄准网架上的"病毒"，使用投掷的方法进行"攻击"。
钻爬	垫子	迷宫冒险：幼儿自由选择垫子，搭建不同的垫子迷宫，同时运用匍匐前进、钻等动作技能通过"迷宫"。
钻爬	攀爬架	翻山越岭：教师设计攀爬架与安吉梯的组合，幼儿以攀爬的形式通过。
钻爬	安吉梯	翻山越岭：教师设计攀爬架与安吉梯的组合，幼儿以攀爬的形式通过。
平衡	平衡木	杂技小演员：教师搭建一定高度的平衡木，幼儿运用张开双臂保持平衡的形式平稳走过。
平衡	轮胎	车轮平衡大作战：教师设计不同层次的轮胎障碍，幼儿平稳走过轮胎障碍。
跳	鞍马	体操小达人：幼儿运用助跑、撑跳的形式跳过一定高度的鞍马。
跳	跨栏架	袋鼠跳跳跳：教师设计不同层次的跨栏架，幼儿运用助跑跨跳、立定跳等形式通过障碍。
球类	足球	足球小将：运用脚背带球绕过障碍后，并进行定点射门。
球类	篮球	灌篮高手：运用行进间运球的技能，通过障碍后进行定点投篮；定点进行拍球并记录。

（三）体育游戏资源使用策略

我们强调体育活动不仅是身体的锻炼，更是智慧与策略的展现。以下是在幼儿园体育活动中有效使用资源的具体策略。

1. 智慧利用场地

幼儿园户外活动场地4878平方米，体育场地类型有塑胶、软木、沙地、草坪等，软质地场地面积2830平方米。有效地将场地进行规划，将更好地促进幼儿在运动中的发展。因此我们尝试使用分散布置功能单元以及设计室外活动场地的策略，来营造一个相互串联的、充满活力的、富有趣味的室外活动空间。我们合理规划区域，根据体育活动类型，将场地划分为投掷区、钻爬区、平衡区、跳跃区、球类区等，确保每个区域都能满足特定活动的需求。在有限的用地内，室外活动场地通过环形路径的串联，让活动场地得到无限的延展。

在实践中我们发现，在开展户外体育区域活动之前，教师要对活动场地做全面的规划：准备开设哪些活动区，应设在哪个具体位置，需多大空间，对周围环境有怎样的要求。规划活动场地时，既要考虑各区域活动的性质和要求，又要充分考虑安全因素。我们将投掷区设置在场地边缘，并留出较大的区域空间，以此保持安全距离；钻爬区和平衡区对运动空间的要求都不高，且两种活动有较大的关联，因此可将这两个区域设于相邻的位置；小车区与球类区运动量大，且都需要较大的运动空间，宜分隔一段距离，以避免相互干扰；一物多玩区需有较大的弹性化空间，以满足幼儿各种自创游戏的需要。

2. 智慧划分区域

幼儿园户外场地与室内空间不同，幼儿的户外游戏应当以大肌肉运动参与为主，因此在创设户外游戏环境的过程中，应充分考虑幼儿身体活动的参与机会与方式，通过空间设置与材料的多样化为幼儿身体运动提供诸多的可能。我们依据幼儿每日活动的情况，不断反思调整，将场地进行分区设置，围绕部分体育材料进行串联式游戏设计，对单一练习内容的体育材料进行并联式游戏设计等。区域数量及区域空间的设置需根据活动场地大小灵活安排。若户外场地不大，便将活动性质相近的区域合并；注意各区域活动内容和性质的合理搭配，既要有运动量较大的活动区，也要有运动量较小的活动区，既要有练习基本动作技能的活动区，也要有发展综合运动素质的活动区；各区域应具有明显的标志和确定的活动范围，便于幼儿选择区域。

例如，在前期开展的体育游戏中，我们将一片整的户外场地划分为几个不同的片区，以供给不同年龄段幼儿使用。随着游戏的不断深入开展，我们也发现如果只是无意义地切割场地，将无法最大化发挥场地的作用，也不能有效促进幼儿的身体发展。因此我们重新调整我们的场地布局，最大限度发挥场地作用。例如：在小山坡上，结合草地创设情境，设计开展户外体育游戏"真人CS"，让幼儿在草地上搭建"战壕"，尽情奔跑、游戏；在操场上，因为跑酷材料较重且挑战路线多为一条直线，为节约摆放时间，不影响幼儿户外运动，因此我们将操场较为靠边的位置划给跑酷区域；考虑到投篮区将投入若干篮球，若是放在操场中间，四处投掷的篮球必将影响其他区域运动的正常开展，因此我们将投篮区放置门厅前一片空地，保证场地足够大且不影响其他区域运动的开展；而在攀爬区与骑行区的设置上，先从研究游戏玩法入手，在实践与观察中得知，攀爬区与骑行区的线路大多是固定不动的，幼儿仅需按照固定路线完成挑战即可，因此对于场地的要求较小，于是我们便将攀爬区与骑行区的选址放在场地中间，这样在满足幼儿发展需要的同时，也将场地合理规划利用起来；在三楼户外平台上，我们结合已有固定器械，设计不同的运动区域，各区域之间又互相关联，充分发挥游戏、场地间的串玩作用。合理的场地利用与规划，在助力幼儿运动能力提升的同时也有利于幼儿的社会交往能力的发展。

3. 智慧设计游戏

全园投入幼儿园体育课程实施和建设中，我们将所学习到的先进体育教学理念运用到日常体育教学中，帮助幼儿能在运动中得到经验的提升。同时，我们也在不断地优化与调整策略。

我们深知课程软件资源作为现代教育不可或缺的一部分，对于促进幼儿全面发展，特别是脑智发育与个性化学习，具有举足轻重的作用。我们积极构建了一套丰富多元、与幼儿身心发展紧密相连的课程软件资源体系，旨在通过科技的力量，为幼儿打开知识的大门，激发其无限潜能。这些软件资源不仅涵盖了健康、语言、社会、科学、艺术等多个领域，还特别注重与幼儿脑智发育的紧密结合。通过互动游戏、情境模拟等多种方式，幼儿可以在轻松愉快的氛围中参与体育活动，从而提升他们对体育活动的兴趣。这种兴趣的提升有助于幼儿形成积极的体育态度，为终身体育打下坚实的基础，同时促进幼儿思维能力、创造力及问题解决能力的全面发展。

此外，体育活动软件资源中往往融入了大量的认知元素，如颜色、形状、数字等（见表5-3），这些元素在体育活动中的呈现有助于幼儿认知能力的发展。同时，软件资源中的互动游戏和团队合作项目还能够提升幼儿的社会交往能力。这些能力的发展对于幼儿未来的学习和生活都具有重要意义。

表5-3 "小羊送外卖"体育游戏活动软件资源

类别	游戏名称	材料种类	规格	数量	自制器材	现成器材
集体活动	小羊送外卖	矿泉水瓶	500毫升饮用水塑料瓶外贴胡萝卜标记。	20瓶		
			500毫升饮用水塑料瓶外贴骨头标记。	20瓶		
			500毫升饮用水塑料瓶外贴小鱼标记。	20瓶		
			500毫升饮用水塑料瓶外贴小草标记。	20瓶		

续表

类别	游戏名称	材料种类	规格	数量	自制器材	现成器材
集体活动	小羊送外卖	塑料积木	塑料积木外贴胡萝卜标记	30 个		
			塑料积木外贴骨头标记	30 个		
			塑料积木外贴小鱼标记	30 个		
			塑料积木外贴小草标记	30 个		
		方形大筐	40 厘米 ×20 厘米 ×10 厘米	9 个		
		分队服	110 码、120 码、130 码	16 件		
		平板电脑		3 台		
		小方桌	60 厘米 ×60 厘米	3 张		
		标志杆	高约 120 厘米	3 根		
		标志图	胡萝卜图片	50 张		
			骨头图片	50 张		
			小鱼图片	50 张		

续表

类别	游戏名称	材料种类	规格	数量	自制器材	现成器材
集体活动	小羊送外卖	标志图	小草图片	50 张		
			小兔图片	1 张		
			小狗图片	1 张		
			小猫图片	1 张		
			小牛图片	1 张		
		背包		50 个		
		任务单		9 张		

遵循幼儿身心发展的规律和特点所设计的活动内容由易到难、循序渐进，确保每个幼儿都能在原有基础上得到发展。在注重幼儿体能锻炼的同时，还应关注其智力、情感和社会性等多方面的发展。综合性的体育活动能促进幼儿身心全面和谐地发展。应在体育活动中注重培养幼儿的规则意识、自我保护能力和良好的运动习惯，为其终身发展奠定基础。

（四）构建园本共享平台

1. 教案平台

我们创设了一系列有助于幼儿脑智发展的教案集，为教师提供了丰富的教学资源和灵感。这些教案都是经过精心设计和实践检验的，可以作为教师备课和上课的重要参考。通过借鉴和学习这些教案，教师可以更快地掌握有效的教学方法和策略，减少在备课过程中的时间和精力投入。教师可以根据教案有条不紊地安排教学活动，使幼儿的学习过程更加完整和有序。

2. 案例共享平台

我们通过实践研究及典型案例分析总结，梳理并描述各类目标引领下的体育课程资源开发的资源性质，包含开发依据、开发原则、开发路径、呈现方式等。同步建立学前体育课程资源纲要，建立对应的操作指南，用于指导教师进行实践操作。通过相互阅读和借鉴案例反思，教师可以了解到多样教学方法和策略在实际活动中的运用情况，从而拓宽自己的教学视野，获得新的教学启示。这有助于激发教师的创新思维，使教师在教学中更加灵活多变，更好地适应幼儿的发展需求。此外，活动反思中通常会涉及活动中的问题和挑战，以及教师的解决方案和改进措施。这对于其他教师来说具有重要的参考价值。教师可以从这些反思中学习如何面对和解决类似的问题，避免走弯路，提高活动效果。

3. 教学视频平台

我们将迭代优化形成除纸质文字外的指导教师实施的数字案例资源

库、指导幼儿居家锻炼的数字资源库。教学视频平台为教师提供了观摩学习的机会。通过观看其他教师的上课录像，教师可以直观地了解他们的教学方法、活动组织、师幼互动等方面的表现。这种学习方式比单纯的文字描述或口头传授更加生动和具体，有助于教师更深入地理解活动过程的细节和技巧。此外，教学视频平台还可以激发教师的活动组织灵感和创新思维。每个教师都有自己独特的教学风格和教学方法，通过观摩其他教师的教学视频，教师可以借鉴和吸收其中的优秀元素，将其融入自己的教学活动中。

4. 器材管理平台

通过器材管理平台，教师可以快速查找、预约和借用所需的器材，大大节省了器材准备的时间。这使得教师能够更专注于活动的设计和实施，提高了活动组织的整体效率。器材管理平台通常拥有多种类型的器材，包括体育器材、教学用具、玩具等，这为教师提供了更多的活动创意和选择。教师可以根据活动需求，选择适合的器材，丰富活动的内容和形式，使活动更加生动有趣。

5. 评价资源平台

我们通过体育测评，进行平台数据上传和分析，增强幼儿体育积极性，提升幼儿体质健康水平，培养幼儿终身体育意识，使其能自觉地坚持体育锻炼，不断学习体育运动相关知识。我们将评价学前体育课程资源开发实施的价值、效用、可行性等，在实践中不断地反思和优化研究思路与计划。首先进行理论分析及对学前体育课程资源及其开发内容进行深度理解和解读；其次进行可行性分析，明确研究的价值、内容、目的、方法和步骤；再次进行现实应用，组织课题组教师学习课题研究的内容、任务和具体的操作研究步骤；最后进行实践检验，即通过一系列的实践研究活动，边行动边反思，以生为本，以研促教。

二、"园家社"体育游戏资源的三位一体融合

我们挖掘公园、商场、社区广场等户外场地资源，开展亲子体育游戏活动，拓展幼儿适应更大空间、陌生环境、多样人群的机会，提升幼儿应对多种复杂情况的反应能力。另外，还需从材料上进行因地制宜的选择与利用，体现生活化；从亲子体育游戏的设计到实施，体现家长对幼儿一对一的支持，引发幼儿高频率操作、反应与思考，在亲密的亲子互动中更有效地促进幼儿身脑智联合发展。

（一）家长资源的运用

家长不仅是信息提供者、活动督促者、课程材料提供者，还是幼儿园课程的重要参与者。我们充分利用家长资源，邀请家长参与体育游戏的建构和评价。如家长根据游戏计划，和孩子一起参与游戏，创新游戏，拓展幼儿学习和活动的空间。以平等的态度帮助家长建立主人翁意识，激发家长积极合作的主动性，使家长了解自身资源对幼儿教育的重要价值，乐意与教师建立合作关系，共同为促进幼儿的发展而努力。

（二）社区资源的运用

幼儿园周边社区体育资源丰富，社区地理、文化资源为丰富幼儿体育活动提供了条件。我们利用社区资源，筛选适宜的活动场地，并根据幼儿的不同年龄特点和能力差异，开展相应的活动。将社区资源引入幼儿园体育活动中，把幼儿带到幼儿园之外的社区环境中开展体育活动，或者邀请社区的相关人员参与幼儿的体育活动等，都给幼儿带来不同于平常的新鲜感。这些新鲜、新颖的内容与形式极大地调动了幼儿的兴趣、积极性和主动性。同时，社区是幼儿生活环境的一部分，在熟悉的环境中进行教育活动给幼儿带来了亲切感，促使幼儿能够以最快的速度投入活动，在自然、真实的环境中参与体育锻炼。在此基础上，再合理地将这些资源充实到幼儿体育活动、晨锻活动、集体教学活动等各种幼儿园体育活动组织形式中

去。当然，教师是活动的主要设计者和引导者，将社区资源整合到幼儿园体育游戏活动中离不开教师关键角色的发挥。

（三）与高校联动

我们依托高校资源，与高校签署合作协议，借助高校专家帮助幼儿园一线教学进行理念提升、研究深化、成果梳理。我们邀请东南大学脑科学专家杨元魁博士开展长期陪伴式、跟进式指导；共同研讨制定课堂评价量规，更有效地促进幼儿综合素质的提升。同时，我们邀请专家教授不定期开展脑科学方面的讲座，在体育活动的整体建构中，借助前沿的脑科学和心理学理念，提升对体育游戏的认识和理解，初步形成身、心、脑联合发展的活动样态。在"共建、共享、共评、共研"的家园合作新样态下共同受益、共同发展，达到"1+1>2"的效果。

（四）与周边小学联动

我们与周边小学建立双向衔接机制，共同制定幼小衔接方案，明确双方的责任和任务。双方深入了解彼此的教育理念和教学方法，积极调整教育内容，帮助幼儿逐步适应小学的学习和生活。同时，我们为双方教师提供交流的机会，互相分享教育经验和教学方法，共同提高幼小衔接工作的质量。通过观摩教学、观摩半日活动、研讨会等形式，教师深入了解彼此的教学特点，从而更好地指导幼儿适应小学学习。此外，积极开展参观小学、邀请小学老师进课堂等活动，增进幼儿对小学的了解和向往，帮助幼儿建立对小学的积极情感，缓解对新环境的焦虑和恐惧。

我们多次组织教师及教研组进行教研讨论，提升教师户外体育活动的组织水平和指导策略，深挖户外活动材料的种类和功能，做到发挥体育器械的一物多玩与组合使用，做到器材的低结构化、器材种类的多元化、儿童化及同类器材的可变性。采用情境教学、合作学习等现代教学方法和手段，提高体育教学的针对性和实效性。

结 语
未来"聪明与健康"伴随孩子一生

"运动是一切生命的源泉。"这句话简洁而深刻地揭示了运动对于维持生命活力和健康的重要性。在以体育为抓手的课程建设中,我园十余年不断探索,潜心研究,挖掘幼儿园体育活动的价值,丰富课程内容和活动形式,不断进阶。随着科技的飞速发展和全球竞争的加剧,青少年脑智发展已成为国家竞争力的核心要素。良好的脑智提升不仅能够增强学习能力、提高解决问题的能力,还能促进情感管理和社会交往技能的发展,为青少年的全面发展奠定坚实基础。因此,国家高度重视青少年脑智发展,并将其作为教育、科技和健康等多个领域的重要任务。幼儿期是大脑发育最为迅速和关键的阶段,这一时期的脑智发展对儿童青少年的未来成长具有深远的影响。因此,重视并科学促进幼儿脑智发展显得尤为重要。近年来,在探索体育游戏如何促进幼儿脑智发展的相关研究中,我园站在了一个充满希望与挑战的新起点。随着教育理念的不断进步与科技的飞速发展,体育游戏在幼儿脑智发展中的作用将愈发凸显,其影响力和实践路径也将呈现出前所未有的广阔图景。

五育并举新高度:体育是塑造全人的基石

在当今这个日新月异的时代,教育被赋予了前所未有的使命与期待。随着五育并举教育理念的深入实施,体育作为其中不可或缺的一环,正逐步展现出其塑造全人的独特魅力与深远影响。体育,这一看似简单的身体活动,实则蕴含着促进个体全面发展、提升综合素质的无限可能,它不仅是强健体魄的必由之路，更是塑造全人的坚实基石。

在五育并举的宏伟蓝图中，体育与德育、智育、美育、劳育相辅相成，共同构成了培养新时代人才的完整体系。体育以其独特的魅力，在促进学生身心健康、培养坚韧不拔的意志品质、增强团队协作能力等方面发挥着不可替代的作用。在操场上挥洒汗水，不仅是对身体极限的挑战，更是对自我认知、情绪管理、社会适应等能力的全面锻炼。在幼儿园体育活动的长期研究中，我园深刻地认识到，体育是塑造健康体魄的熔炉、是锤炼意志品质的磨刀石、是增进团队协作的桥梁，体育在五育并举中占据着举足轻重的地位。学校、社会、家庭都应该高度重视体育教育，将其贯穿于学生成长的始终，为培养德智体美劳全面发展的社会主义建设者和接班人贡献力量。随着社会对全面教育理念的深入理解和实践，体育将以更加丰富多彩的形式融入幼儿园、小学、中学、大学的日常，成为培养学生坚韧不拔、团队协作、勇于挑战等品质的关键途径。体育育人的理念将更加深入人心，成为幼儿教育中一道亮丽的风景线。

幼儿园五大领域深度融合：体育目标的精准落地

在幼儿园阶段开展体育教育，不仅有助于实现《指南》中健康领域的目标，还能通过巧妙设计实现与语言、社会、科学、艺术等五大领域的深度融合，为幼儿提供全面发展的广阔舞台。《指南》明确指出，健康领域的发展目标是幼儿身心健康的重要标志，包括身心状况、动作发展以及生活习惯与生活能力三个方面。体育游戏以其独特的活动形式，能够全面覆盖并促进这些目标的达成。同时，体育游戏作为幼儿喜爱的活动之一，其趣味性、互动性和竞争性也为实现五大领域的渗透融合提供了良好的平台，确保每位幼儿都能在体能、协调性、灵活性等方面得到均衡发展。在促进幼儿脑智发展的体育游戏深度开发的实践中，我园不仅关注体育游戏在促进幼儿脑智发展方面的价值和作用，设计如任务单、记忆密码等元素的体育游戏，更基于《指南》将体育游戏与其他领域相互渗透，如通过体育故事讲述促进语言发展，通过团队合作游戏增强社会交往能力，实现五大领域的深度融合与相互促进。精心设计的体育游戏，不仅能直接促进幼儿的身体发展，还能在无形中提升他们的语言表达、社交能力、科学探索精神以及艺术感知力。我园期待看到更多基于《指南》要求的创新体育游戏方案，实现各领域之间的有机整合，为幼儿的全面发展提供有力支撑。

脑智研究与时代并进：体育游戏促进思维发展的新篇章

在信息化、智能化的时代背景下，大脑作为人类智慧的核心，其重要性日益凸显。如何有效地开发大脑潜能，提升思维能力，成为社会各界关注的焦点。随着脑科学与认知科学的飞速发展，我园越来越清晰地认识到幼儿园阶段体育游戏对幼儿脑智发展的重要作用。体育游戏作为集运动、游戏、竞争与合作为一体的活动形式，凭借其独特的魅力，在促进幼儿脑智发展方面展现出了巨大的潜力。

在促进幼儿脑智发展的体育游戏深度开发的实践中，我园不断清晰体育游戏与脑智发展的内在联系：一是能激活大脑潜能，体育游戏通过多样化的运动方式和互动环节，能够有效激活大脑的不同区域，促进神经元之间的连接与沟通。这种全面的大脑激活，有助于提升注意力、记忆力、逻辑思维能力等认知功能。二是能促进思维灵活性，体育游戏中充满了变化与挑战，需要参与者迅速做出决策、调整策略。这种即时性的思维活动，能够锻炼大脑的灵活性和应变能力，使人在面对复杂问题时能够迅速找到解决方案。三是能培养团队合作精神，许多体育游戏都需要团队合作才能完成。在共同完成任务的过程中，参与者需要相互沟通、协调配合，这不仅能够提升他们的社交技能，还能培养他们的团队合作精神和集体荣誉感。

未来，我园将更加深入地研究体育游戏在激活幼儿大脑神经元，促进神经网络的形成与优化等方面的作用，进而提升幼儿的注意力、记忆力、创造力等认知能力。同时，结合时代发展需求，开发更多符合幼儿认知特点的体育游戏，让每一个游戏都成为促进幼儿思维发展的有效工具。

多学科协同：个性化体育游戏的畅享

下一阶段，我园将携手心理学、脑科学、运动科学、人工智能等多学科专家，通过大数据分析与跟踪调查，精准评估每个幼儿的发展状况与需求，开发出更加个性化的体育游戏方案。这些游戏将针对不同幼儿的年龄、兴趣、能力水平等特点进行定制，确保每个幼儿都能在最适合自己的游戏中获得最佳的发展效果。此外，我园还将探索人工智能技术在体育游戏中的应用，为个性化教学提供科学依据。

总之，体育游戏促进幼儿脑智发展这一命题的未来将是充满无限可能的。我园坚信，通过不懈努力与持续创新，体育游戏将成为幼儿成长道路上最坚实的伙伴。我园作为体育教育改革的坚定实践者，将继续深挖体育特色文化的内涵，传承优秀传统体育项目，同时勇于创新，引入现代科技元素，打造独具特色的体育游戏课程。我园将通过举办体育文化节、亲子运动会等活动，营造浓厚的体育氛围，让幼儿在参与中感受体育的魅力，培养终身运动的习惯，让"聪明"与"健康"成为伴随其一生的宝贵财富。